Purely Functional Data Structures

純粋関数型データ構造

Chris Okasaki 著

稲葉一浩、遠藤侑介 訳

JN216622

ASCII
DWANGO

PURELY FUNCTIONAL
DATA STRUCTURES

CHRIS OKASAKI
COLUMBIA UNIVERSITY

Copyright

目次

序文

私が初めて Standard ML でプログラミングをしたのは 1989 年のことだった。効率的なデータ構造を実装するのが日頃の楽しみだった私は、さっそく、特に好きなデータ構造をいくつか Standard ML に移植し始めた。そのうちの一部は、非常に簡単に移植でき、しかもうれしいことに、できあがったコードが C や Pascal や Ada で書いてあった元の版よりもずっときれいでずっと簡潔になることがしばしばあった。しかし、この経験はそう楽しいことばかりでもなかった。幾度となく、破壊的更新を使いたい気持ちに駆られた。破壊的更新は Standard ML において非推奨の機能であり、他の多くの関数型言語では禁止されているものである。私は既存の文献にヒントを求めたが、わずかな論文しか見つからなかった。しだいに私は、この分野が未開拓であることに気づき、新しいやり方を探求し始めた。

それから 8 年が経つが、私はいまだに探求している。関数型言語で効率的に実装する方法が知られていないデータ構造の例はまだ数多く存在する。しかしこれまでに、関数型言語でできることについて多くの知見を得てきた。この本では、これらの知見を体系化してみたいと思う。本書が関数型プログラマにとっての参考書となること、また、関数型の世界におけるデータ構造についてもっと学びたい人たちの教科書となることを願っている。

■**Standard ML**　本書で示すデータ構造は、事実上どんな関数型言語でも実装できるが、本書ではすべての事例に Standard ML を用いる。Standard ML の主な利点は、少なくとも説明を目的とした場合、(1) 正格評価の言語なので、アルゴリズムの実行時間に関する推論が非常に簡単になること、そして、(2) すばらしいモジュールシステムを持つので、この種の抽象データ型を記述するのにうってつけなことである。しかし、Haskell や Lisp など、他の言語のユーザにとっても本書の例を彼らの環境に適合させることは容易であろう（大半の例について、Haskell 移植版を付録に掲載する）。C や Java のプログラマであっても、これらのデータ構造を実装するのは比較的容易であるはずだ。ただし、C には自動的なガベージコレクションがないので、辛い場合もある。

Standard ML になじみのない読者には、この言語の入門書として Paulson の *ML for the Working Programmer* [Pau96] や Ullman の *Elements of ML Programming* [Ull94] を勧める[*1]。

■**その他の前提知識**　本書は、データ構造一般の入門書ではない。読者は、スタック、キュー、ヒープ（優先度つきキュー）、有限マップ（辞書）などの基本的な抽象データ型について、ある程度の知識を持っていることを仮定している。また、アルゴリズム解析の基礎、特に "Big-O" 表記（たとえば $O(n \log n)$）について知っているものとする。これらの話題はコンピュータ科学専攻の中級レベルの講義で教えられることが多い。

[*1] 訳注：日本語での入門書には、大堀淳 著『プログラミング言語 Standard ML 入門』（共立出版, 2001 年）がある。

■**謝辞** 関数型データ構造について理解を深めることができたのは、長年にわたって多くの人たちと議論してきたことによる。特に、Peter Lee、Henry Baker、Gerth Brodal、Bob Harper、Haim Kaplan、Graeme Moss、Simon Peyton Jones、Bob Tarjan に感謝したい。

第1章
はじめに

　ある問題のために効率的なデータ構造が必要になったとき、C プログラマであれば、良い教科書やハンドブックが数多くあるので、探してくるだけで済むことも多い。残念ながら、Standard ML や Haskell のような関数型言語のプログラマはそういう贅沢なことはできない。こういう教科書の多くは言語非依存だと自称するが、残念ながらそれは Henry Ford のことばを借りれば、「プログラマは望みの言語を使うことができます。ただしそれが命令型言語である場合に限ります。」[*1] ということである。このひずみを正すため、本書は、関数型の視点からデータ構造について記す。すべての例について Standard ML を用いるが、このプログラムをHaskell や Lisp などの他の関数型言語に移植するのは容易である。付録 A に本書のプログラムの Haskell 版を掲載する。

1.1　関数型データ構造と命令型データ構造

　関数型言語の方法論的な利点はよく知られている [Bac78, Hug89, HJ94] が、圧倒的多数のプログラムは未だ C などの命令型言語で書かれている。この明らかな矛盾を説明するのは簡単である。歴史的に、関数型言語は従来の言語よりも実行速度が遅かったのである。しかしその差は縮まっている。基盤技術から洗練された解析・最適化に至るまで、コンパイラ技術は広範囲にわたって目覚ましい進歩を遂げてきた。それでも、コンパイラの作者がどんなに賢くても救済できない関数型プログラミングの側面がある。それは、使っているデータ構造が劣っていたり、不適切なものだったりすることだ。残念ながら、この問題についてのヒントは、既存の文献にはほとんどない。

　関数型データ構造の設計と実装が命令型データ構造よりも難しいのはなぜだろうか。根本的な問題が 2 つある。1 つは、効率的なデータ構造の設計・実装という観点からいって、関数型プログラミングが破壊的更新（つまり代入）を制限しているため圧倒的に不利だということである。これは料理の達人から包丁を取り上げているに等しい。破壊的更新というのは包丁と同じで、使い方を誤ると危険かもしれないが、ちゃんと使う分には非常に効率的なのである。命令型データ構造はしばしば代入にべったり依存しているので、関数型プログラムでは別の解決方法を探さなければならない。

　もう 1 つの問題は、関数型データ構造は命令型データ構造より、柔軟性が期待されること

[*1] Henry Ford はかつて T 型フォードの自動車で選べる色についてこう述べた。「（お客様は）なんでも望みの色を選ぶことができます。ただしそれが黒である場合に限ります。」

である。特に、命令型データ構造を更新する際、そのデータ構造の更新前のバージョンが利用できなくなることをわれわれは当たり前に受け入れている。しかし関数型データ構造を更新する際には、更新前と更新後のバージョンが両方ともその後の処理で利用できることを期待している。複数のバージョンをサポートするデータ構造は**永続的**（*persistent*）であると言われ、同時に 1 つのバージョンしか許さないデータ構造は**刹那的**（*ephemeral*）であると言われる [DSST89]。関数型プログラミング言語は、すべてのデータ構造が自然と永続的になるという興味深い性質を持つ。命令型データ構造は概して刹那的である。しかし命令型プログラマにとっては、永続的データ構造のほうが等価な刹那的データ構造より複雑であり、計算オーダでも劣るのが当然なのだ。

　さらに、関数型プログラミング言語は命令型言語より、ある種の状況において本質的に効率が劣る可能性を示唆する下界が理論的に証明されている [BAG92, Pip96]。以上の観点から、関数型データ構造は踊る熊のように思えることもある。すなわち、「彼の踊りが上手だからおもしろいのではなく、彼が踊ること自体がおもしろい」ということである。しかし実際問題としては、そんなに悲観する必要はない。これから見ていくように、多くの場合、最良の命令型データ構造と同じ計算オーダの関数型データ構造を考案することは可能なのである。

1.2　正格評価と遅延評価

　ほとんどの（並列でない）関数型プログラミング言語は、評価順序によって**正格評価**（*strict evaluation*）と**遅延評価**（*lazy evaluation*）の 2 つに大別できる。どちらが優れているかは、関数型プログラマたちの宗教論争になることもある話題である。これらの評価順序の違いが一番はっきり現れるのは、関数に渡される引数の扱いである。正格評価の言語では、関数への引数は関数本体より先に評価される。遅延評価の言語では、引数は要求駆動方式で評価される。すなわち、まずは未評価の形式で渡され、計算を続ける上でその結果が必要になったとき（必要になった場合にだけ）評価される。さらに、いったん引数が評価されたら、その引数の値はキャッシュされる。そのため、もしもう一度必要になったならば、再計算するのではなくキャッシュから持ってくることができる。このようにキャッシュを用いた方法は**メモ化**（*memoization*）[Mic68] として知られる。

　それぞれの評価順序には利点も欠点もあるが、少なくともある 1 つの点では正格評価が明らかに優れている。それは、漸近的計算量についての推論が容易ということである。正格評価の言語では、どの部分式が評価されるのか、そしてそれはいつ評価されるのか、ということが、ほとんどの部分について構文的に明らかである。このため、与えられたプログラムの実行時間を推論することが比較的単純になる。しかし遅延評価の言語では、与えられた部分式がいつ評価されるか、そもそも評価されるかどうかでさえ、専門家でも予測困難ということが頻繁に起きる。そのような言語のプログラマは、実行時間を粗くでもいいから見積もろうとして、言語がまるで正格評価であったかのようにみなす羽目になるのである。

　どちらの評価順序も、データ構造の設計と分析に密接な関係を持つ。これから見ていくように、正格評価の言語では、最悪時データ構造は書けるが償却データ構造は書けない[*2]。遅延評価の言語では、償却データ構造は書けるが最悪時データ構造は書けない。どちらの種類のデー

[*2] 訳注：最悪時データ構造とは、操作ごとの計算量の上限が保証されるデータ構造のこと。償却データ構造とは、連続する操作の列の合計計算量の上限が保証されるデータ構造のこと。詳しくは 5 章で解説する。

タ構造も書けるようにするには、両方の評価戦略を持つプログラミング言語が必要である。そのため、われわれは Standard ML を拡張して、4 章で説明する遅延評価のプリミティブを持たせる。

1.3 用語

データ構造に関する議論はどれも混乱を招く可能性をはらんでいる。なぜなら、データ構造（*data structure*）という用語は少なくとも 4 つの異なる、しかし関連する意味を持つからである。

- 抽象データ型（*abstract data type*）。すなわち、型と、その型を扱う関数の集まり。本書ではこれを**抽象**と呼ぶ。
- 抽象データ型を具体的に実現したもの。本書ではこれを**実装**（*implementation*）と呼ぶ。ここでいう実装は、コードにまでなっている必要はない。具体的な設計で十分である。
- データ型のインスタンス（*instance*）。たとえば特定のリストや木など。本書ではこのようなインスタンスを総称して、**オブジェクト**（*object*）と呼ぶ。しかし、特定のデータ構造にはしばしば専用のことばがある。たとえば、スタックオブジェクトやキューオブジェクトは単にスタックやキューと呼ぶ。
- 更新操作によって得られるさまざまなバージョンを同一視した概念。たとえばスタックベースのインタプリタでは、スタックが刻々と更新される。このとき、「異なる時刻において異なるバージョンのスタックが複数ある」と言うことはあまりない。厳密さにこだわらず、まるでスタックが 1 つしかないかのように、ただ「スタック」と言うことが多い。本書では、このように複数バージョンのオブジェクトを同一視してまとめた概念を、**永続的同一性**（*persistent identity*）と呼ぶ。このことばが問題になるのは、主に永続的データ構造の文脈である。「同一のデータ構造の異なるバージョン」と言ったときは、異なるバージョンのオブジェクトが共通の永続的同一性を持つことを意味する。

大まかに言うと、抽象は Standard ML のシグネチャに対応する。実装はストラクチャまたはファンクタに対応する[3]。オブジェクトは値に対応する。永続的同一性に対応する概念は Standard ML には存在しない[4]。

操作（*operation*）という用語も同様に多重定義されており、抽象データ型が提供する関数と、それらの関数を適用することという、2 つの意味がある。本書では、操作という用語は後者の意味にとっておき、前者には**関数**（*function*）という用語を用いる。

---

[3] 訳注（Standard ML に詳しくない人への補足）：シグネチャは型や関数の宣言を集めたもの（Java で言うと抽象クラスやインターフェイスに相当）。ストラクチャはシグネチャに書かれている型や関数をすべて実装したもの（Java で言うと具象クラスに相当）。ファンクタはストラクチャを受け取って新たなストラクチャを返すモジュールレベルの関数（比較関数を実装したストラクチャを受け取り、集合を実装したストラクチャを返す、というのが典型的な利用法。Java で言うとジェネリクスに相当）。

[4] 利那的データ構造の永続的同一性は、参照セルで実装できる。しかしこの方法は永続的データ構造の永続的同一性をモデル化するには不十分である。

1.4　アプローチ

本書の目標は、あらゆる用途を網羅した「効率的なデータ構造のカタログ」ではない（無理な話だ！）。そうではなく、効率的な関数型データ構造を設計するための汎用的な技法に絞って、列、ヒープ（優先度つきキュー）、検索のための構造など、基礎的な抽象の実装をいくつか用いて各技法を解説する。本書の技法をいったん理解すれば、特定の要求に合わせて既存のデータ構造を変えることは簡単で、一から新しいデータ構造を設計することすらもできるだろう。

1.5　構成

本書は 3 部構成である。第 1 部（2 章と 3 章）は関数型データ構造の入門である。

- 2 章では関数型データ構造がどのように永続性を実現するか説明する。
- 3 章では 3 つの古典的なデータ構造（左偏ヒープ、二項ヒープ、赤黒木）を調べ、Standard ML で実装する方法を示す。

第 2 部（4 章から 7 章）は遅延評価と償却の関係性を考える。

- 4 章では準備として、遅延評価の基本概念をざっとおさらいし、Standard ML で遅延計算を記述するための記法を導入する。
- 5 章では償却の基本技法を概観し、この技法が永続的データ構造の解析に適さない理由を説明する。
- 6 章では、償却と永続性を組み合わせる上で遅延評価が果たす媒介的役割を説明し、遅延評価を用いて実装されたデータ構造の償却コストを解析する 2 つの手法を与える。
- 7 章では、1 つの言語で正格評価と遅延評価を組み合わせることの能力を解説する。遅延した部分を早めに評価することを体系的にスケジュール化することで、償却データ構造から最悪時データ構造を導出する方法を説明する。

本書の第 3 部（8 章から 11 章）では、関数型データ構造を設計する汎用的な技法をいくつか調査する。

- 8 章では**遅延再構築**（*lazy rebuilding*）を説明する。これは**全域再構築**（*global rebuilding*）[Ove83] の遅延評価版である。遅延再構築は全域再構築よりかなり簡潔だが、最悪ケースではなく償却の上限を与える。7 章のスケジュール化の技法と遅延再構築を組み合わせることで、最悪ケースの上限を復元できることも多い。
- 9 章では**記数法表現**（*numerical representation*）を調査する。これは数の表現（典型的には二進数）との類似をもとに設計した実装のことである。このモデルでは、効率的な挿入と削除のルーチンを設計することは、1 の加減算が定数時間になる二進数の変種を選ぶことに対応する。
- 10 章では、**データ構造ブートストラップ**（*data-structural bootstrapping*）[Buc93] を調査する。この技法は 3 種類に分かれる。有界な解から非有界の解へブートストラップする**構造的分解**（*structural decomposition*）、非効率な解から効率的な解へブートストラッ

プする**構造的抽象**（*structural abstraction*）、原子的な要素での実装から集成的な要素での実装へブートストラップする**集成型へのブートストラップ**（*bootstrapping to aggregate types*）である。

- 11 章では、**暗黙再帰減速**（*implicit recursive slowdown*）を説明する。これは Kaplan と Tarjan の**再帰減速**（*recursive slowdown*）技法 [KT95] を遅延評価に合わせたものである。遅延再構築と同様に、暗黙再帰減速は再帰減速よりかなり簡潔であるが、最悪ケースではなく償却の上限を与える。この場合もしばしば、スケジュール化を用いて最悪ケースの上限を復元できる。

最後に、本書に載っている大半のプログラムを Haskell に移植したものを付録 A に掲載する。

第2章
永続性

　関数型データ構造の特徴は、常に**永続的**（*persistent*）であることである。すなわち関数型データ構造の更新では、既存のオブジェクトを破壊するのではなく、新しいオブジェクトを作って更新前のオブジェクトと共存させる。データ構造中の影響を受けるノードをコピーし、すべての変更はもとのノードではなくコピーのほうで行うようにすることで、永続性が実現される。ノードが直接変更されることはまったくないので、更新の影響を受けないすべてのノードはデータ構造の更新前と更新後のオブジェクトで**共有**してよい。片方のオブジェクトを変更したときに、その変更がもう片方のオブジェクトでも意図せず見えてしまう、というような心配をする必要はない。

　本章では、リストと二分探索木という 2 つの単純なデータ構造について、コピーと共有を詳しく調べる。

2.1　リスト

　単純なリンクリストから始めよう。リンクリストは命令型プログラミングでもありふれたものだが、関数型プログラミングでは至るところで使われる。リストがサポートする基本的な関数は、本質的にはスタック抽象のそれと同じである。この関数を図 2.1 に Standard ML のシグネチャとして示す[*1]。リストやスタックは、組み込みのリスト型（図 2.2）や独自のデータ型（図 2.3）を使って自明に実装できる。

注 図 2.1 のシグネチャでは、スタックの用語（push、top、pop）ではなく、リストの用語（cons、head、tail）を用いている。スタックは、大まかに分類すると列を表すデータ構造の一種と考えられるためである。同様のものはほかに**キュー**（*queue*）、**両端キュー**（*deque*）、**結合可能リスト**（*catenable list*）などがある。これらの抽象すべてに含まれる関数には、一貫性のある命名規則を用いる。異なる実装を最小の手間で互いに入れ替えられるようにするためである。◇

　このシグネチャに追加しようと思うかもしれない、リストのもう 1 つの一般的な関数は、⧺ である[*2]。これは 2 つのリストを連結する関数である。命令型プログラミングでは、この関数は $O(1)$ 時間で容易に実装できる。各リストの先頭と終端のセルへのポインタを保持しておけばよい。そして ⧺ は、単に 1 つ目のリストの終端セルを変更して、2 つ目のリストの最初のセルを指すようにする。この操作の結果は図 2.4 に図示されている。この操作は引数を両方と

[*1] 訳注：実際の Standard ML プログラムでは、α は 'a、× は *、→ は -> と書く。
[*2] 訳注：実際の Standard ML プログラムでは、プラスを 2 つ並べて ⧺ と書く。

```
signature STACK =
sig
  type α Stack

  val empty   : α Stack
  val isEmpty : α Stack → bool

  val cons    : α × α Stack → α Stack
  val head    : α Stack → α         (* スタックが空なら EMPTY 例外を投げる *)
  val tail    : α Stack → α Stack   (* スタックが空なら EMPTY 例外を投げる *)
end
```

図 2.1　スタックのシグネチャ

```
structure List : STACK =
struct
  type α Stack = α list

  val empty = [ ]
  fun isEmpty s = null s

  fun cons (x, s) = x :: s
  fun head s = hd s
  fun tail s = tl s
end
```

図 2.2　組み込みのリスト型を用いたスタックの実装

```
structure CustomStack : STACK =
struct
  datatype α Stack = NIL | CONS of α × α Stack

  val empty = NIL
  fun isEmpty NIL = true | isEmpty _ = false

  fun cons (x, s) = CONS (x, s)
  fun head NIL = raise EMPTY
    | head (CONS (x, s)) = x
  fun tail NIL = raise EMPTY
    | tail (CONS (x, s)) = s
end
```

図 2.3　独自のデータ型を用いたスタックの実装

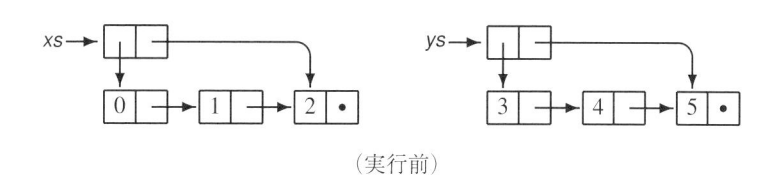

（実行前）

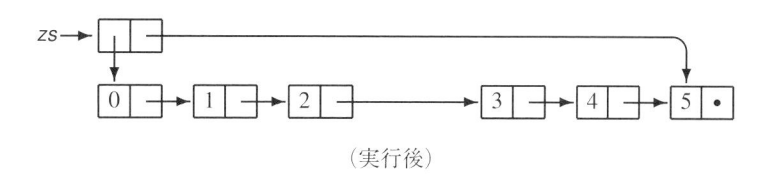

（実行後）

図 2.4　命令型プログラミングにおける *zs* = *xs* ⧺ *ys* の実行。この操作は引数のリスト *xs* と *ys* を破壊していることに注意せよ。

も**破壊**することに注意せよ。*zs* = *xs* ⧺ *ys* を実行した後では、もう *xs* や *ys* を利用することはできない。

　関数型プログラミングでは、1 つ目のリストの終端セルをこのように破壊的に変更することはできない。そこで、終端セルを**コピー**して、そのコピーの tail ポインタを変更する。次に、終端セルの 1 つ前のセルをコピーして、その tail ポインタが終端セルのコピーを指すように変更する。これを、リスト全体をコピーし終えるまで繰り返す。この処理は以下のように、内部表現に依存しない形で実装できる。

　　fun *xs* ⧺ *ys* = **if** isEmpty *xs* **then** *ys* **else** cons (head *xs*, tail *xs* ⧺ *ys*)

もし内部表現にアクセスできるなら、たとえば Standard ML の組み込みリストであれば、この関数はパターンマッチを用いて以下のように書き換えられる。

　　fun [ ] ⧺ *ys* = *ys*
　　　| (*x* :: *xs*) ⧺ *ys* = *x* :: (*xs* ⧺ *ys*)

図 2.5 は 2 つのリストを連結した結果を示す。操作の後で、新しいリスト（*zs*）だけでなく古いリスト（*xs* と *ys*）を自在に使い続けることができる。このように永続性が得られるが、ただし $O(n)$ のコピーのコストがかかる[*3]。

　コピーが多いことは否めないが、2 番目のリスト *ys* をコピーする必要はなかったことに注意せよ。これらのノードはコピーされず、*ys* と *zs* の間で共有されている。コピーと共有という対の概念を説明するのに良い例となるもう 1 つの関数は、update である。これはリスト中の与えられたインデックスのノードの値を変更する。この関数は以下のように実装できる。

[*3] 10 章と 11 章で、永続性を損なわず $O(1)$ 時間の ⧺ をサポートする方法を説明する。

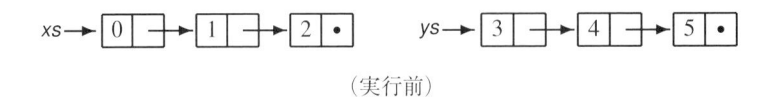

（実行前）

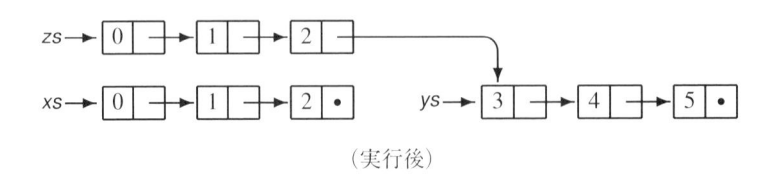

（実行後）

図 2.5　関数型プログラミングにおける *zs* = *xs* ++ *ys* の実行。引数のリスト *xs* と *ys* は操作の影響を受けていないことに注意せよ。

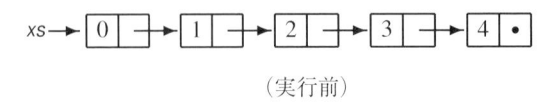

（実行前）

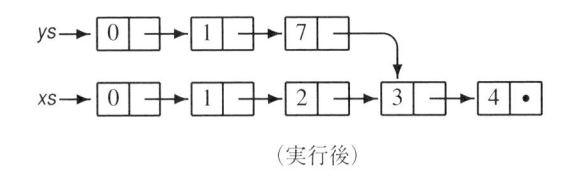

（実行後）

図 2.6　*ys* = update(*xs*, 2, 7) の実行。*xs* と *ys* の間の共有に注意せよ。

```
fun update ([], i, y) = raise Subscript
  | update (x :: xs, 0, y) = y :: xs
  | update (x :: xs, i, y) = x :: update (xs, i−1, y)
```

ここでは、引数のリストを丸ごとコピーすることはしない。そうではなく、変更されるノードと、そのノードへ直接的・間接的に参照を持つすべてのノードだけをコピーする。つまり 1 つのノードを変更するには、根からそのノードまでの経路上にあるすべてのノードをコピーする。この経路上にないすべてのノードは、更新前のオブジェクトと更新後のオブジェクトの間で共有される。図 2.6 は 5 個のノードからなるリストの 3 番目のノードを更新した結果を示す。最初の 3 つのノードがコピーされ、最後の 2 つのノードは共有される。

注　このプログラミングスタイルは自動的なガベージコレクションのおかげで非常に簡単になっている。もう必要なくなったコピーの空間を回収することは極めて重要だが、ノードの共有が蔓延すると手動でのガベージコレクションが厄介になる。

```
signature SET =
sig
  type Elem
  type Set

  val empty  : Set
  val insert  : Elem × Set → Set
  val member : Elem × Set → bool
end
```

図 2.7　集合のシグネチャ

演習問題 2.1　リスト xs を受け取り、xs のすべての接尾辞を長さの降順に並べたリストを返す、型 α list $\to$ α list list の関数 suffixes を書いてみよう。たとえば、以下のように動けばよい。

suffixes [1,2,3,4] = [[1,2,3,4], [2,3,4], [3,4], [4], []]

suffixes の返すリストを $O(n)$ 時間で生成できること、$O(n)$ の空間で表現できることを証明しよう。

2.2　二分探索木

1 ノードあたりのポインタフィールドが複数ある場合、より複雑な共有パターンも起こりうる。二分探索木はこの種の共有の好例である。

二分探索木は、内部ノードに**対称順**（*symmetric order*）で格納された要素を持つ二分木である。対称順とは、任意の与えられたノードの要素が、その左側の部分木の中のどの要素よりも大きく、右側の部分木のどの要素よりも小さい、という意味である。Standard ML では二分探索木を以下の型で表現する。

datatype Tree = E | T **of** Tree × Elem × Tree

ただし Elem は、全順序づけされた要素の型を決め打ちしたものである。

注　二分探索木は、要素の型において多相的ではない。要素として使えるのは任意の型ではなく、全順序関係を備えた型だけであるからである。しかし、異なる要素の型ごとに二分探索木を再実装しなければならないということにはならない。代わりに、要素の型とそれに付随する比較関数を、二分探索木を実装する**ファンクタ**（*functor*）のパラメータとする（図 2.9 参照）。
◇

以下では、この表現を用いて集合を実装していく。なお、構築子 T にフィールドを追加して拡張することで、他の抽象（たとえば、有限マップ）や、よりおもしろい関数（たとえば、i 番目に小さい要素を見つける）をサポートするように変えるのは容易である。

図 2.7 に集合の最小のシグネチャを示す。このシグネチャは空集合を表す値、新しい要素を挿入する関数、所属性を検査する関数を含む。より現実的な実装では、要素の削除や全要素の列挙など、他にも数多くの関数を含むだろう。

member 関数は、見つけたい要素と根の要素を比較することで木を探索する。見つけたい要素が根の要素より小さい場合、左の部分木を再帰的に探索する。見つけたい要素が根の要素より大きい場合、右の部分木を再帰的に探索する。どちらでもなければ、見つけたい要素は根の要素と等しいので、true を返す。空のノードにたどり着いた場合は、見つけたい要素は集合の要素ではないので、false を返す。この戦略は以下のように実装される。

```
fun member (x, E) = false
  | member (x, T (a, y, b)) =
      if x < y then member (x, a)
      else if x > y then member (x, b)
      else true
```

注 簡単にするため、比較関数は < と > という演算子によって行われると仮定してきた。しかし図 2.9 で見るように、これらの関数をファンクタのパラメータとして渡すときは、lt や leq のような名前を使い、< と > は整数や他のプリミティブ型の比較にとっておくほうがしばしば便利である。　　　　　　　　　　　　　　　　　　　　　　　　　　　　　　　　◇

insert 関数は member と同じ戦略を用いて木を探索する。ただし、探索経路に沿ってすべてのノードをコピーする点が異なる。最後に空のノードにたどり着いたとき、その空ノードを、新しい要素を持つノードに置き換える。

```
fun insert (x, E) = T (E, x, E)
  | insert (x, s as T (a, y, b)) =
      if x < y then T (insert (x, a), y, b)
      else if x > y then T (a, y, insert (x, b))
      else s
```

図 2.8 は典型的な挿入を示している。コピーされるすべてのノードは、もとの木と部分木を 1 つ共有している。これは探索経路上になかった部分木である。ほとんどの場合、この探索経路にはもとの木のほんの一部のノードしか含まれていない。大多数のノードは共有される部分木の中に存在する。

図 2.9 は二分探索木が Standard ML のファンクタとしてどのように実装できるかを示している。このファンクタは要素の型と、それに対応する比較関数をパラメータとして受け取る。今回のパラメータはしばしば他のファンクタでも同様に使用されるので（たとえば演習問題 2.6 参照）、Ordered シグネチャにマッチするストラクチャとしてパッケージにしておく。

演習問題 2.2（Andersson [And91]） 最悪の場合、member はほぼ $2d$ 回の比較を行う（d は木の深さ）。member 関数を書き換えて、比較の回数が $d + 1$ 回以下になるようにしよう。見つけたい要素と等しいかもしれない要素の候補（つまり、< が false を返したり、≤ が true を返したりした最後の要素）を保持しておき、木の底にたどり着いたときに限って等価性の検査を行えばよい。

演習問題 2.3 すでに含まれる要素を二分探索木に挿入すると、コピーされたノードはもとのノードと区別できないにもかかわらず、探索経路全体をコピーしてしまう。例外を用いてこのコピーを避けるよう、insert を書き換えよう。繰り返しのたびに例外ハンドラを設置するのではなく、挿入あたり 1 つだけ設置するようにすればよい。

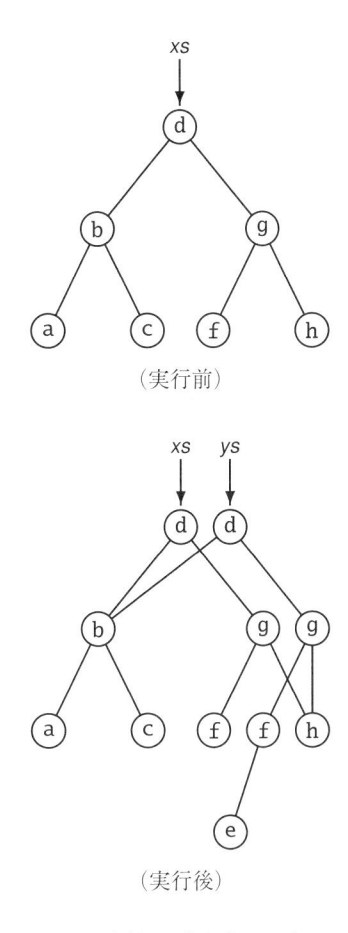

（実行前）

（実行後）

図 2.8　*ys* = insert (''e'', *xs*) の実行。こちらも、*xs* と *ys* の間の共有に注意せよ。

演習問題 2.4　前 2 つの演習のアイデアを組み合わせ、不要なコピーをせず、比較回数が $d + 1$ 回以下であるような insert を作ってみよう。

演習問題 2.5　複数のオブジェクトの間でノードを共有することだけでなく、単一のオブジェクトの中でノードを共有することも有用である。たとえば、もし与えられたノードの 2 つの部分木が同一であれば、その 2 つは同じ木で表現できる。

(a) このアイデアを用いて、型 Elem × int → Tree の関数 complete を書こう。ここで complete (*x*, *d*) は、すべてのノードに *x* が格納された、深さ *d* の完全な二分木を作る。（もちろん、この関数は集合の抽象では意味をなさないが、多重集合など他の抽象の補助関数として有用なことがある。）この関数は $O(d)$ 時間で実行できるはずだ。

(b) この関数を拡張して、任意のサイズの平衡木を作るようにしよう。これらの木は常に完全な二分木とは限らないが、できる限り平衡であるべきである。すなわち、与えられたノードに対し、2 つの部分木のサイズの差はたかだか 1 である。この関数は

```
signature ORDERED =
  (∗ 全順序のある型とその比較関数 ∗)
sig
  type T

  val eq  : T × T → bool
  val lt   : T × T → bool
  val leq : T × T → bool
end

functor UnbalancedSet (Element : ORDERED) : SET =
struct
  type Elem = Element.T
  datatype Tree = E | T of Tree × Elem × Tree
  type Set = Tree

  val empty = E

  fun member (x, E) = false
    | member (x, T (a, y, b)) =
         if Element.lt (x, y) then member (x, a)
         else if Element.lt (y, x) then member (x, b)
         else true

  fun insert (x, E) = T (E, x, E)
    | insert (x, s as T (a, y, b)) =
         if Element.lt (x, y) then T (insert (x, a), y, b)
         else if Element.lt (y, x) then T (a, y, insert (x, b))
         else s
end
```

図 2.9　Standard ML のファンクタとしての二分探索木の実装

$O(\log n)$ 時間で実行できるはずだ。（ヒント：サイズ m が与えられたとき、サイズ m の木とサイズ $m+1$ の木のペアを作る補助関数 create2 を用いるとよい。）

演習問題 2.6　UnbalancedSet ファンクタを変えて、集合ではなく有限マップを提供してみよう。図 2.10 に有限マップの最小のシグネチャを示した。（NOTFOUND 例外は Standard ML では既定義ではないので、自分で定義する必要があることに注意せよ。この例外を FINITEMAP シグネチャの一部にすることは可能だが、すべての実装がそれぞれ独自の NOTFOUND 例外を定義することになる。すべての有限マップが同じ例外を用いるほうが便利である。）

2.3　注記

Myers [Mye82, Mye84] はコピーと共有を用いて永続的な二分探索木（彼の場合、AVL 木）を実装した。Sarnak と Tarjan [ST86a] は、影響を受けるすべてのノードをコピーすることで永続的データ構造を実装する一般的技法に対して、**経路コピー**（*path copying*）というこ

```
signature FiniteMap =
sig
  type Key
  type α Map

  val empty  : α Map
  val bind   : Key × α × α Map → α Map
  val lookup : Key × α Map → α  (∗ キーが見つからないとき NotFound 例外を投げる ∗)
end
```

図 2.10 　有限マップのシグネチャ

とばを与えた。永続的データ構造を実装する他の一般的技法は Driscoll と Sarnak、Sleator、Tarjan [DSST89] や Dietz [Die89] が提案したが、これらの技法は純粋関数的ではない。

第3章
古典的なデータ構造を関数型プログラ ミングで

　命令型データ構造には関数型プログラミングに適合させるのが困難なもの、不可能なものも多いが、非常に簡単に適合させられるものもある。本章では、通常は命令型プログラミングを用いて教えられるデータ構造を 3 つ見ていく。そのうちの 1 つ、左偏ヒープは、関数型スタイルでも命令型スタイルでも非常に簡潔である。しかし、残る 2 つ、二項ヒープと赤黒木は、かなり複雑であると評判である。なぜならば、これらのデータ構造の命令型スタイルでの実装はしばしばポインタ演算地獄に陥っているからである。一方これらのデータ構造の関数型プログラミング的な実装は、わずらわしいポインタ演算を抽象化して、高水準の考え方をそのまま反映したものになる。これらのデータ構造を関数型プログラミング的に実装すると、永続性をただで手に入れられるという利点もある。

3.1　左偏ヒープ

　集合と有限マップは通常、任意の要素への効率的なアクセスを提供する。しかし、最小の要素のみへの効率的なアクセスが必要になることがある。この種のアクセスを提供するデータ構造は、優先度つきキュー（*priority queue*）やヒープ（*heap*）と呼ばれる。FIFO キューとの混乱を避けるため、本書では後者の名前を用いる。図 3.1 はヒープの簡潔なシグネチャを示す。

```
signature Heap =
sig
    structure Elem : Ordered

    type Heap

    val empty    : Heap
    val isEmpty  : Heap → bool

    val insert   : Elem.T × Heap → Heap
    val merge    : Heap × Heap → Heap

    val findMin   : Heap → Elem.T    (* ヒープが空なら Empty 例外を投げる *)
    val deleteMin : Heap → Heap      (* ヒープが空なら Empty 例外を投げる *)
end
```

図 3.1　ヒープ（優先度つきキュー）のシグネチャ

注　ヒープのシグネチャと集合のシグネチャ（図 2.7）を比べると、前者には要素の上の順序づけ関係がシグネチャに含まれているが、後者にはない。この違いは、ヒープの意味論では順序づけ関係が必要不可欠であるが、集合の意味論においては不可欠ではないためである。一方、集合の意味論では**等価**関係が必要不可欠であり、シグネチャに含まれるべきであると論じるのも筋が通っている。　　　　　　　　　　　　　　　　　　　　　　　　　　　　　◇

　ヒープはしばしば**ヒープ順序つき**（*heap-ordered*）の木として実装される。この木においては、各ノードの要素はその子要素より大きくならない。この順序づけの下では、木の最小の要素は常に根にある。

　左偏ヒープ（leftist heap）[Cra72, Knu73a] は、左偏性を満たすヒープ順序つきの二分木である。**左偏性**（*leftist property*）とは、任意の左の子のランクが、右の子のランクと同じかそれ以上であるという性質である。ノードのランクは、そのノードの**右スパイン**（right spine、そのノードから空ノードまでの最も右の経路）の長さとして定義される。左偏性の単純な帰結として、任意のノードの右スパインは、常に空ノードまでの最短経路となる。

演習問題 3.1　サイズ n の左偏ヒープの右スパインが、たかだか $\lfloor \log(n+1) \rfloor$ 個の要素しか持たないことを証明しよう（特に断らない限り、本書では対数の底を 2 とする）。　　　◇

　順序つき要素のストラクチャ Elem が与えられたとき、左偏ヒープを、ランクの情報がついた二分木で表現する。

```
datatype Heap = E | T of int × Elem.T × Heap × Heap
```

左偏ヒープの右スパインには、ソートされた順序で要素が格納されていることに注意せよ（実際には、ヒープの順序つき木を通る任意の経路でこれが成り立つ）。左偏ヒープの裏にある重要な観察は、次のようなものである。2 つのヒープをマージするためには、ソート済みリストをマージする要領でそれぞれの右スパインをマージし、左偏性を復元するために必要であればこの経路に沿ってノードの子供を入れ替えればよい。これは以下のように実装できる。

```
fun merge (h, E) = h
  | merge (E, h) = h
  | merge (h₁ as T (_, x, a₁, b₁), h₂ as T (_, y, a₂, b₂)) =
      if Elem.leq (x, y) then makeT (x, a₁, merge (b₁, h₂))
      else makeT (y, a₂, merge (h₁, b₂))
```

ここで makeT は T ノードのランクを計算し、必要に応じて子ノードを入れ替える補助関数である。

```
fun rank E = 0
  | rank (T (r, _, _, _)) = r
fun makeT (x, a, b) = if rank a ≥ rank b then T (rank b + 1, x, a, b)
                      else T (rank a + 1, x, b, a)
```

どの右スパインの長さもたかだか対数のオーダであるから、merge は $O(\log n)$ 時間で実行される。

　効率的な merge 関数ができたので、あとの関数は自明である。insert は新しい 1 要素の木を作り、それと既存のヒープをマージする。findMin は根の要素を返す。deleteMin は根の要素を

```
functor LeftistHeap (Element : ORDERED) : HEAP =
struct
  structure Elem = Element

  datatype Heap = E | T of int × Elem.T × Heap × Heap

  fun rank E = 0
    | rank (T (r, _, _, _)) = r
  fun makeT (x, a, b) = if rank a ≥ rank b then T (rank b + 1, x, a, b)
                        else T (rank a + 1, x, b, a)

  val empty = E
  fun isEmpty E = true | isEmpty _ = false

  fun merge (h, E) = h
    | merge (E, h) = h
    | merge (h₁ as T (_, x, a₁, b₁), h₂ as T (_, y, a₂, b₂)) =
        if Elem.leq (x, y) then makeT (x, a₁, merge (b₁, h₂))
        else makeT (y, a₂, merge (h₁, b₂))
  fun insert (x, h) = merge (T (1, x, E, E), h)

  fun findMin E = raise EMPTY
    | findMin (T (_, x, a, b)) = x
  fun deleteMin E = raise EMPTY
    | deleteMin (T (_, x, a, b)) = merge (a, b)
end
```

図 3.2　左偏ヒープ

捨てて、その子ノード 2 つをマージする。

```
fun insert (x, h) = merge (T (1, x, E, E), h)
fun findMin (T (_, x, a, b)) = x
fun deleteMin (T (_, x, a, b)) = merge (a, b)
```

merge は $O(\log n)$ 時間かかるので、insert と deleteMin も同様である。findMin は明らかに $O(1)$ 時間で実行される。左偏ヒープの完全な実装を図 3.2 に示す。順序のついた要素のストラクチャをパラメータとして受け取るファンクタである。

注 本書の例が枝葉末節で読みにくくならないよう、コード断片を提示する際にはエラーケースは通常無視する。たとえば上記のコード断片では、空のヒープに対する findMin や deleteMin の挙動について記述していない。図 3.2 のように完全な実装を提示する場合には、エラーケースを常に含む。

演習問題 3.2 merge の呼び出しを経由せず、insert を直接的に定義してみよう。

演習問題 3.3 型 Elem.T list → Heap の関数 fromList を実装しよう。この関数は、ソートされていない要素リストを受け取り、各要素を 1 要素のヒープに変換し、それからヒープが 1 つになるまでマージを繰り返すことで、左偏ヒープを生成する。ヒープの列に対し、foldr や foldl を用

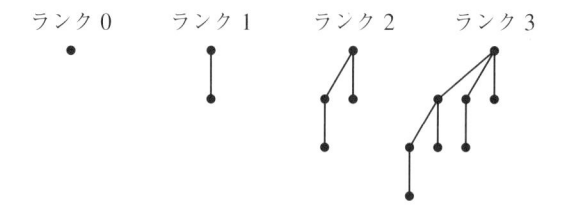

図 3.3 ランク 0 から 3 の二項木

いて左から右・右から左にマージするのではなく、隣り合うヒープをマージする処理を $\lceil \log n \rceil$ 回繰り返すことでマージしよう。fromList が $O(n)$ 時間しかかからないことを証明しよう。

演習問題 3.4（Cho と Sahni [CS96]）　重み左偏ヒープは、左偏ヒープの左偏性を**重み左偏性**（*weight-biased leftist property*）に置き換えたものである。重み左偏性とは、任意の左の子のサイズが、少なくとも右の兄弟ノードと同じサイズを持つという性質である。

(a) 重み左偏ヒープの右スパインが、たかだか $\lfloor \log(n+1) \rfloor$ 個の要素しか持たないことを証明しよう。

(b) 図 3.2 の実装を修正して、重み左偏ヒープを作ってみよう。

(c) 現在、merge の処理は二段階になっている。merge の呼び出しからなるトップダウンの処理と、補助関数 makeT の呼び出しからなるボトムアップの処理である。重み左偏ヒープの merge を修正して、単一のトップダウン処理で実行できるようにしよう。

(d) トップダウン版の merge は遅延評価の環境ではどのような利点を持つだろうか？ 並列実行の環境ではどうか？

3.2　二項ヒープ

ヒープのもう 1 つの一般的な実装は二項キュー [Vui78, Bro78] である。FIFO キューとの混乱を避けるため、本書では**二項ヒープ**（*binomial heap*）と呼ぶ。二項ヒープは左偏ヒープより複雑で、一見すると見合う利点がないように見える。しかし後の章で、insert と merge が $O(1)$ 時間で実行できるように二項ヒープを変える方法を見ていく。

二項ヒープは、二項木として知られる、より原始的なオブジェクトからなる。二項木は以下のように帰納的に定義される。

- ランク 0 の二項木は単一ノードである。
- ランク $r+1$ の二項木は、ランク r の 2 つの二項木をリンク（*link*）することで作られる。このとき、片方の木を、もう片方の木の最左の子としてつなげる。

この定義から容易にわかるように、ランク r の二項木はちょうど 2^r 個のノードを含む。二項木には次のようなもう 1 つの等価な定義があり、こちらのほうが便利なこともある。t_i をランク $r-i$ の二項木としたとき、ランク r の二項木とは、$t_1 \ldots t_r$ を子供に持つノードである。図 3.3 はランク 0 から 3 の二項木を示す。

二項木のノードを、要素と、子ノードのリストとして表現する。利便性のため、各ノードに

ランクの情報も持たせておく。

> **datatype** Tree = NODE **of** int × Elem.T × Tree list

子ノードのリストはそれぞれランクの降順に保持され、要素はヒープの順に格納される。ヒープの順序を維持するために、木をリンクする際は必ず、大きな根を持つ木が、小さな根を持つ木の下にくるようにする。

> **fun** link (t_1 **as** NODE (r, x_1, c_1), t_2 **as** NODE ($\_$, x_2, c_2)) =
>   **if** Elem.leq (x_1, x_2) **then** NODE (r+1, x_1, t_2 :: c_1)
>   **else** NODE (r+1, x_2, t_1 :: c_2)

リンクするのはランクの等しい木だけである。

さて、二項ヒープは、どの 2 つの木もランクが等しくない二項木の集まりである。この集まりは、ランクの昇順に並べた木のリストとして表現される。

> **type** Heap = Tree list

それぞれの二項木は 2^r 個の要素を含み、同じランクの木はないので、サイズ n の二項ヒープの木はちょうど n の二進表記の 1 の位置に対応する。たとえば、21 の二進表記は 10101 なので、サイズ 21 の二項ヒープはランク 0 の木を 1 つ、ランク 2 の木を 1 つ、ランク 4 の木を 1 つ持つ（それぞれサイズは 1、4、16 である）。n の二進表記がたかだか $\lfloor \log(n+1) \rfloor$ 個の 1 しか持たないように、サイズ n の二項ヒープもたかだか $\lfloor \log(n+1) \rfloor$ 個の木しか持たない。

これで二項ヒープの上の関数を記述する準備ができた。まず insert と merge から始める。これらはおおよそ二進数のインクリメントと加算の類推として定義される（この類推は 9 章で厳密化する）。新たな要素をヒープに挿入するためには、まず新しい一要素の木（つまりランク 0 の二項木）を作る。次に、既存の木のリストをランクの昇順で、欠けたランクに到達するまで走査する。その際に同じランクの木をリンクしながら進んでいく。各リンクは二進演算の繰り上げに対応する。

> **fun** rank (NODE (r, x, c)) = r
> **fun** insTree (t, [ ]) = [t]
> | insTree (t, ts **as** t' :: ts') =
>   **if** rank t < rank t' **then** t :: ts **else** insTree (link (t, t'), ts')
> **fun** insert (x, ts) = insTree (NODE (0, x, [ ]), ts)

最悪ケースは、サイズ $n = 2^k - 1$ のヒープへの挿入である。これは k 回のリンクが必要で、$O(k) = O(\log n)$ 時間かかる。

2 つのヒープをマージするには、ランクの昇順になった木のリスト 2 つを、今までのように等しいランクの木をリンクしていくように処理する。ここでも、各リンクは二進演算の繰り上げに対応する。

> **fun** merge (ts_1, [ ]) = ts_1
> | merge ([ ], ts_2) = ts_2
> | merge (ts_1 **as** t_1 :: ts'_1, ts_2 **as** t_2 :: ts'_2) =
>   **if** rank t_1 < rank t_2 **then** t_1 :: merge (ts'_1, ts_2)
>   **else if** rank t_2 < rank t_1 **then** t_2 :: merge (ts_1, ts'_2)
>   **else** insTree (link (t_1, t_2), merge (ts'_1, ts'_2))

findMin と deleteMin はともに補助関数 removeMinTree を呼ぶ。これは最小の根を持つ木を見つけ、リストから取り除き、その木と残るリストを返す。

```
fun removeMinTree [t] = (t, [ ])
  | removeMinTree (t :: ts) =
      let val (t′, ts′) = removeMinTree ts
      in if Elem.leq (root t, root t′) then (t, ts) else (t′, t :: ts′) end
```

すると、findMin は単に抽出された木の根を返す。

```
fun findMin ts = let val (t, _) = removeMinTree ts in root t end
```

deleteMin 関数は少しややこしい。抽出された木の根を捨てた後で、捨てられたノードの子ノードを残る木のリストになんらかの方法で戻さなければならない。子ノードの各リストはほとんど有効な二項ヒープである。それぞれは一意なランクのヒープの順序のついた二項木の集まりであるが、ランクの昇順ではなく降順となっている。よって、子ノードのリストを反転して有効な二項木とし、このリストを残る木のリストにマージする。

```
fun deleteMin ts = let val (NODE ( _ , x, ts₁), ts₂) = removeMinTree ts
                   in merge (rev ts₁, ts₂) end
```

二項ヒープの完全な実装を図 3.4 に示す。4 つの主要な操作は最悪ケースで $O(\log n)$ 時間を必要とする。

演習問題 3.5　removeMinTree の呼び出しを経由せず、findMin を直接的に定義してみよう。

演習問題 3.6　この二項ヒープの表現におけるランクの情報のほとんどは冗長である。なぜならば、ランク r のノードの子ノードが $r-1,\dots,0$ のランクを持つことはわかっているからである。よって、各ノードからランクの情報を取り除き、トップレベルの各木にそのランクを持たせることができる。

```
datatype Tree = NODE of Elem × Tree list
type Heap = (int × Tree) list
```

この新しい表現で二項ヒープを再実装してみよう。

演習問題 3.7　左偏ヒープが二項ヒープより明白に優れている点の 1 つは、findMin は $O(\log n)$ 時間でなく $O(1)$ 時間で済むことである。以下のファンクタのスケルトンは、最小の要素をヒープの残りの部分とは別に格納することで、findMin の実行時間を $O(1)$ に改善する。

```
functor ExplicitMin (H : HEAP) : HEAP =
struct
    structure Elem = H.Elem
    datatype Heap = E | NE of Elem.T × H.Heap
    …
end
```

このファンクタは二項ヒープに特化したものではないことに注意せよ。そうではなく、任意のヒープの実装をパラメータとして受け取る。このファンクタを完成させ、findMin が $O(1)$ 時間で動き、insert、merge、deleteMin が $O(\log n)$ 時間で動くようにしてみよう（裏にある実装は、

```
functor BinomialHeap (Element : ORDERED) : HEAP =
struct
  structure Elem = Element

  datatype Tree = NODE of int × Elem.T × Tree list
  type Heap = Tree list

  val empty = [ ]
  fun isEmpty ts = null ts

  fun rank (NODE (r, x, c)) = r
  fun root (NODE (r, x, c)) = x
  fun link (t₁ as NODE (r, x₁, c₁), t₂ as NODE (_, x₂, c₂)) =
          if Elem.leq (x₁, x₂) then NODE (r+1, x₁, t₂ :: c₁)
          else NODE (r+1, x₂, t₁ :: c₂)
  fun insTree (t, [ ]) = [t]
    | insTree (t, ts as t′ :: ts′) =
        if rank t < rank t′ then t :: ts else insTree (link (t, t′), ts′)

  fun insert (x, ts) = insTree (NODE (0, x, [ ]), ts)
  fun merge (ts₁, [ ]) = ts₁
    | merge ([ ], ts₂) = ts₂
    | merge (ts₁ as t₁ :: ts₁′, ts₂ as t₂ :: ts₂′) =
        if rank t₁ < rank t₂ then t₁ :: merge (ts₁′, ts₂)
        else if rank t₂ < rank t₁ then t₂ :: merge (ts₁, ts₂′)
        else insTree (link (t₁, t₂), merge (ts₁′, ts₂′))

  fun removeMinTree [ ] = raise EMPTY
    | removeMinTree [t] = (t, [ ])
    | removeMinTree (t :: ts) =
        let val (t′, ts′) = removeMinTree ts
        in if Elem.leq (root t, root t′) then (t, ts) else (t′, t :: ts′) end

  fun findMin ts = let val (t, _) = removeMinTree ts in root t end
  fun deleteMin ts =
        let val (NODE (_, x, ts₁), ts₂) = removeMinTree ts
        in merge (rev ts₁, ts₂) end
end
```

図 3.4 二項ヒープ

4 つの関数すべて、$O(\log n)$ 時間かそれより良いことを仮定する)。

3.3 赤黒木

2.2 節で二分探索木を導入した。これらはランダムやソートされていないデータについては非常にうまく動くが、ソートされたデータに対しては非常に効率が悪くなる。どの個々の操作も、$O(n)$ 時間かかる可能性がある。この問題の解決は、それぞれの木がおおよそ平衡になるよ

う保つことである。すると個々の操作が、$O(\log n)$ 時間より多くの時間を必要とすることはなくなる。赤黒木 [GS78] は最も普及している平衡二分探索木の 1 つである。

　赤黒木は、すべてのノードが赤か黒で塗られた二分探索木である。2.2 節の二分探索木の型を色のフィールドで拡張する。

> **datatype** Color = R | B
> **datatype** Tree = E | T **of** Color × Tree × Elem × Tree

空のノードは黒とみなす。よって空の構築子 E に色のフィールドは必要ない。

　すべての赤黒木は、平衡性に関する以下の 2 つの不変条件を満たすものとする。

　不変条件 1.　赤いノードは赤い子ノードを持たない。

　不変条件 2.　根から空ノードへの経路はすべて、同じ数の黒いノードを持つ。

これら 2 つの不変条件を合わせることで、赤黒木においてありうる経路で、最長のもの（黒いノードと赤いノードが交互に繰り返すもの）の長さが、最短の経路（黒いノードのみからなるもの）の長さのたかだか 2 倍であることが保証される。

演習問題 3.8　サイズ n の赤黒木におけるノードの最大の深さがたかだか $2\lfloor\log(n+1)\rfloor$ であることを証明しよう。　　　　　　　　　　　　　　　　　　　　　　　　　　　　　　　◇

　赤黒木の member 関数は色のフィールドを無視する。T のケースのワイルドカードを除いて、平衡化されていない探索木の member 関数と同一である。

> **fun** member (x, E) = false
> 　| member (x, T (_ , a, y, b)) =
> 　　　**if** x < y **then** member (x, a)
> 　　　**else if** x > y **then** member (x, b)
> 　　　**else** true

insert 関数は平衡性の不変条件を維持しなければならない点で興味深い。

> **fun** insert (x, s) =
> 　**let fun** ins E = T (R, E, x, E)
> 　　　　| ins (s **as** T (color, a, y, b)) =
> 　　　　　　**if** x < y **then** balance (color, ins a, y, b)
> 　　　　　　**else if** x > y **then** balance (color, a, y, ins b)
> 　　　　　　**else** s
> 　　　val T (_ , a, y, b) = ins s　　(* 空でないことが保証されている *)
> 　**in** T (B, a, y, b) **end**

この関数は平衡化されていない探索木の insert 関数を 3 つの重要な点で拡張している。第一に、ins E のケースで新しいノードを作るとき、最初は赤色とする。第二に、最終的な根は ins が返した色にかかわらず、必ず黒とする。最後に、x < y と x > y のケースで構築子 T を呼び出す代わりに balance 関数を呼び出す。balance 関数はちょうど構築子 T のように振る舞うが、必要なときには平衡性の不変条件を守るように引数をもみほぐす。

　新しいノードを赤く塗ることで不変条件 2 が維持されるが、その新しいノードの親のノードが赤い場合は不変条件 1 に違反してしまう。同時に 1 つの「赤-赤」違反は許すことにし、再平衡化の間にこの違反を探索経路の根の方向へ浮き上がらせていく。balance 関数は、赤い子

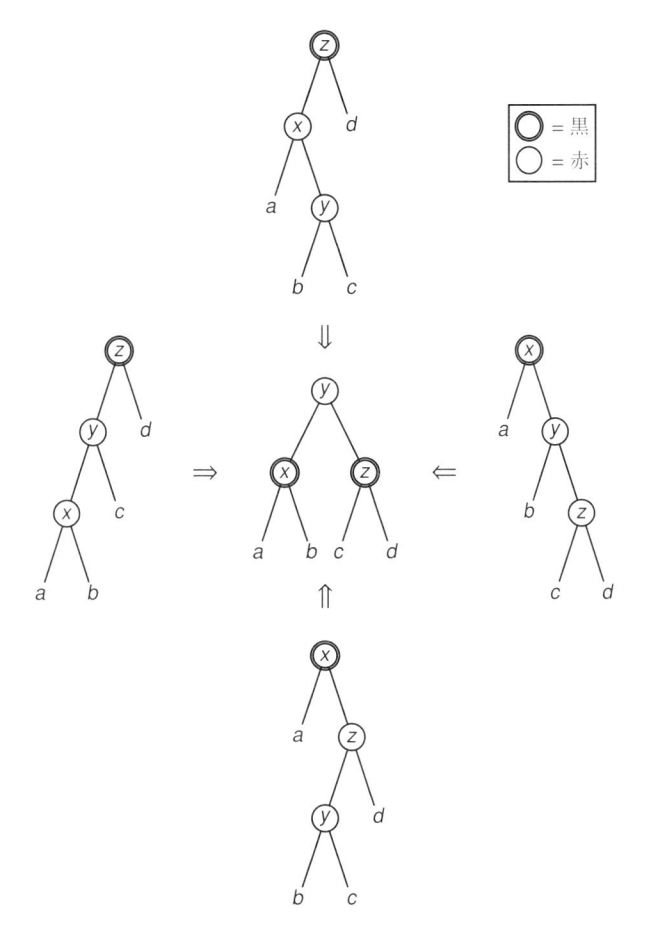

図 3.5　赤い親を持つ赤いノードの除去

ノードを持つ赤いノードの黒い親ノードを処理する際、各「赤-赤」違反を検出し、修正する。この「黒-赤-赤」経路は、赤いノードが左の子か右の子かによって、4 つの構成のうちのいずれかが起きうる。しかし、その解決はすべてのケースで同じである。図 3.5 に示すように、黒-赤-赤の経路を、黒い子ノード 2 つを持つ赤いノードに書き換える。この変換は以下のようにコード化できる。

```
fun balance (B,T (R,T (R,a,x,b),y,c),z,d) = T (R,T (B,a,x,b),y,T (B,c,z,d))
  | balance (B,T (R,a,x,T (R,b,y,c)),z,d) = T (R,T (B,a,x,b),y,T (B,c,z,d))
  | balance (B,a,x,T (R,T (R,b,y,c),z,d)) = T (R,T (B,a,x,b),y,T (B,c,z,d))
  | balance (B,a,x,T (R,b,y,T (R,c,z,d))) = T (R,T (B,a,x,b),y,T (B,c,z,d))
  | balance body = T body
```

結果の木（部分木）が赤黒木の平衡性の不変条件を両方とも満たすことを確認するのは定型的な作業である。

注　最初の 4 つの節の右辺が同一であることに注意せよ。Standard ML のいくつかの実装（特に Standard ML of NewJersey）は、*or* パターン（*or-pattern*）として知られる機能を提供している。この機能では、同一の右辺を持つ複数の節を単一の節にまとめることができる [FB97]。or パターンを用いれば、balance 関数は以下のように書き直せる。

```
fun balance ( (B,T (R,T (R,a,x,b),y,c),z,d)
            | (B,T (R,a,x,T (R,b,y,c)),z,d)
            | (B,a,x,T (R,T (R,b,y,c),z,d))
            | (B,a,x,T (R,b,y,T (R,c,z,d))) ) = T (R,T (B,a,x,b),y,T (B,c,z,d))
      | balance body = T body
```

◇

　与えられた部分木を平衡化したあとで、この部分木の赤い根が他の赤いノードの子になる可能性がある。よって、木の一番上まで平衡化を続ける必要がある。木の一番上では、赤い子を持つ赤いノードで黒い親が存在しない、という状態で終わるかもしれない。このケースは根を常に黒く塗り直すことで処理できる。

　赤黒木の実装を図 3.6 にまとめる。

実応用のためのヒント　平衡二分探索木のこの実装は、最適化をせずとも、知られる中では最速の実装の 1 つである。演習 2.2 や 3.10 のような適切な最適化を行うことで、この実装はさらに速くなる。

注　赤黒木の典型的な表現（たとえば [CLR90] の 14 章）と比べてこの実装がずっと簡潔になっている理由の 1 つは、微妙に異なる再平衡化の変換を用いていることである。命令型の実装は典型的に、ここで考えた 4 つの危険なケースを 8 つに分ける（赤い子を持つ赤いノードの兄弟の色に基づいて）。赤い親の兄弟の色を知ることで、変換の際に代入の数を減らせるケースがあったり、ほかより早く再平衡化を終えられたりする。しかし、対象のノードをとにかくコピーしてしまう関数型プログラミングでは、このやり方で代入の数を減らすことはできず、コピーを早く終わることもできないので、より複雑な変換を用いる理由はない。

演習問題 3.9　重複のないソート済みリストから赤黒木へ変換する、型 Elem list → Tree の関数 fromOrdList を書いてみよう。その関数は $O(n)$ 時間で実行できるはずだ。

演習問題 3.10　balance 関数は現在、不要な比較をいくつか行っている。たとえば、ins 関数が左の子を再帰するとき、balance の中で右の子がかかわる「赤-赤」違反の検査をする必要はない。

(a)　balance を lbalance と rbalance の 2 つの関数に分割しよう。それぞれ左の子がかかわる違反と右の子がかかわる違反を検査する。ins の中の balance の呼び出しを、lbalance か rbalance のいずれかの呼び出しに置き換えよう。

(b)　同じ論理をもう一段回拡張すると、孫に関する残りのテストの 1 つも不要である。ins を書き換えて、探索経路上にないノードの色をいっさい検査しないようにしよう。

```
functor RedBlackSet (Element : ORDERED) : SET =
struct
  type Elem = Element.T

  datatype Color = R | B
  datatype Tree = E | T of Color × Tree × Elem × Tree
  type Set = Tree

  val empty = E

  fun member (x, E) = false
    | member (x, T ( _ , a, y, b)) =
        if Element.lt (x, y) then member (x, a)
        else if Element.lt (y, x) then member (x, b)
        else true

  fun balance (B,T (R,T (R,a,x,b),y,c),z,d) = T (R,T (B,a,x,b),y,T (B,c,z,d))
    | balance (B,T (R,a,x,T (R,b,y,c)),z,d) = T (R,T (B,a,x,b),y,T (B,c,z,d))
    | balance (B,a,x,T (R,T (R,b,y,c),z,d)) = T (R,T (B,a,x,b),y,T (B,c,z,d))
    | balance (B,a,x,T (R,b,y,T (R,c,z,d))) = T (R,T (B,a,x,b),y,T (B,c,z,d))
    | balance body = T body

  fun insert (x, s) =
      let fun ins E = T (R, E, x, E)
            | ins (s as T (color, a, y, b)) =
                if Element.lt (x, y) then balance (color, ins a, y, b)
                else if Element.lt (y, x) then balance (color, a, y, ins b)
                else s
          val T ( _ , a, y, b) = ins s   (* 空でないことが保証されている *)
      in T (B, a, y, b) end
end
```

図 3.6　赤黒木

3.4　注記

　Núñez と Palao、Peña [NPP95] と King [Kin94] はそれぞれ、左偏ヒープと二項ヒープ
の Haskell での同様の実装を記述している。赤黒木は関数型プログラミングの文献には
これまで現れてこなかったが、他の種類の平衡二分探索木はいくつか現れてきた（AVL
木 [Mye82, Mye84, BW88, NPP95]、2-3 木 [Rea92]、重み平衡木 [Ada93] など）。

　Knuth [Knu73a] は、Crane [Cra72] によるデータ構造の簡単化として左偏ヒープを初めて導
入した。Vuillemin [Vui78] は二項ヒープを発明した。Brown [Bro78] はこの華麗なデータ構造
の性質の多くを調査した。Guibas と Sedgewick [GS78] は赤黒木を、他の多くの種類の平衡木
を記述する一般的なフレームワークとして提案した。

第4章
遅延評価

遅延評価は多くの関数型プログラミング言語のデフォルトの評価戦略である（Standard ML は異なるが）。この戦略は2つの不可欠な性質を持つ。1つは、与えられた式の評価はその結果が必要になるまで遅延、**停止**（*suspend*）することである。もう1つは、停止している式が初めて評価されたとき、その結果が**メモ化**（*memoize*）される（キャッシュされる）ことで、同じ結果が将来もう一度必要になったときに再計算せず引いてくるだけで済むことである。遅延評価のどちらの側面も、アルゴリズム的に有用である。

本章では、遅延評価の便利な記法を導入し、単純なストリームのパッケージの開発を通してこの記法を説明していく。遅延評価もストリームも、後の章で広く使っていく。

4.1 $-記法

残念ながら、Standard ML の仕様 [MTHM97] には遅延評価のサポートが含まれていない。各コンパイラは、遅延評価のプリミティブセットを独自に提供することができる。ここではそのようなプリミティブセットとして、$-記法と呼ばれるものを用いる。$-記法で書かれたプログラムを他の遅延評価の記法に翻訳することは単純なはずである。

$-記法においては、停止計算（suspension）を表現する新しい型 α susp を導入する。この型は単一の単項構築子$を持つ。大ざっぱに言うと、$\alpha$ susp と $ は普通のデータ型宣言によって定義されているかのように振る舞う。

datatype α susp = **$ of** α

e と書くことで、型 τ susp の新しい停止計算を作る。ただし e は型 τ の式である。同様に、既存の停止計算の中身は、パターン p に対するマッチによって抽出できる。パターン p が型 τ の値にマッチするならば、p は型 τ susp の停止計算にマッチする。

$ と普通の構築子との主な違いは、$ は引数を直ちには評価しないことである。その代わり、後でその引数の式の評価を再開するために必要な情報を保持する（典型的には、この情報は、コードへのポインタと、その式の自由変数の値を合わせたものからなる）。引数の式は、停止計算が p の形のパターンにマッチされるまで（されなければいっさい）評価されない。マッチされた場合は、引数の式が評価され、その結果がメモ化される。それからその結果がパターン p にマッチされる。もし停止計算が p' の形の他のパターンに後でマッチされた場合、停止計算のメモ化された値が引かれ p' に対してマッチされる。

構築子 $ は構文解析の仕方も普通の構築子と異なる。第一に、構築子 $ のスコープは可能

な限り右まで広げられる。よってたとえば、式$f x は ($f) x ではなく$(f x) と構文解析される。パターン$Cons (x, xs) は ($Cons) (x, xs) ではなく$(Cons (x, xs)) と構文解析される。第二に、$はそれ自体では有効な式を構成しない。つまり常に引数が伴う。

$-記法の例として、次のプログラム断片を考えよう。

```
val s = $primes 1000000     (∗ 速い ∗)
...
val $x = s                  (∗ 遅い ∗)
...
val $y = s                  (∗ 速い ∗)
...
```

このプログラムは百万番目の素数を計算する。1 行目は、新しい停止計算を生成するだけで、非常に素早く実行される。2 行目は実際に、停止計算を評価することで素数を計算する。素数の計算のアルゴリズムによって、長い時間がかかるかもしれない。3 行目はメモ化された値を引いてくるので非常に素早く実行される。

2 つ目の例として、次の断片を考えよう。

```
let val s = $primes 1000000
in 15 end
```

このプログラムは停止計算の中身をまったく要求しないので、primes 1000000 を評価することはない。

本書の遅延評価の例はすべて$-式と$-パターンだけでプログラムできるが、2 種類の構文糖があると便利である。1 つ目は force 関数で、以下のように定義される。

```
fun force ($x) = x
```

式の途中で、パターンマッチの構文を使うと不格好になる場合に、停止計算の中身を取り出すのに有用である。

2 つ目の構文糖は、ある種の遅延関数を書くのに有用である。たとえば、停止している整数を加算する以下の関数を考えよう。

```
fun plus ($m, $n) = $m +n
```

この関数は完全に正しいように見えるが、実際には、おそらく意図した関数にはなっていない。問題は、どちらの引数も計算が進行 (force) するのが早すぎることである。具体的に言うと、plus が生成した停止計算が進行される時点ではなく、plus が適用された時点で引数が進行されてしまう。望みの挙動を得る 1 つの方法は、以下のようにパターンマッチを明示的に遅延させることである[1]。

```
fun plus (x, y) = $case (x, y) of ($m, $n) ⇒ m +n
```

しかし、このイディオムは頻出なので、構文糖を用意したほうがよい。

```
fun lazy f p = e
```

---

[1] 訳注：パターンマッチの ⇒ は、実際の Standard ML プログラムでは=>と書く。

と書くと

    fun f x = **\$case** x **of** p $\Rightarrow$ force e

を表すものとする。追加の force によって、**lazy** キーワードが関数の型に影響を及ぼさないようにしている（返り値は susp 型で始まると仮定している）。よって関数の本体を他に変えることなく、この注釈をつけたり外したりできる。これで、停止している整数を加算する所望の関数が、次のように簡潔に書ける。

    fun lazy plus (\$$m$, \$$n$) = \$$m$ + n

この構文糖を展開すると、

    fun plus (x, y) = **\$case** (x, y) **of** (\$$m$, \$$n$) $\Rightarrow$ force (\$$m$ + n)

これは前述の手書きのものと比べ、$m+n$ に force と**\$**が追加されていることを除けばまったく同一である。この force と**\$**は、良いコンパイラならば最適化で除去する。任意の e について force (\$$e$) は e と等価であるためである。

　この plus 関数は、パターンマッチを遅延させるために **lazy** の注釈を用いている。これにより、**\$**-パターンが先にマッチされないようにしている。しかし、**lazy** の注釈が有用な場合は他にもある。それは、関数の右側が、長くて複雑な計算の末に得られる結果として停止計算を返すような式である場合である。そのような状況で **lazy** の注釈を用いることで、コストが高い計算の実行を、関数が適用された瞬間ではなく、結果の停止計算が進行する瞬間まで遅延させることができる。**lazy** の注釈をこのように使う関数を次節でいくつか見ていく。

　\$-記法の構文と意味論は [Oka96a] で厳密に定義されている。

4.2　ストリーム

　遅延評価と Standard ML の**\$**-記法の発展的な例として、次は小さなストリームのパッケージを開発する。これらのストリームは以後の章のいくつかのデータ構造で使われる。

　ストリーム（遅延リストとしても知られる）は通常のリストに似ているが、すべてのセルの計算が体系的に停止している点が異なる。ストリームの型は以下のようになる。

    datatype α StreamCell = Nil | Cons **of** $\alpha \times \alpha$ Stream
    withtype α Stream = α StreamCell susp

要素として 1、2、3 を持つ簡単なストリームは次のように書ける。

        \$Cons (1, \$Cons (2, \$Cons (3, \$Nil)))

　ストリームは、α list susp という型を持つ停止リストと比べると違いが明らかである。後者の型が表現する計算は、本質的に**一枚岩**（*monolithic*）である。すなわち、停止リストはいったん進行し始めたら、最後まで実行される。一方、ストリームが表現する計算は、しばしば**逐次的**（*incremental*）である。ストリームを進行させると、もっとも外側のセルを生成するのに必要な計算だけを行い、残りは停止される。ストリームのように入れ子になった停止計算を持つデータ型では、この挙動が一般的である。

　この挙動の違いをよりはっきりと理解するために、結合関数（s ＋ t）を考えよう。停止リス

トでは、この関数は次のように書かれる。

> **fun** s ++ t = $(force s @ force t)

次のように書いても同じである。

> **fun lazy** (xs) ++ (ys) = $($xs$ @ ys)

この関数が生成する停止計算は、まず両方の引数を進行させ、それから 2 つのリストを結合して、全体としての結果を返す。よって、この停止計算は一枚岩である。関数が一枚岩であるとも言う。ストリームでは、結合関数は次のように書かれる。

> **fun lazy** (N_{IL}) ++ t = t
> 　　　| (C_{ONS} (x, s)) ++ t = C_{ONS} (x, s ++ t)

この関数は直ちに停止計算を返す。この停止計算が進行すると、$-パターンのマッチによって左のストリームの最初のセルを要求する。このセルが C_{ONS} であれば、x と s ++ t から返り値を構築する。**lazy** の注釈により、この再帰呼び出しは単に別の停止計算を作るだけで、それ以上何もしない。よって、この関数で書かれた計算は逐次的である。すなわち、返り値の最初のセルを返し、残りは遅延される。関数が逐次的であるとも言う。

　他の逐次的関数としては、ストリームの最初の n 個の要素を取り出す take がある。

> **fun lazy** take (0, s) = N_{IL}
> 　　　| take (n, N_{IL}) = N_{IL}
> 　　　| take (n, C_{ONS} (x, s)) = C_{ONS} (x, take (n–1, s))

++ と同様に、take (n–1, s) の再帰呼び出しは関数の残りを実行せず、直ちに停止計算を返す。

　しかし、最初の n 個の要素を消す関数を考えよう。これは次のように書ける。

> **fun lazy** drop (0, s) = s
> 　　　| drop (n, N_{IL}) = N_{IL}
> 　　　| drop (n, C_{ONS} (x, s)) = drop (n–1, s)

より効率的には、次のようにも書ける。

> **fun lazy** drop (n, s) = **let fun** drop′ (0, s) = s
> 　　　　　　　　　　| drop′ (n, N_{IL}) = N_{IL}
> 　　　　　　　　　　| drop′ (n, C_{ONS} (x, s)) = drop′ (n–1, s)
> 　　　　　　　**in** drop′ (n, s) **end**

この関数は、drop′ への再帰呼び出しが遅延されないため、一枚岩である。返り値の最初のセルを計算するために、関数全体を計算することが必要である。ここで **lazy** の注釈を用いているのは、パターンマッチを遅延させるためではなく、drop′ の最初の呼び出しを停止させるためである。

演習問題 4.1　force (e) が e と等価であるという事実を用いて、この drop の 2 つの定義が等価であることを証明しよう。　　　　　　　　　　　　　　　　　　　　　　　◇

　他のよく現れる一枚岩なストリーム関数は reverse である。

```
fun lazy reverse s =
    let fun reverse' ($NIL, r) = r
          | reverse' ($CONS (x, s), r) = reverse' (s, $CONS (x, r))
    in reverse' (s, $NIL) end
```

ここでは reverse' の再帰呼び出しがまったく遅延されない。しかしそれぞれの再帰関数が $CONS (x, r) という形の新たな停止計算を生成することに注意せよ。このため、reverse がすべての仕事を一括でやることはないと思えるかもしれない。しかし、この停止計算のように、少しの構築子と変数だけを本体に含むものの関数適用を含まない停止計算のことをしばしば*自明* (*trivial*) と呼ぶ。自明な停止計算が遅延されているのは、アルゴリズム的な目的ではなく、型が合うようにするためである。自明な停止計算の本体は、その停止計算が生成された時点で実行されると考えてよい。実際、合理的なコンパイラ最適化があると、このような停止計算は最初からメモ化された形式で生成される。いずれにせよ、自明な停止計算は進行しても $O(1)$ より長くかかることはない。

drop や reverse のような一枚岩のストリーム関数もありはするが、++ や take のような逐次的関数こそがストリームの存在意義である。それぞれの停止計算には、小さいが確実にオーバーヘッドがある。よって効率を最大化するためには、遅延は使う理由があるときのみ使うべきである。もし、あるアプリケーションの中においてストリームの使い方がすべて一枚岩であるならば、そのアプリケーションはストリームではなく単なる停止リストを用いるべきである。

図 4.1 に Standard ML のモジュールとしてこれらの関数をまとめる。isEmpty や cons のような関数を期待するかもしれないが、このモジュールはそのような関数を提供していないことに注意せよ。その代わり、ストリームに対してパターンマッチができるよう、わざと内部表現をさらけ出している。

演習問題 4.2 ストリームの挿入ソートを実装しよう。sort xs の最初の k 個の要素を取りだすのに、挿入ソートから期待されるような $O(n^2)$ ではなく、$O(n \cdot k)$ 時間しかかからないことを証明しよう。ただし n は xs の長さである。

4.3 注記

■**遅延評価** Wadsworth [Wad71] はラムダ計算の正規順序評価の最適化として遅延評価を導入した。後に Vuillemin [Vui74] が、ある制限された条件下で、遅延評価が最適な評価戦略であることを証明した。遅延評価の形式意味論は広く研究されている [Jos89, Lau93, OLT94, AFM+95]。

■**ストリーム** Landin は [Lan65] の中でストリームを導入したが、メモ化はなかった。Friedman と Wise [FW76] や、Henderson と Morris [HM76] は、Landin のストリームをメモ化で拡張した。

■**メモ化** Michie [Mic68] は、引数と返り値のペアのキャッシュによる関数の改良を指すものとして、メモ化という用語を作った。停止計算を無引数関数、つまりゼロ個の引数の関数とみなすことで、停止計算をメモ化する際には引数のフィールドは削られる。Hughes [Hug85] は後に、Michie のもともとの意味で、関数型プログラムにメモ化を適用した。

```
signature STREAM =
sig
  datatype α StreamCell = NIL | CONS of α × α Stream
  withtype α Stream = α StreamCell susp

  val ++      : α Stream × α Stream → α Stream   (∗ ストリームの結合 ∗)
  val take    : int × α Stream → α Stream
  val drop    : int × α Stream → α Stream
  val reverse : α Stream → α Stream
end

structure Stream : STREAM =
struct
  datatype α StreamCell = NIL | CONS of α × α Stream
  withtype α Stream = α StreamCell susp

  fun lazy ($NIL) ++ t = t
         | ($CONS (x, s)) ++ t = $CONS (x, s ++ t)
  fun lazy take (0, s) = $NIL
         | take (n, $NIL) = $NIL
         | take (n, $CONS (x, s)) = $CONS (x, take (n−1, s))
  fun lazy drop (n, s) =
         let fun drop' (0, s) = s
               | drop' (n, $NIL) = $NIL
               | drop' (n, $CONS (x, s)) = drop' (n−1, s)
         in drop' (n, s) end
  fun lazy reverse s =
         let fun reverse' ($NIL, r) = r
               | reverse' ($CONS (x, s), r) = reverse' (s, $CONS (x, r))
         in reverse' (s, $NIL) end
end
```

図 4.1　小さなストリームのパッケージ

■アルゴリズム学　遅延評価の 2 つの要素（計算の遅延と返り値のメモ化）は、アルゴリズム設計において長い歴史を持つ（常にセットで考えられていたわけではないが）。潜在的にコストの高い計算（よくあるものとしては削除）の実行を遅延するアイデアは、ハッシュテーブル [WV86]、優先度つきキュー [ST86b, FT87]、探索木 [DSST89] で活用されている。一方メモ化は、動的プログラミング [Bel57] や経路圧縮 [HU73, TvL84] などの技法の基本原理である。

第5章
償却の基礎

過去 15 年以上にわたって、償却はデータ構造の設計と解析の強力な道具となってきた。よい償却上限を持つ実装は、同等の最悪上限を持つ実装よりしばしば単純で高速である。本章では、償却の基本的な技法をおさらいし、FIFO キューの単純な実装とヒープのいくつかの実装を通してこれらのアイデアを具体的に説明する。

残念ながら、本章で示す償却の単純な考え方は、永続性がある場合には成り立たない。これらのデータ構造は永続的に使用されると極端に非効率になる可能性がある。しかし実用上、多くのアプリケーションでは永続性を必要としないし、そのようなアプリケーションでは本章で示す実装は絶好の選択肢である。次章では、遅延評価を用いることで償却と永続性の概念を両立させる方法を見る。

5.1 償却解析の技法

償却の概念は次の観察から生まれる。操作の列が与えられたとき、列全体の実行時間を知りたいが、個々の操作の実行時間については気にならないかもしれない。たとえば n 回の操作の列が与えられたとき、各操作が $O(1)$ 時間で実行されるということは主張せず、この列の全体の実行時間を $O(n)$ で制限したいかもしれない。数個の操作が $O(\log n)$ 時間かかろうとも、たとえ $O(n)$ 時間かかろうとも、列全体のコストが $O(n)$ である限りは満足かもしれない。このような自由度を認めることで、アルゴリズム設計の選択肢が大きく広がり、また、最悪ケースで同じ上限を持つアルゴリズムよりも単純で高速な新しいアルゴリズムが得られることも多い。

償却上限を証明するためには、まず操作ごとの償却コストを定義する。それから任意の操作列について、それぞれの操作の償却コストを合計したものが全体の実コストの上限になること、すなわち次の式を証明する。

$$\sum_{i=1}^{m} a_i \geq \sum_{i=1}^{m} t_i$$

ここで、a_i は操作 i の償却コスト、t_i は操作 i の実コスト、m は操作の総数である。実際には、次のような少し強めの性質を証明するのが通例となっている。すなわち、操作列の任意の中間段階において、累積償却コストが累積実コストの上限になるということを示す。つまり、任意の j について次の式を証明する。

$$\sum_{i=1}^{j} a_i \geq \sum_{i=1}^{j} t_i$$

累積償却コストと累積実コストの差は**累積貯蓄**（*accumulated saving*）と呼ばれる。よって、累積貯蓄が常に非負であれば、累積償却コストは累積実コストの上限となる。

　償却においては、実コストが償却コストを超える操作がたまにあっても許容する。そのような操作は**コストが高い**（*expensive*）と言われる。実コストが償却コストより小さい操作は**コストが低い**（*cheap*）と言われる。コストが高い操作は累積貯蓄を減らし、コストが低い操作は累積貯蓄を増やす。償却上限を証明するためのポイントは、コストが高い操作が起きるタイミングが、足が出る分を累積貯蓄で賄える場合に限ることを示すことである。

　Tarjan [Tar85] は償却データ構造を解析する 2 つの技法、**銀行家法**（*banker's method*）と**物理学者法**（*physicist's method*）を記した。銀行家法においては、累積貯蓄は、データ構造の各位置に関連づけられた**貯金**（*credit*）として表現される。貯金は、それに対応する位置にアクセスすることになった際の支払いに用いられる。操作の償却コストは、その操作の実コストに、操作が蓄えた貯金を足し、操作が消費した貯金を引いたものとなる。つまり、

$$a_i = t_i + c_i - \overline{c}_i$$

ここで c_i は操作 i が蓄えた貯金の合計、$\overline{c}_i$ は操作 i が消費した貯金の合計である。すべての貯金は消費する前に蓄えておかなければならない。また、どの貯金も 2 回以上消費してはならない。したがって $\sum c_i \geq \sum \overline{c}_i$ であり、これによって $\sum a_i \geq \sum t_i$ という所望の性質が保証される。銀行家法を用いた典型的な証明では、貯金の配置を調整する**貯金不変条件**（*credit invariant*）をうまく定義して、コストの高い操作が起きうるときに、そのコストを賄えるだけの貯金が適切な位置に蓄えられているようにする。

　物理学者法では、各オブジェクト d を、d のポテンシャル（*potential*）と呼ばれる実数に対応づける関数 Φ を定義する。典型的な関数 Φ の決め方としては、初期状態のポテンシャルを 0 とし、さらにポテンシャルが常に非負になるようにする。このとき、ポテンシャルは累積貯蓄の下限を表す。

　d_i を操作 i の出力で、かつ操作 $i+1$ の入力とする。すると操作 i の償却コストは、実コストと、d_{i-1} と d_i の間のポテンシャルの変化量を足したものとなる。つまり、

$$a_i = t_i + \Phi(d_i) - \Phi(d_{i-1})$$

操作列の累積実コストは

$$
\begin{aligned}
\sum_{i=1}^{j} t_i &= \sum_{i=1}^{j} (a_i + \Phi(d_{i-1}) - \Phi(d_i)) \\
&= \sum_{i=1}^{j} a_i + \sum_{i=1}^{j} (\Phi(d_{i-1}) - \Phi(d_i)) \\
&= \sum_{i=1}^{j} a_i + \Phi(d_0) - \Phi(d_j)
\end{aligned}
$$

$\sum (\Phi(d_{i-1}) - \Phi(d_i))$ のように、正の項と負の項が互い違いに並んで打ち消しあうような和は、**望遠鏡級数**（*telescoping series*）と呼ばれる。$\Phi(d_0)$ が 0 で $\Phi(d_j)$ が非負になるように Φ が選ばれている限り、$\Phi(d_j) \geq \Phi(d_0)$ かつ $\sum a_i \geq \sum t_i$ であり、よって所望のとおり、累積償却コストは累積実コストの上限となる。

注　ここでは物理学者法を少し簡単化して説明している。実際の解析では、ここで説明したとおりの枠組みではうまく扱えない状況もしばしば発生する。たとえば、2 つ以上のオブジェクトを受け取ったり返したりする関数はどうしたものか？　ただ、この簡単化したものでも、関連する問題を説明するには十分である。　　　　　　　　　　　　　　　　　　　　　◇

```
signature QUEUE =
sig
   type α Queue

   val empty   : α Queue
   val isEmpty : α Queue → bool

   val snoc    : α Queue × α → α Queue
   val head    : α Queue → α         (* キューが空なら EMPTY 例外を投げる *)
   val tail    : α Queue → α Queue  (* キューが空なら EMPTY 例外を投げる *)
end
```

図 5.1　キューのシグネチャ

（語源に関する注意:snoc は cons を逆から書いたもので、「右からの cons」を意味する）

　明らかに、2 つの方法はとても似ている。貯金不変条件に従ってオブジェクト中に存在する貯金を、位置を無視して合計してポテンシャルとすれば、銀行家法は物理学者法に変換できる。同様に、ポテンシャルを貯金に変換し、すべての貯金を根につけることで、物理学者法を銀行家法に変換することもできる。銀行家法で位置の知識を持っていても何も能力が増えないというのは驚きに値することであるが、実際、2 つの方法は等価なのである [Tar85, Sch92]。物理学者法のほうが通常は簡単だが、位置を考慮に入れるのが便利な場合もある。

　貯金とポテンシャルは解析の道具にすぎないことに注意せよ。どちらもプログラムのテキストに実際に現れることはない（コメントには書かれるかもしれない）。

5.2　キュー

　次に、図 5.1 のシグネチャで規定されるような FIFO キューの抽象の単純な関数型実装の解析を題材として、銀行家法と物理学者法を解説する。

　純粋関数型でのキューの中で最も一般的な実装は、リスト f と r のペアとして表されるものである。ただし f はキューの先頭側の要素を正順に並べたもので、r はキューの末尾側の要素を逆順に並べたものである。たとえば、整数 1...6 を含むキューは、リスト f = [1,2,3] と r = [6,5,4] として表せる。この表現は次の型で記述される。

   type α Queue = α list × α list

この表現では、キューの先頭は f の最初の要素である。よって head はこの要素を返し、tail はこの要素を取り除く。

   fun head (x :: f, r) = x
   fun tail (x :: f, r) = (f, r)

同様に、キューの最後の要素は r の最初の要素である。よって snoc は単に r に新しい要素を追加する。

   fun snoc ((f, r), x) = (f, x :: r)

```
structure BatchedQueue : QUEUE =
struct
  type α Queue = α list × α list

  val empty = ([ ], [ ])
  fun isEmpty (f, r) = null f

  fun checkf ([ ], r) = (rev r, [ ])
    | checkf q = q

  fun snoc ((f, r), x) = checkf (f, x :: r)

  fun head ([ ], _) = raise EMPTY
    | head (x :: f, r) = x
  fun tail ([ ], _) = raise EMPTY
    | tail (x :: f, r) = checkf (f, r)
end
```

図 5.2　純粋関数的キューの一般的な実装

要素は r に追加され、f から取り除かれるので、なんらかの方法で片方のリストからもう片方
へ移動しなければならない。この移動を行うには、f が空になるタイミングで、r を反転させた
ものを新しい f として設定し、それと同時に新しい r を [ ] に設定する。この目的は、f が空に
なるのは r も空である場合（つまりキュー全体が空である場合）に限る、という不変条件を維
持することである。r が空でないときに f が空であったとしたら、キューの先頭要素は r の最
後の要素であり、アクセスするには $O(n)$ 時間かかる。この不変条件を維持することで、head
が先頭の要素を常に $O(1)$ 時間で見つけられることを保証する。

　ここで snoc と tail は、不変条件に違反してしまいそうなケースを検出し、その挙動を適切に
変更しなければならない。

```
fun snoc (([ ], _), x) = ([x], [ ])
  | snoc ((f, r), x) = (f, x :: r)
fun tail ([x], r) = (rev r, [ ])
  | tail (x :: f, r) = (f, r)
```

snoc の最初の節でワイルドカードを使っていることに注意せよ。この場合、r のフィールド
に意味はない。なぜなら不変条件により、f が [ ] の場合は r も [ ] であると知っているからで
ある。

　snoc と tail の中で不変条件を維持するための部分を単一の関数 checkf として切り出すと、こ
れらの関数を少しきれいに書ける。checkf は、f が空の場合には f を rev r に置き換え、そうで
ない場合には何もしない。

```
fun checkf ([ ], r) = (rev r, [ ])
  | checkf q = q
fun snoc ((f, r), x) = checkf (f, x :: r)
fun tail (x :: f, r) = checkf (f, r)
```

この実装の完全なコードを図 5.2 に示す。snoc と head は $O(1)$ 最悪時間で実行されるが、tail

は最悪ケースでは $O(n)$ 時間かかる。しかし、銀行家法か物理学者法を使って、snoc と tail がどちらも $O(1)$ 償却時間になることを証明できる。

銀行家法では、末尾側リストのすべての要素に貯金が 1 つずつ関連づけられる、という貯金不変条件を維持する。空でないキューへの snoc はいずれも、実際のステップを 1 回行い、末尾側リストの新しい要素に貯金を蓄えるので、償却コストは 2 である。末尾側リストを反転しない tail はいずれも、実際のステップを 1 回行い、貯金を蓄えることも消費することもしないので、償却コストは 1 である。最後に、末尾側リストを反転する tail はいずれも、実際のステップを $m+1$ 回行い（ただし m は末尾側リストの長さ）、さらにそのリストに含まれる m の貯金を消費するので、償却コストは $m+1-m=1$ である。

物理学者法では、ポテンシャル関数 Φ を、末尾側リストの長さとして定義する。空でないキューへの snoc はいずれも、実際のステップを 1 回行い、ポテンシャルを 1 増やすので、償却コストは 2 である。末尾側リストを反転しない tail はいずれも、実際のステップを 1 回行い、ポテンシャルは変えないので、償却コストは 1 である。最後に、末尾側リストを反転する tail はいずれも、実際のステップを $m+1$ 回行い、新しい末尾側リストを [] に設定するので、ポテンシャルが m 減り、償却コストは $m+1-m=1$ となる。

この簡単な例では、証明は実質的に同一である。それでも、物理学者法は次の理由で少し簡単である。銀行家法を用いると、まず貯金不変条件を選び、それから各関数がいつ貯金を蓄え、いつ消費するかを決めなければならない。貯金不変条件はこの決定作業の参考にはなるが、自動化はしてくれない。たとえば、snoc が 1 の貯金を蓄え、消費するのは 0 とするか、はたまた 2 の貯金を蓄え、1 消費すべきか？ 正味の影響は変わらないので、この自由度は混乱の可能性を増やしてしまっている。一方物理学者法を用いると、ポテンシャル関数の選択という 1 つの決定をするだけでよい。その後は、解析は単なる計算で、選択の自由度はない。

> **実応用のためのヒント** これらのキューは永続性を必要としないアプリケーションで、さらに償却上限が許容できる場合には最適である。

演習問題 5.1（Hoogerwoord [Hoo92]） この設計方法を拡張して、キューの両端を読み書きできる両端キュー（デック（*deque*）、図 5.3）の抽象を提供することは容易である。不変条件は、f と r の取り扱いにおいて対称的なものとなる。キューが 2 つ以上の要素を持つ場合は常に、f と r がどちらも空でないことが要求される。片方のリストが空になったときは、もう片方のリストを半分に切って、その半分の片方を反転する。

    (a)   この方式の両端キューを実装してみよう。

    (b)   ポテンシャル関数 $\Phi(f,r) = abs(|f| - |r|)$ を用いて、各操作が $O(1)$ 償却時間しかからないことを証明しよう。ただし abs は絶対値関数である。

5.3　二項ヒープ

3.2 節では、二項ヒープの insert が $O(\log n)$ 最悪時間で実行されることを示した。ここでは、insert が実際には $O(1)$ 償却時間で実行されることを示す。

物理学者法を用いる。二項ヒープのポテンシャルを、ヒープの木の数とする。ヒープの木

```
signature DEQUE =
sig
  type α Queue

  val empty    : α Queue
  val isEmpty : α Queue → bool

  (* 先頭要素の挿入、取り出し、除去 *)
  val cons    : α × α Queue → α Queue
  val head    : α Queue → α        (* キューが空なら EMPTY 例外を投げる *)
  val tail    : α Queue → α Queue  (* キューが空なら EMPTY 例外を投げる *)

  (* 末尾要素の挿入、取り出し、除去 *)
  val snoc    : α Queue × α → α Queue
  val last    : α Queue → α        (* キューが空なら EMPTY 例外を投げる *)
  val init    : α Queue → α Queue  (* キューが空なら EMPTY 例外を投げる *)
end
```

図 5.3　両端キューのシグネチャ

の数は、ヒープの要素の数 n を二進表記したときの 1 の数と等しいことを思い出そう。さて、insert の呼び出しは $k+1$ ステップかかる（ただし k は link の呼び出しの回数）。初期状態でヒープに t 個の木があったとしたら、insert の後では $t-k+1$ 個の木が存在する。よって、ポテンシャルの変化量は $(t-k+1)-t=1-k$ となり、挿入の償却コストは $(k+1)+(1-k)=2$ となる。

演習問題 5.2　この証明を銀行家法でやり直してみよう。　　　　　　　　　　　　　　　　◇

　完璧を期すには、merge と deleteMin の償却コストが $O(\log n)$ のままであることも示さなければならない。deleteMin については特に問題はないが、merge については物理学者法に少し拡張が必要である。以前は、操作の償却コストを以下のように定義した。

$$a = t + \Phi(d_{out}) - \Phi(d_{in})$$

ここで d_{in} は操作の入力、d_{out} は出力である。しかし、操作が 2 つ以上のオブジェクトを受け取ったり返したりする場合は、この規則を以下のように拡張する。

$$a = t + \sum_{d \in Out} \Phi(d) - \sum_{d \in In} \Phi(d)$$

ただし *In* は入力の集合、*Out* は出力の集合である。この規則を当てはめる際には、入出力としては解析しているデータ構造のオブジェクトだけを考える。

演習問題 5.3　merge と deleteMin の償却コストが $O(\log n)$ のままであることを証明してみよう。

5.4 スプレーヒープ

スプレー木 [ST85] は、おそらくすべての償却データ構造の中で最も有名で成功したものである。スプレー木は平衡二分探索木の近種であるが、平衡性の情報を明示的には維持しない。その代わり、平衡性を増す傾向のある単純な変形を使って、すべての操作で手当たりしだいに木を再構築する。個々の操作はどれも $O(n)$ 時間相当かかる可能性があるが、すべての操作が $O(\log n)$ 償却時間で実行されることを示す。

スプレー木と、3.3 節の赤黒木のような平衡二分探索木の間の大きな違いは、スプレー木は更新（たとえば insert）の際だけでなく、検索（たとえば member）の際にも再構築されることである。この性質のせいで、純粋関数型の世界で集合や有限マップのような抽象を実装するためにはスプレー木は用いにくい。なぜなら、検索がその結果と一緒に新しい木を返さないといけなくなるからである[*1]。しかし一部の抽象においては、検索対象が限定的であるために、この問題を避けられることがある。その好例としては、興味のある検索対象が findMin だけであるヒープの抽象がある。実際、これから見ていくように、スプレー木はヒープの絶好の実装をなす。

スプレー木の表現は平衡でない二分探索木の表現と同一である。

```
datatype Tree = E | T of Tree × Elem.T × Tree
```

しかし 2.2 節の平衡でない二分探索木とは異なり、1 つの木の中の要素が重複していてもよい。これはスプレー木と平衡でない二分探索木との本質的な違いではない。むしろ集合の抽象とヒープの抽象の違いを反映したものである。

insert を実装する次のような戦略を考えよう。まず、既存の木を 2 つの部分木に分割する。1 つは新しい要素より小さいか等しい要素ばかりの部分木で、もう 1 つは新しい要素より大きい要素ばかりの部分木である。そして新しい要素と 2 つの部分木から新しいノードを構築する。通常の二分探索木への挿入とは異なり、この手続きは新しい要素を木の葉ではなく根に追加する。insert のコードは単純に以下になる。

```
fun insert (x, t) = T (smaller (x, t), x, bigger (x, t))
```

ただし smaller と bigger はそれぞれ適切な部分木を抽出する。クイックソートの分割フェーズとの類推で、新しい要素をピボット（*pivot*）と呼ぶ。

bigger のナイーブな実装は次のようになる。

```
fun bigger (pivot, E) = E
  | bigger (pivot, T (a, x, b)) =
      if x ≤ pivot then bigger (pivot, b)
      else T (bigger (pivot, a), x, b)
```

しかしこれは、木の平衡性を上げるための再構築を行おうとしていない。そこで、非常に単純な再構築のヒューリスティックを導入することにする。それは、左の分岐を 2 回続けてたどっ

[*1] Standard ML のような言語では、スプレー木の根を ref セルに格納して、各検索のあとで ref セルを更新することができるが、これは純粋関数的ではない。

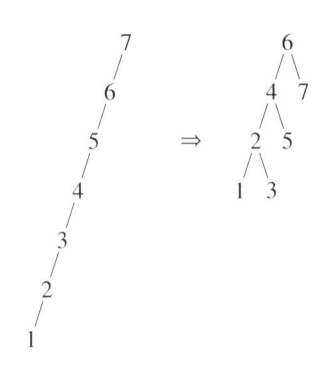

図 5.4　0 のピボット要素による bigger の呼び出し

たならば、その 2 つのノードを回転する、というものである。

```
fun bigger (pivot, E) = E
  | bigger (pivot, T (a, x, b)) =
      if x ≤ pivot then bigger (pivot, b)
      else case a of
           E ⇒ T (E, x, b)
         | T (a₁, y, a₂) ⇒
              if y ≤ pivot then T (bigger (pivot, a₂), x, b)
              else T (bigger (pivot, a₁), y, T (a₂, x, b))
```

図 5.4 は極めて平衡でない木に対する bigger の効果を表している。まだ通常の意味では平衡化していないが、新しい木はもとの木よりずっと平衡になっている。つまり、すべてのノードの深さは、d から $\lfloor d/2 \rfloor$ か $\lfloor d/2 \rfloor + 1$ になり、ほぼ半減している。もちろん、木のすべてのノードの深さを常に半減させることは不可能であるが、探索経路に沿ったすべてのノードの深さは常に半減することができる。実際、これがスプレー木の指針である。すなわち、探索経路は、その経路にあるすべてのノードの深さがほぼ半減するよう再構築される。

演習問題 5.4　smaller を実装しよう。smaller は等しい要素を保持しなければならないことに留意せよ。(ただし等価性のテストを余分に行うことはしないこと！)　　　　　　　　◇

　smaller と bigger はどちらも同じ探索経路をたどることに注意せよ。同じ経路を二度もたどるのではなく、smaller と bigger を partition と呼ばれる 1 つの関数に合体させることができる。partition は smaller と bigger それぞれの返り値をペアとして返す。この関数は単純だが、ちょっと退屈だ。

```
fun partition (pivot, E) = (E, E)
  | partition (pivot, t as T (a, x, b)) =
      if x ≤ pivot then
          case b of
          E ⇒ (t, E)
          | T (b₁, y, b₂) ⇒
              if y ≤ pivot then
                  let val (small, big) = partition (pivot, b₂)
                  in (T (T (a, x, b₁), y, small), big) end
              else
                  let val (small, big) = partition (pivot, b₁)
                  in (T (a, x, small), T (big, y, b₂)) end
      else
          case a of
          E ⇒ (E, t)
          | T (a₁, y, a₂) ⇒
              if y ≤ pivot then
                  let val (small, big) = partition (pivot, a₂)
                  in (T (a₁, y, small), T (big, x, b)) end
              else
                  let val (small, big) = partition (pivot, a₁)
                  in (small, T (big, y, T (a₂, x, b))) end
```

注 この関数はフェーズの違いがあるので、smaller や bigger と完全に等価ではない。partition は必ずノードをペアで処理するが、smaller と bigger は単一ノードだけを処理する場合がある。よって smaller と bigger は partition とは異なるノードのペアを回転する場合がある。しかし、これらの違いは重要ではない。　　　　　　　　　　　　　　　　　　　　　　　　　　　◇

　次に、findMin と deleteMin を考える。スプレー木の最小の要素は最も左の T ノードに格納されている。このノードを見つけるのは自明である。

```
fun findMin (T (E, x, b)) = x
  | findMin (T (a, x, b)) = findMin a
```

deleteMin は最小のノードを捨てる必要があり、それと同時に bigger と同じ方法で木を再構築する。常に左の分岐をとるので、比較の必要はない。

```
fun deleteMin (T (E, x, b)) = b
  | deleteMin (T (T (E, x, b), y, c)) = T (b, y, c)
  | deleteMin (T (T (a, x, b), y, c)) = T (deleteMin a, x, T (b, y, c))
```

図 5.5 にスプレー木の実装をまとめる。完全性のために、スプレー木の merge 関数を一応含めている。ただし多くの入力に対して $O(n)$ 時間かかる、かなり非効率なものである。

　次は、insert が $O(\log n)$ 償却時間で実行されることを示す。#t は、t のサイズに 1 加えたものを表すとする。$t = T(a, z, b)$ ならば $\#t = \#a + \#b$ であることに注意せよ。個々のノードのポテンシャル $\phi(t)$ を $\log(\#t)$ と定義する。木全体のポテンシャル $\Phi(t)$ を、木の個々のノードすべてのポテンシャルの合計と定義する。対数に関する次の初歩的な事実が必要である。

```
functor SplayHeap (Element : ORDERED) : HEAP =
struct
  structure Elem = Element

  datatype Heap = E | T of Heap × Elem.T × Heap

  val empty = E
  fun isEmpty E = true | isEmpty _ = false

  fun partition (pivot, E) = (E, E)
    | partition (pivot, t as T (a, x, b)) =
        if Elem.leq (x, pivot) then
          case b of
            E ⇒ (t, E)
          | T (b₁, y, b₂) ⇒
              if Elem.leq (y, pivot) then
                let val (small, big) = partition (pivot, b₂)
                in (T (T (a, x, b₁), y, small), big) end
              else
                let val (small, big) = partition (pivot, b₁)
                in (T (a, x, small), T (big, y, b₂)) end
        else
          case a of
            E ⇒ (E, t)
          | T (a₁, y, a₂) ⇒
              if Elem.leq (y, pivot) then
                let val (small, big) = partition (pivot, a₂)
                in (T (a₁, y, small), T (big, x, b)) end
              else
                let val (small, big) = partition (pivot, a₁)
                in (small, T (big, y, T (a₂, x, b))) end
  fun insert (x, t) = let val (a, b) = partition (x, t) in T (a, x, b) end
  fun merge (E, t) = t
    | merge (T (a, x, b), t) =
        let val (ta, tb) = partition (x, t)
        in T (merge (ta, a), x, merge (tb, b)) end

  fun findMin E = raise EMPTY
    | findMin (T (E, x, b)) = x
    | findMin (T (a, x, b)) = findMin a
  fun deleteMin E = raise EMPTY
    | deleteMin (T (E, x, b)) = b
    | deleteMin (T (T (E, x, b), y, c)) = T (b, y, c)
    | deleteMin (T (T (a, x, b), y, c)) = T (deleteMin a, x, T (b, y, c))
end
```

図 5.5　スプレー木を用いたヒープの実装

補題 5.1 $y + z \leq x$ なるすべての正の x、y、z について、

$$1 + \log y + \log z < 2 \log x$$

証明: 一般性を失わず、$y \leq z$ と仮定する。すると $y \leq x/2$ かつ $z < x$ であり、よって $1 + \log y \leq \log x$ かつ $\log z < \log x$。 □

$\mathcal{T}(t)$ は木 t に対する partition 呼び出しの実コストを表すとする。これは partition の再帰呼び出しの合計回数と定義する。$\mathcal{A}(t)$ は t に対する partition 呼び出しの償却コストを表すとする。これは次のように定義される。

$$\mathcal{A}(T) = \mathcal{T}(t) + \Phi(a) + \Phi(b) - \Phi(t)$$

ただし a と b は partition が返す部分木である。

定理 5.2 $\mathcal{A}(t) \leq 1 + 2\phi(t) = 1 + 2\log(\#t)$

証明: 興味深いケースは 2 つある。partition の呼び出しが 2 つの左の分岐（または対称的に 2 つの右の分岐）をたどる場合を zig-zig ケース、左の分岐の次に右の分岐（または対称的に右の分岐の次に左の分岐）をたどる場合を zig-zag ケースと呼ぶ。

zig-zig ケースでは、もとの木と返り値の木が次のような形をしていると仮定する。

```
        s = x                      y = s′
        / \                        / \
 t = y     d      ⇒     a  ∥  b   x = t′
 / \                                / \
u   c                              c   d
```

ただし、a と b は partition (*pivot*, *u*) の返り値とする。すると、

$$
\begin{aligned}
&\mathcal{A}(s) \\
=\ &\quad \{\ \mathcal{A}\ \text{の定義}\ \} \\
&\mathcal{T}(s) + \Phi(a) + \Phi(s') - \Phi(s) \\
=\ &\quad \{\ \mathcal{T}(s) = 1 + \mathcal{T}(u)\ \} \\
&1 + \mathcal{T}(u) + \Phi(a) + \Phi(s') - \Phi(s) \\
=\ &\quad \{\ \mathcal{T}(u) = \mathcal{A}(u) - \Phi(a) - \Phi(b) + \Phi(u)\ \} \\
&1 + \mathcal{A}(u) - \Phi(a) - \Phi(b) + \Phi(u) + \Phi(a) + \Phi(s') - \Phi(s) \\
=\ &\quad \{\ \Phi(s')\ \text{と}\ \Phi(s)\ \text{を展開し単純化する}\ \} \\
&1 + \mathcal{A}(u) + \phi(s') + \phi(t') - \phi(s) - \phi(t) \\
\leq\ &\quad \{\ \text{帰納法の仮定}: \mathcal{A}(u) \leq 1 + 2\phi(u)\ \} \\
&2 + 2\phi(u) + \phi(s') + \phi(t') - \phi(s) - \phi(t) \\
<\ &\quad \{\ \phi(u) < \phi(t)\ \text{と}\ \phi(s') \leq \phi(s)\ \} \\
&2 + \phi(u) + \phi(t') \\
<\ &\quad \{\ \#u + \#t' < \#s\ \text{と補題}\ 5.1\ \} \\
&1 + 2\phi(s)
\end{aligned}
$$

zig-zag ケースの証明は演習とする。 □

演習問題 5.5 zig-zag ケースを証明してみよう。 ◇

partition のコストに対する insert の追加コストは、実際のステップ 1 回に、partition が返す 2 つの部分木と、最終的な木の間のポテンシャルの変化量を加えたものである。このポテンシャ

ルの変化量は単に新しい根の ϕ である。partition の償却コストは $1 + 2\log(\#t)$ が上限であるから、insert の償却コストは $2 + 2\log(\#t) + \log(\#t + 1) \approx 2 + 3\log(\#t)$ が上限である。

演習問題 5.6 deleteMin も $O(\log n)$ 償却時間で実行されることを証明してみよう。 $\diamond$

　では、findMin はどうだろうか？ 非常に平衡でない木に関しては、findMin は最大で $O(n)$ 時間かかる可能性がある。しかし findMin は再構築をいっさい行わず、それゆえポテンシャルは変化しないので、このコストを償却する方法がないのだ。しかし findMin は deleteMin に比例する時間がかかるので、deleteMin に課されたコストを 2 倍にすれば、deleteMin の呼び出し 1 回あたり findMin を 1 回は本質的に無料で呼び出すことができる。findMin と deleteMin を常に一緒に呼び出すアプリケーションであれば、これで十分である。しかし、deleteMin の呼び出し 1 回あたり、findMin を複数回呼び出す可能性のあるアプリケーションもある。そのようなアプリケーションでは、SplayHeap ファンクタを直接用いるのではなく、SplayHeap ファンクタと演習問題 3.7 の ExplicitMin ファンクタを組み合わせて用いる。ExplicitMin ファンクタの目的は findMin を $O(1)$ 時間で実行させることだったことを思い出そう。insert と deleteMin 関数は $O(\log n)$ 償却時間で実行されるままである。

> **実応用のためのヒント** スプレー木を ExplicitMin ファンクタと組み合わせたものは、永続性を必要とせず、merge 関数も呼ばないほとんどのアプリケーションにとっては、知られている限りで最速のヒープ実装である。

　スプレー木の特に喜ばしい機能は、入力データが現れる順序がどんなものでも自然に適応することである。たとえば、ソート済みのリストをソートするためにスプレー木を用いると、$O(n\log n)$ 時間ではなく $O(n)$ 時間で済む [MEP96]。左偏ヒープもこの性質を持つが、降順の列の場合のみである。スプレーヒープは昇順の列でも降順の列でも、部分的にソートされた列であっても優れている。

演習問題 5.7 要素をスプレー木に挿入し、通りがけ順で木をたどり、要素をリストに吐き出すソート関数を書いてみよう。この関数がソート済みリストに対して $O(n)$ 時間しかかからないことを証明しよう。

5.5 ペアリングヒープ

　ペアリングヒープ [FSST86] は、理論家を熱狂させたデータ構造の 1 つである。一方では、ペアリングヒープは簡単に実装でき、実用上は極めて効率的に動作する。他方では、10 年以上解析を拒んできているデータ構造であるのだ。

　ペアリングヒープはヒープ順序のついた多分岐の木であり、次のデータ型で定義される。

 datatype Heap = E | T **of** Elem.T × Heap list

ただし、T ノードの子ノードのリストの中に E が現れないような木のみを許すことにする。

　これらの木はヒープ順序がついているので、findMin 関数は自明である。

 fun findMin (T (*x, hs*)) = *x*

merge と insert 関数はそれほど難しくない。merge は、根が大きいほうの木を、根が小さいほうの木の最も左の子とする。insert はまず一要素の新しい木を作り、すぐ merge を呼ぶ。

```
fun merge (h, E) = h
  | merge (E, h) = h
  | merge (h₁ as T (x, hs₁), h₂ as T (y, hs₂)) =
      if Elem.leq (x, y) then T (x, h₂ :: hs₁) else T (y, h₁ :: hs₂)
fun insert (x, h) = merge (T (x, []), h)
```

ペアリングヒープは deleteMin 操作からその名がとられている。deleteMin は根を捨てて、子を2パスでマージする。1パス目では、子を2つずつ対にして、左から右へマージする（1番目の子は2番目と、3番目は4番目と、というように）。2パス目では、その結果の木を右から左へマージする。この2パスは以下のように簡潔にコードにできる。

```
fun mergePairs [ ] = E
  | mergePairs [h] = h
  | mergePairs (h₁ :: h₂ :: hs) = merge (merge (h₁, h₂), mergePairs hs)
```

すると deleteMin は単に以下のようになる。

```
fun deleteMin (T (x, hs)) = mergePairs hs
```

完全な実装は図 5.6 に示す。

さて、findMin、insert、merge がすべて $O(1)$ 最悪時間で実行されることは簡単にわかる。しかし、deleteMin は最悪ケースで $O(n)$ 時間かかりうる。スプレー木と同様にして（演習問題 5.8 参照）、insert、merge、deleteMin がすべて $O(\log n)$ 償却時間で実行されることは簡単に証明できる。実際には insert と merge は $O(1)$ 償却時間で実行されると予想されている [FSST86] が、まだこの主張の証明も反例も見つかっていない[*2]。

> **実応用のためのヒント** ペアリングヒープは、merge 関数を使わないアプリケーションではスプレーヒープと実用上ほぼ同じ速さで動き、merge 関数を使うアプリケーションではずっと高速に動作する。しかしスプレーヒープと同じように、使用は永続性を活用しないアプリケーションのみにとどめるべきである。

演習問題 5.8 二分木はしばしば多分岐の木より便利である。幸いなことに、任意の多分岐の木を二分木として表現する簡単な方法がある。すべての多分岐の木のノードを、左の子が多分岐の木のノードの最も左の子を表現し、右の子が多分岐の木のノードのすぐ右の兄弟を表現するような二分木ノードへ単純に変換する。もし、多分岐の木のノードの最も左の子がないか、もしくは右の兄弟がない場合、二分木ノードの対応するフィールドは空となる（根の右の子は、二分木の表現では常に空になることに注意せよ）。この変形をペアリングヒープに適用すると、各ノードの要素が、左の部分木の中のどの要素よりも大きくないという、半分順序がついた二分木を得られる。

　(a) 既存の表現のペアリングヒープから次の型へ変換する関数 toBinary を書いてみよう。

[*2] 訳注：2000 年に証明された [Iac00]。

```
functor PairingHeap (Element : ORDERED) : HEAP =
struct
  structure Elem = Element

  datatype Heap = E | T of Elem.T × Heap list

  val empty = E
  fun isEmpty E = true | isEmpty _ = false

  fun merge (h, E) = h
    | merge (E, h) = h
    | merge (h₁ as T (x, hs₁), h₂ as T (y, hs₂)) =
        if Elem.leq (x, y) then T (x, h₂ :: hs₁) else T (y, h₁ :: hs₂)
  fun insert (x, h) = merge (T (x, []), h)

  fun mergePairs [] = E
    | mergePairs [h] = h
    | mergePairs (h₁ :: h₂ :: hs) = merge (merge (h₁, h₂), mergePairs hs)

  fun findMin E = raise EMPTY
    | findMin (T (x, hs)) = x
  fun deleteMin E = raise EMPTY
    | deleteMin (T (x, hs)) = mergePairs hs
end
```

図 5.6　ペアリングヒープ

datatype BinTree = E′ | T′ **of** Elem.T × BinTree × BinTree

(b)　この表現を用いてペアリングヒープを再実装してみよう。

(c)　スプレー木の解析をもとに、この表現の deleteMin と merge が $O(\log n)$ 償却時間で実行されること（よってもとの表現も同様であること）を証明しよう。スプレー木と同じポテンシャル関数を用いればよい。

5.6　残念なお知らせ

見てきたように、償却データ構造はしばしば実用的に非常に効率的である。残念なことに本章の解析は暗黙のうちに、解析対象のデータ構造が利那的なものとして扱われる（つまり、古いバージョンのオブジェクトを再利用しない）ことを仮定している。これらのデータ構造を永続的に扱おうとしたらどうなるだろうか？

5.2 節のキューを考えよう。初期状態で空のキューに n 個の要素を挿入したものを q とする。q の先頭側リストは要素を 1 つ持ち、末尾側リストは $n-1$ 個の要素を持つ。ここで、q を永続的に用いて、tail 部を n 回取りだすことを考えよう。tail q の各呼び出しは実際のステップが n かかる。この操作列の全体の実コストは、q の構築を含めて、$n^2 + n$ となる。もし操作がそれぞれ本当に $O(1)$ 償却時間しかかからないのだったら、全体の実コストは $O(n)$ だけだっただろう。明らかに、これらのキューを永続的に用いると、5.2 節で証明した $O(1)$ 償却時間とい

う上限は成り立たなくなってしまう。証明のどこが間違っているのだろうか？

　銀行家法と物理学者法のどちらの場合でも、永続的データ構造では解析の基本的な要求が満たされていない。銀行家法は、貯金が 2 回以上消費されないことを要求している。物理学者法は、ある操作の出力が次の操作の入力になること（より一般的には、出力が入力として 2 回以上使われないこと）を要求している。いま、上記の例における tail q の 2 回目の呼び出しを考えよう。tail q の最初の呼び出しは q の末尾側リストの貯金をすべて消費し、2 回目以降の呼び出しにはいっさい残さない。よって銀行家法は成り立たない。tail q の 2 回目の呼び出しは、1 回目の呼び出しの出力ではなく、q を再利用している。よって物理学者法も成り立たない。

　これらの失敗は、累積貯蓄に基づく任意の会計制度の生来の弱点を反映している。すなわち、貯蓄は 1 回しか消費できない。償却の従来の方法は、将来の使用のために貯蓄を（貯金かポテンシャルの形で）蓄積することで動作する。この方法は、すべての操作が単一の論理未来しか持たない利那的な設定であればうまく動作する。しかし永続性があると、操作は複数の論理未来を持つ可能性があり、それぞれが同じ貯蓄を消費しようと競い合うことになる。

　次章では、操作の「論理未来」ということばで表現しているものを明確にし、遅延評価を用いることで償却と永続性の概念を両立させる方法を示す。

演習問題 5.9　二項ヒープ、スプレーヒープ、ペアリングヒープにおいて、償却上限が示すより長い時間がかかってしまうような操作列の例を与えてみよう。

5.7　注記

　本章で説明した償却の技法は Sleator と Tarjan [ST85, ST86b] によって開発され、Tarjan [Tar85] によって広まった。Schoenmakers [Sch92] は永続性のない関数的な設定において機械的に償却上限を導出する方法を示した。

　Gries [Gri81, 250–251 ページ] と Hood と Melville [HM81] は 5.2 節のキューを最初に提案した。Burton [Bur82] は似た実装を提案したが、キューが空でないときは先頭側リストも空であってはならないという制限をしなかった。Burton は head と tail を単一の関数にまとめたので、head を効率的にするためのこの制限が要らなかった。

　いくつかの利那的な設定の研究で、スプレーヒープ [Jon86] とペアリングヒープ [MS91, Lia92] がすべてのヒープの実装の中で最速の部類であることが示されてきた。Stasko と Vitter [SV87] はペアリングヒープの変種における insert の償却上限が $O(1)$ であるという予想を確かめた。

第6章
遅延評価を介した償却と永続性

　前章で償却の考え方を紹介し、よい償却上限を持つデータ構造をいくつか例示した。しかし、これらのデータ構造は、永続性の存在下では償却上限が壊れてしまう。本章では、遅延評価が償却と永続性の衝突をどのようにとりなすかを示し、遅延評価をうまく扱えるように銀行家法と物理学者法を作り直す。そして、遅延評価を内部的に用いる償却データ構造のいくつかに対し、それぞれの新方法を使ってみせる。

6.1　実行トレースと論理時間

　前章で、永続性があると伝統的な償却手法が壊れてしまうことを見た。これは、蓄積貯蓄がたかだか 1 回しか消費されないという唯一の未来を仮定していたためであった。しかし永続性があると、複数の論理未来がすべて、同じ貯蓄を消費しようとする可能性がある。だが、操作の「論理未来」と言ったとき、正確には何を意味しているのだろうか？

　われわれは、計算履歴を抽象的にとらえた**実行トレース**（*execution trace*）を用いて、論理的な時間をモデル化する。実行トレースは、ノードが興味のある操作を表すような有向グラフである。通常は、対象のデータ構造に対する更新操作のみを扱う。v から v' への辺は、操作 v' が操作 v の結果を使用することを示す。操作 v の**論理履歴**（*logical history*）は、$\hat{v}$ と書かれ、v の結果が依存するすべての操作の集合（v 自身を含む）である。つまり $\hat{v}$ は、ノード w から v への経路（長さゼロでもよい）が存在するようなすべての w の集合である。ノード v の**論理未来**（*logical future*）は、v から終端ノード（出ていく辺がゼロ本のノード）への任意の経路である。もしそのような経路が 2 つ以上あれば、ノード v は複数の論理未来を持つ。オブジェクトを生成した操作の論理履歴や論理未来を指して、オブジェクトの論理履歴や論理未来と呼ぶこともある。

演習問題 6.1　次の操作の集合の実行トレースを描いてみよう。そのトレース中の各ノードに、そのノードの論理未来の数を付記しよう。

```
val a = snoc (empty, 0)
val b = snoc (a, 1)
val c = tail b
val d = snoc (b, 2)
val e = c ++ d
val f = tail c
val g = snoc (d, 3)
```

◇

実行トレースはバージョングラフ（*version graph*）[DSST89] の概念を一般化している。バージョングラフはしばしば永続的データ構造の履歴をモデル化するために用いられるものである。バージョングラフにおいては、ノードは単一の永続的同一性のさまざまなバージョンを表現し、辺はバージョン間の依存関係を表現する。つまり、バージョングラフは操作の結果をモデル化し、実行トレースは操作自身をモデル化している。いくつかの永続的同一性の履歴を組み合わせたり、新しいオブジェクトを返さない操作（たとえば検索）や複数の結果を返す操作（たとえばリストを 2 つの部分リストに分割する操作）についての推論をしたりするためには、実行トレースのほうがしばしば便利である。

利那的データ構造にとっては、バージョングラフや実行トレースの各ノードは出ていく辺の数が典型的にはたかだか 1 本に制限されている。これは、オブジェクトはたかだか 1 回しか更新できないという制限を反映している。さまざまな種類の永続性をモデル化するには、各ノードから出ていく辺の数を制限する代わりに、別の制約を課す。たとえば、各ノードに入っていく辺の数をたかだか 1 本に制限することで、バージョングラフが木（森）になるように制限されることがしばしばある。入っていく辺の数が 2 本以上あっても許容する代わりに循環を禁止することで、バージョングラフが DAG になるようにすることもある。永続的データ構造の実行トレースには、これらの制限をどれも課さない。入っていく辺が 2 本以上のノードは、2 つ以上の引数を受け取る操作に対応する（リスト結合や和集合操作など）。循環は再帰的に定義されるオブジェクトで発生する。これは多くの遅延評価の言語で可能となっている。同じノード間に複数の辺があることすら許す。これはリストを自分自身と結合するような場合に発生する可能性がある。

6.3.1 節で、銀行家法を永続性に合わせて拡張するとき、実行トレースを用いる。

6.2　償却と永続性の両立

本節では、蓄積貯蓄の概念を累積債務に置き換えることによって、銀行家法と物理学者法がどのように修復できるかを示す。ここで債務とは、未評価の遅延計算のコストを表す指標である。直観としては、貯蓄は 1 回しか消費できないが、債務は 2 回以上返済しても害がないということである。

6.2.1　遅延評価の役割

コストが高い（*expensive*）操作とは、実コストが（望みの）償却コストより大きい操作だったことを思い出そう。たとえば、関数適用 *f x* が、コストが高いと仮定する。永続性を盾にして、悪意のある人が敵対的に *f x* を任意回呼び出すかもしれない（各操作は *x* の新しい論理未来であることに注意せよ）。各操作には同じだけの時間がかかるので、償却上限は最悪上限にまで悪化してしまう。よって、*f* の *x* への最初の適用がコストが高い場合、*f* の *x* への 2 回目以降の適用はコストが高くならないことを保証する方法を見つけなければならない。

副作用がないとすれば、値呼び（つまり正格評価）や名前呼び（つまりメモ化のない遅延評価）の下では、これは不可能である。*f* の *x* への適用で必ず、同じだけの時間がかかるためだ。したがって、これらの評価順序しか持たない言語では、償却と永続性をうまく組み合わせることはできない。

しかしここで必要呼び（つまりメモ化のある遅延評価）を考えよう。もしも f が必要としている部品を x が停止計算として持っているならば、f を x へ初めて適用したときに、その部品の（潜在的にコストが高い）評価を進行させ、その結果をメモ化する。すると、後続の操作はメモ化された結果に直接アクセスできる。まさにこれこそが望んでいた挙動である。

注 後から考えると、遅延評価と償却の関係は驚くようなものではない。遅延評価は自己書き換えの一種とみなせるし、償却はしばしば自己書き換えを伴う [ST85, ST86b]。しかし、遅延評価は非常に規律のある自己書き換えの一種である。というのは、利那的な償却データ構造で典型的に用いられる自己書き換えのすべてを遅延評価で表現できるわけではない。特に、スプレー木はこの技法にはあわないようだ。

6.2.2 遅延評価を用いるデータ構造を解析するためのフレームワーク

遅延評価が償却データ構造を純粋関数的に実装するために必要であることを示した。残念ながら、遅延評価を含むプログラムの実行時間の解析は難しいことで有名である。歴史的に、遅延評価プログラムを解析するための最も一般的な技法は、正格評価とみなして考えることであった。しかしこの技法は、遅延評価を用いる償却データ構造を解析するためにはまったく無力である。そこでわれわれはこのような解析を可能とする基本的なフレームワークを説明する。本章の残りでは、銀行家法と物理学者法をこのフレームワークに合うように変更し、永続的な償却データ構造を解析するための初の技法、および非自明な遅延評価プログラムを解析するための初の実用的な技法を得ていく。

与えられた操作のコストを、複数のカテゴリに分類する。まず、操作の**非共有コスト**（*unshared cost*）は、操作の開始時にシステムにあるすべての停止計算がすでに進行しメモ化されているという仮定（つまり、その操作自身の中で生成され、進行させられる停止計算を除いて、force が常に $O(1)$ 時間でできるという仮定）の下で、その操作の実行にかかる実際の時間である。操作の**共有コスト**（*shared cost*）は、（上と同じ仮定の下で）操作が生成したけれど評価しなかったすべての停止計算を実行するのにかかる時間である。操作の**完全コスト**（*complete cost*）は共有コストと非共有コストの和である。完全コストは、仮に遅延評価を正格評価に置き換えたとしたときに、その操作の実コストとなるものである。

さらに操作列の合計共有コストを、実現共有コストと非実現共有コストに分ける。**実現共有コスト**（*realized shared costs*）は、計算全体の中で実行された停止計算の共有コストである。**非実現共有コスト**（*unrealized shared cost*）は、まったく実行されなかった停止計算の共有コストである。操作列の**合計実コスト**（*total actual cost*）は、非共有コストと実現共有コストの合計である。非実現共有コストは実コストには寄与しない。個々の操作が合計実コストに寄与する量は、その操作の非共有コスト以上、完全コスト以下であることに注意せよ。これはその共有コストがどのくらい実現されるかに依存する。

累積債務（*accumulated debt*）の概念を用いて共有コストを考える。最初は累積債務は 0 であるが、停止計算が作られるたびに、累積債務はその停止計算（および入れ子の停止計算）の共有コストの分だけ増やされる。それから各操作は、累積債務の一部分を返済していく。操作の**償却コスト**（*amortized cost*）は、操作の非共有コストに、その操作が返済した累積債務の量を足したものである。停止計算に関連づけられた債務が完済されるまで、その停止計算を進行させることは許されない。

注 累積債務の概念に基づく償却解析は、**購入予約**（*layaway plan*）とよく似た動作をする。購入予約では、買いたいけれどすぐに買えるだけのお金がないもの（たとえばダイヤモンドの指輪）を見つけたとする。宝石店と値段を合意して、指輪に自分の名前をつけておくよう頼む。それから定期的に返済をして、完済したときに指輪を受け取る。

遅延評価を用いるデータ構造の解析では、すぐには実行できない計算を見つけたとする。その計算の停止計算を作成し、その停止計算に、共有コストに比例した量の負債を負わせる。それから少しずつ債務を返済していく。最後に、債務を完済したとき、停止計算の実行をすることが許される。　　　　　　　　　　　　　　　　　　　　　　　　　　　　　◇

停止計算のライフサイクルには重要な瞬間が 3 つある。それは、作られた瞬間、完済された瞬間、実行された瞬間である。証明しないといけないのは、2 つ目の瞬間が 3 つ目の瞬間より先にくることである。すべての停止計算が進行するより前に返済されるならば、それまでに返済された債務の合計量が実現共有コストの上限となるので、合計償却コスト（つまり、合計非共有コストと返済された債務の合計量の和）は、合計実コスト（つまり、合計非共有コストと実現共有コストの和）の上限となる。6.3.1 節ではこの議論を厳密な証明にしていく。

遅延評価のプログラムの実行時間を解析する際の最も難しい問題の 1 つは、複数の論理未来の相互作用について推論することである。この問題は、論理未来それぞれが**自分以外の未来は存在しない**かのように推論することで避けられる。停止計算を作る操作の視点からは、その停止計算を進行させる任意の論理未来は、自分自身でその停止計算の返済をしなければならない。2 つの論理未来が同じ停止計算を進行させたいなら、どちらも個々にその停止計算の返済をしなければならず、その債務を共同で一部分ずつ返済することは許されない。この制限について別の見方をすると、**現在の操作の論理履歴の中で停止計算の債務を返済し終わっている場合のみ**、その停止計算を進行させることが許される、ということである。この手法を用いると、債務を 1 回分より多く返済することがあり、つまり計算に必要な合計時間を多く見積もることになるが、そうしたところで害はなく、結果として解析が簡単になることを考えれば安いものである。

6.3　銀行家法

銀行家法について、貯金を負債に置き換えることで、累積貯蓄ではなく累積債務を扱うようにしていく。それぞれの負債は、停止計算になっている作業の量を表す。与えられた計算を表す停止計算を作るとき、その共有コストに比例した量の負債を作り、それぞれの負債をオブジェクト内の位置に関連づける。それぞれの負債をどこの位置に関連づけるかは、計算の本質に依存する。計算が**一枚岩**（*monolithic*）である場合（いったん始まったら、最後まで実行する場合）、通常はすべての負債を結果の根元に負わせる。一方、計算が**逐次的**（*incremental*）である場合（独立して実行できる断片に分解できる場合）、部分的な結果のそれぞれの根元に負債を振り分けることができる。

操作の償却コストは、操作の非共有コストと、操作が返済した負債の量の和である。操作が作る負債の量は償却コストに含まれないことに注意せよ。どの負債から返済していくべきかは、オブジェクトがどのようにアクセスされるかによる。つまり、近い将来にアクセスされそうなノードの負債から返済していくべきである。償却上限を証明するには、位置にアクセスする（停止計算の実行のきっかけとなりうる）とき、その位置に関連づけられたすべての負債が

すでに返済されている（よって停止している計算はすべて完済されている）ということを証明しなければならない。これにより、操作列が返済する負債の合計量が操作列の実現共有コストの上限となることが保証される。したがって合計償却コストは合計実コストの上限となる。計算が終わった時点で残っている負債は非実現共有コストに対応し、合計実コストとは無関係である。

逐次的な関数は銀行家法にとって重要な役割を果たしている。なぜなら、逐次的な関数であれば、データ構造中の異なる位置（入れ子の停止計算に対応する位置）に負債を分散できるからである。そうすると、その位置の負債の返済が終わりしだい、他の位置の負債が返済されるのを待たずに、その位置にアクセスできるようになる。これは実際面でも、逐次的な計算の最初の部分についてはあっという間に返済でき、その後の部分については必要になったときに返済できるということである。一方、一枚岩の関数はそれほど柔軟ではない。プログラマは、コストが高くて一枚岩である計算の結果が必要になるタイミングを予想し、そのときまでにすべての負債を返済できるよう、前々から計算を計画しておかなければならない。

6.3.1　銀行家法の正しさの証明

本節では、合計償却コストが合計実コストの上限になることを証明する。合計償却コストは合計非共有コストと、返済された負債の（重複分を数えた上での）合計量の和である。合計実コストは合計非共有コストと実現共有コストの和である。よって、返済された負債の合計量が実現共有コストの上限になることを証明しなければならない。

銀行家法は、抽象化すれば、6.1 節の実行トレースを用いるときのグラフのラベルづけ問題として見ることができる。トレース中のすべてのノードに、3 つの（多重）集合 $s(v)$、$a(v)$、$r(v)$ で、次の条件を満たすようにラベルづけするという問題である。

$$\begin{aligned}
&\text{(I)} && v \neq v' \Rightarrow s(v) \cap s(v') = \emptyset \\
&\text{(II)} && a(v) \subseteq \textstyle\bigcup_{w \in \hat{v}} s(w) \\
&\text{(III)} && r(v) \subseteq \textstyle\bigcup_{w \in \hat{v}} a(w)
\end{aligned}$$

$s(v)$ は集合だが、$a(v)$ と $r(v)$ は多重集合になる可能性がある（つまり重複を持ちうる）。条件 II と III を考える際には重複を無視する。

$s(v)$ は操作 v が作った負債の集合である。条件 I は「どの負債も 2 回以上作られることはない」ということを述べている。$a(v)$ は、v が返済する負債の多重集合である。条件 II は「どの負債も作られる前に返済することはできない」、より具体的には「操作は、その論理履歴に現れる負債しか返済することはできない」ということを述べている。最後に $r(v)$ は、v によって**実現される負債**（*realized debit*）の多重集合、つまり、v が進行させる停止計算に関連づけられた負債の多重集合である。条件 III は「どの負債も返済される前に実現することはできない」、より具体的には「現在の操作の論理履歴の中で返済された負債しか実現することはできない」ということを述べている。

$a(v)$ と $r(v)$ が集合ではなく多重集合なのはなぜか？　単一の操作が同じ負債を 2 回以上返済したり、（同じ停止計算を 2 回以上進行させることで）同じ負債を 2 回以上実現したりする可能性があるからである。同じ負債をわざと 2 回以上返済することはしないが、1 つのオブジェクトをそれ自身と組み合わせようとするとこれが発生する。たとえば、リスト結合関数を解析するとき、第一引数の負債と第二引数の負債をそれぞれ少しずつ返済すると考える。このと

き、リストをそれ自身と結合すれば、同じ負債を 2 回返済する可能性がある。

　銀行家法を抽象化した見方を得たことで、計算のさまざまなコストを測定するのが容易になった。実行トレース中の全ノードの集合を V とする。すると、合計共有コストは $\sum_{v \in V} |s(v)|$ であり、返済される負債の合計量は $\sum_{v \in V} |a(v)|$ である。メモ化のおかげで、実現共有コストは $\sum_{v \in V} |r(v)|$ ではなく、$\bigcup_{v \in V} r(v)$ となる（ただし $\bigcup$ は重複を捨てる）。よって、複数回進行させられる停止計算は 1 回だけ実コストに寄与する。条件 III により、$\bigcup_{v \in V} r(v) \subseteq \bigcup_{v \in V} a(v)$ とわかる。したがって、

$$\left| \bigcup_{v \in V} r(v) \right| \leq \left| \bigcup_{v \in V} a(v) \right| \leq \sum_{v \in V} |a(v)|$$

である。よって、実現共有コストは返済される負債の合計量以下であるから、所望のとおり、合計実コストは合計償却コスト以下である。

注　この議論はまたもやメモ化の重要性を強調している。メモ化がなければ（つまり必要呼びではなく名前呼びを使っていたとしたら）、合計実現共有コストは $\sum_{v \in V} |r(v)|$ となり、この合計が $\sum_{v \in V} |a(v)|$ より小さくなると期待する理由がなくなってしまう。

6.3.2　事例：キュー

　次に、キューの効率的な永続的実装を開発し、銀行家法を用いてすべての操作が $O(1)$ 償却時間で実行されることを示す。

　前節の議論に基づき、なんらかの方法で遅延評価をデータ構造の設計に組み込まなければならない。よって、5.2 節の単純なキューについて、リストのペアをストリームのペアに置き換える[*1]。後の操作を簡単にするため、2 つのストリームの長さも明示的に保持することにする。

type α Queue = int $\times$ α Stream $\times$ int $\times$ α Stream

1 つ目の整数は先頭側ストリームの長さで、2 つ目の整数は末尾側ストリームの長さである。長さの情報を明示的に保持することには、size 関数を定数時間で自明に提供できるという、うれしい副作用もある。

　さて、先頭側リストが空になるまで待ってから末尾側リストを反転するのでは、反転に費やすための時間が十分に残されていない。その代わり、末尾側リストの全要素を先頭側リストの最後に移動することで、キューを**回転**（*rotate*）する。つまり、f を f ++ reverse r で置き換え、新しい末尾側ストリームを空として設定する。この変換は要素の相対的な順番に影響を与えないことに注意せよ。

　どのタイミングでキューを回転すべきだろうか？ reverse は一枚岩関数だったことを思い出そう。したがって、その結果が必要なときまでにすべての負債を返済できるよう、前々から計算を計画しておかなければならない。reverse の計算は $|r|$ ステップかかるので、そのコストを表すために $|r|$ の負債を負う（ここでは ++ 操作のコストは無視する）。reverse の停止計算が最初に進行するのは、tail が $|f|$ 回適用された後である。よって、$|r| \approx |f|$ であるときにキューを回転し、操作のたびに負債を 1 返済すれば、反転が実行されるときまでには支払いが終わっていることになる。実際には、r が f より 1 長くなったら常にキューを回転するので、これにより $|f| \geq |r|$ という不変条件が維持される。ちなみにこれにより、5.2 節の単純なキューのときと同

[*1] 実際には、先頭側リストをストリームに置き換えるだけで十分であるが、簡単にするため両方を置き換える。

```
structure BankersQueue : QUEUE =
struct
    type α Queue = int × α Stream × int × α Stream

    val empty = (0, $NIL, 0, $NIL)
    fun isEmpty (lenf, _ , _ , _) = (lenf = 0)

    fun check (q as (lenf, f, lenr, r)) =
            if lenr ≤ lenf then q else (lenf+lenr, f ⧺ reverse r, 0, $NIL)

    fun snoc ((lenf, f, lenr, r), x) = check (lenf, f, lenr+1, $CONS (x, r))

    fun head (lenf, $NIL, lenr, r) = raise EMPTY
      | head (lenf, $CONS (x, f′), lenr, r) = x
    fun tail (lenf, $NIL, lenr, r) = raise EMPTY
      | tail (lenf, $CONS (x, f′), lenr, r) = check (lenf−1, f′, lenr, r)
end
```

図 6.1　銀行家法を用いた償却キュー

じように、r も空であるときに限り f が空になることを保証できる。これで、キューの主要な関数は次のように書ける。

```
fun snoc ((lenf, f, lenr, r) , x) = check (lenf, f, lenr+1, $CONS (x, r))
fun head (lenf, $CONS (x, f′), lenr, r) = x
fun tail (lenf, $CONS (x, f′), lenr, r) = check (lenf−1, f′, lenr, r)
```

ただし補助関数 check は $|f| ≥ |r|$ を保証する。

```
fun check (q as (lenf, f, lenr, r)) =
        if lenr ≤ lenf then q else (lenf+lenr, f ⧺ reverse r, 0, $NIL)
```

この実装の完全なコードを図 6.1 に示す。

　この実装がどのように永続性を効率的に扱うかを理解するために、次のシナリオを考えてみよう。先頭側ストリームと末尾側ストリームが共に長さ m であるようなキューを q_0 とし、$0 < i ≤ m + 1$ に対して $q_i = \text{tail } q_{i-1}$ とする。tail を最初に適用する際にキューが回転され、その回転によって作られる reverse の停止計算は、最後に tail を適用する際に進行する。この反転は m ステップかかり、そのコストは列 $q_1 \ldots q_m$ で償却される（ここでは reverse のコストだけを考慮し、⧺ のコストは無視している）。

　ここで、分岐点 k を選び、q_k から q_{m+1} までの計算を繰り返す（q_k が永続的に用いられていることに注意せよ）。これを d 回行う。reverse は何回実行されるだろうか？ これは分岐点 k が回転の前にあるか、後にあるかに依存する。k が後にあるとしよう。具体的には、繰り返される分岐それぞれが 1 回の tail となるよう、$k = m$ とする。これらの分岐はそれぞれに reverse の停止計算を進行させるが、それらはそれぞれ同じ停止計算を進行させるので、reverse は 1 回だけ実行される。ここではメモ化が必要不可欠である。メモ化がなければ reverse は毎回実行され、合計コストは $m(d + 1)$ となるが、このコストを償却するための操作は $m + 1 + d$ 個しかない。大きな d に対しては操作 1 回あたりの償却コストは $O(m)$ となるが、メモ化があれば操作 1 回あたり $O(1)$ の償却コストで済む。

　しかし、reverse を再実行することは起きうる。単に $k = 0$ とする（つまり分岐点を回転の直前とする）。すると各分岐の最初の tail はそれぞれが回転を行い、新たな reverse の停止計算を作る。この新しい停止計算は各分岐の最後の tail で進行させられ、reverse が実行される。これらは異なる停止計算なので、メモ化はまったく役に立たない。すべての反転の合計コストは $m \cdot d$ であるが、今回このコストを償却するための操作は $(m + 1)(d + 1)$ 個あるので、操作 1 回あたりの償却コストはやはり $O(1)$ ということになる。仕事のコストを償却する操作列も合わせて複製する場合に限り、その仕事の複製を許すというのが鍵である。

　以上の大ざっぱな議論から、これらのキューが永続的に使われた場合であっても、操作 1 回あたり $O(1)$ 償却時間しか必要としないことがわかる。銀行家法を用いてこのことを厳密に証明する。

　定義を確認すれば、キューの全操作の非共有コストは $O(1)$ だとわかる。したがって、キューの全操作の償却コストが $O(1)$ であることを示すためには、操作 1 回あたり $O(1)$ の負債を返済することで停止計算の返済を進行させる前に終えられることを証明しなければならない。実際、負債を返済するのは snoc と tail だけである。

　先頭側ストリームの i 番目のノードにおける負債の数を $d(i)$ とする。$D(i) = \sum_{j=0}^{i} d(j)$ を、i 番目のノードを含むそれまでの全ノードの負債の累積とする。次の**負債不変条件**（*debit invariant*）を維持する。

$$D(i) \leq \min(2i, |f| - |r|)$$

$2i$ の項は、先頭側ストリームの先頭ノードにおけるすべての負債が返済されていることを保証する（$d(0) = D(0) \leq 2 \cdot 0 = 0$ なので）。よってこのノードは（たとえば、head や tail などにおいて）いつでも進行させることができる。$|f| - |r|$ の項は、ストリームの長さが同じとき（すなわち次の回転が起きる直前）は必ず、キュー全体のすべての負債が返済されていることを保証する。

定理 6.1　snoc と tail は、それぞれ 1、2 の負債を返済することでこの負債不変条件を維持する。

証明:　回転を引き起こさないすべての snoc は、末尾側ストリームに新しい要素を単に足すだけであり、$|r|$ を 1 増やし、$|f| - |r|$ を 1 減らす。これは、もともと $D(i)$ が $|f| - |r|$ と等しかった任意のノードにおいて、不変条件の違反を引き起こしてしまう。不変条件を復元するには、キューの最初の負債を返済すればよい。これにより、すべての後続の累積負債を 1 ずつ減らすことができる。同様に、回転を引き起こさないすべての tail は、先頭側ストリームから要素を単に取り除く。これは $|f|$ を 1 減らす（よって $|f| - |r|$ を 1 減らす）が、もっと重要なのは、残るノードすべてのインデックス i を 1 減らすので、$2i$ を 2 減らしてしまうということである。不変条件を復元するには、キューの先頭 2 つの負債を返済すればよい。最後に、回転を引き起こす snoc と tail を考えよう。回転の直前ではキューの負債はすべて完済されていることが保証されているので、回転後の未払いの負債はその回転自体によって生成された負債だけである。回転のときに $|f| = m$ かつ $|r| = m + 1$ であれば、結合のために m の負債を作り、reverse のために $m + 1$ の負債を作る。結合関数は逐次的なので、最初の m ノードのそれぞれに負債を 1 ずつ負わせる。一方 reverse 関数は一枚岩なのでノード m、すなわち反転されたストリームの

先頭ノードに $m+1$ の負債を負わせる。よって、負債は次を満たすように分散される。

$$d(i) = \begin{cases} 1 & i < m \text{ のとき} \\ m+1 & i = m \text{ のとき} \\ 0 & i > m \text{ のとき} \end{cases} \qquad \text{かつ} \qquad D(i) = \begin{cases} i+1 & i < m \text{ のとき} \\ 2m+1 & i \geq m \text{ のとき} \end{cases}$$

この配置はノード 0 とノード m の位置で不変条件に違反しているが、ノード 0 の負債を返済すれば両方の位置で不変条件を復元できる。 □

　この議論は典型的な形式をとっている。逐次的関数では複数のノードに負債が分散配置され、一枚岩関数では同じノードに全負債が配置されている。負債不変条件は、あるノードにおける負債の数を測定するだけでなく、根からそのノードまでの経路上にある負債の数を測定する。これは、ノードにアクセスするためにはまずその先祖すべてにアクセスする必要があるという事実を反映したものである。したがって、これらのすべてのノードの負債も 0 でなければならない。

　このデータ構造は、入れ子の停止計算の微妙な点も明確に示している。それは、入れ子の停止計算は、物理的に作られる前に負債を負ったり、返済までされたりする可能性があるということである。たとえば ++ の動作の仕方を考えよう。ストリームの 2 つ目のノードの停止計算は、先頭ノードの停止計算が進行するまで物理的には作られない。しかしメモ化のために、先頭ノードの停止計算が共有されるときは必ず 2 つ目のノードの停止計算が共有される。したがって入れ子の停止計算は、それを取り囲む停止計算が作られた時点で暗黙的に作られたとみなす。さらに、負債の議論を考える場合やオブジェクトの形状について推論する場合には、ノードが物理的に作られているかどうかは無視する。すべてのノードが最終形であるとみなして（つまりオブジェクト内のすべての停止計算が進行済みとみなして）オブジェクトの形状について推論する。

演習問題 6.2　不変条件を $|f| \geq |r|$ から $2|f| \geq |r|$ に変えるとする。

(a)　これでも $O(1)$ の償却上限が成り立つことを証明しよう。

(b)　100 回の snoc の後に 100 回の tail を行う操作の列において、2 つの実装の相対的な性能を比較してみよう。

6.3.3　負債の継承

　他の、既存の停止計算を進行させる停止計算を作ることはよくある。このとき、新しいほうの停止計算は古いほうの停止計算に**依存**（*depend*）しているという。キューの例で言うと、reverse r で作った停止計算は r に依存している。また、f ++ reverse r で作った停止計算は f に依存している。停止計算を進行させる際には、その停止計算の全負債を返済しておくだけでなく、その停止計算が依存する任意の停止計算の全負債を返済しておくように気をつけなければならない。キューの例で言うと、++ と reverse を用いて新しい停止計算を作るのは既存の停止計算を完済している場合に限る、ということを負債不変条件で保証している。しかし、常にこのようにうまくいくとは限らない。

　未払いの負債を持つ既存の停止計算に依存する停止計算を作るときは、その負債を新しい停止計算に負わせ直す。新しい停止計算が古いほうの停止計算の負債を**継承**（*inherit*）するとい

う。新しい停止計算自身の負債と、古いほうの停止計算から継承した負債の両方を完済するまで、新しい停止計算を進行させることはできない。銀行家法ではこの 2 種類の負債を区別せず、すべて新しい停止計算に属しているとみなして扱っている。負債の継承は、9 章、10 章、11 章のデータ構造を解析する際に用いる。

注　負債の継承には、現在のオブジェクト内の古い停止計算にアクセスする方法が新しい停止計算を経由する以外にない、という前提がある。たとえば、次のストリームのペアについての関数の解析には負債の継承は使えない。

```
fun reverseSnd (xs, ys) = (reverse ys, ys)
```

ここで、ys はペアの第一要素からでも第二要素からでも進行させることができる。このような状況では、ys の負債を複製して新しい停止計算にその複製を継承させるか、負債を複製せずに依存性を明示的に追跡する。

6.4　物理学者法

　銀行家法と同じように、物理学者法も累積貯蓄ではなく累積債務を扱えるように変更できる。従来の物理学者法では、累積貯蓄の下限を表現するポテンシャル関数 Φ を記述した。貯蓄ではなく負債を扱うようにするには、Φ を Ψ に置き換える。Ψ は各オブジェクトから、累積債務の上限（または少なくとも、累積債務の当該オブジェクト部分の上限）を表現するポテンシャルへの関数である。大まかに言うと、操作の償却コストは、操作の完全コスト（つまり共有コストと非共有コストの和）から、ポテンシャルの変化量を引いたものである。操作の完全コストを計算する簡単な方法は、すべての計算を正格評価とみなして考えることであった。

　累積債務の変化はすべて、ポテンシャルの変化量に反映される。操作が共有コストの支払いをいっさい行わないならば、ポテンシャルの変化量はその共有コストに等しいので、その操作の償却コストはその非共有コストと等しい。一方、操作が共有コストのいくらかを支払うならば、ポテンシャルの変化量は共有コストより小さい（つまり、累積債務の増加量は共有コストより小さい）ので、操作の償却コストは非共有コストより大きくなる。しかし、操作の償却コストが非共有コストより小さくなることはないので、ポテンシャルの変化量が共有コストより大きくなることはない。

　物理学者法を銀行家法に関連づけ直すことで、物理学者法の正しさを証明できる。銀行家法では、操作の償却コストは非共有コストと返済された負債の数の和だったことを思い出そう。物理学者法では、償却コストは完全コストからポテンシャルの変化量を引いたもの、つまり、非共有コストと、共有コストとポテンシャルの変化量との差を足したものである。ポテンシャルの単位と負債の単位が同じだと考えるならば、共有コストは累積債務を増やす可能性のある負債の数であり、ポテンシャルの変化量は累積債務を実際に増やした負債の数である、この差は、負債を返済することで埋め合わせなければならない。よって、物理学者法での償却コストも、共有コストと返済された負債の数の和とみることができる。

　オブジェクトのポテンシャルが 0 でないときにそのオブジェクト内の停止計算を進行させたいことがある。この場合、オブジェクトのポテンシャルを償却コストに足し合わせる。典型的には検索で発生する。検索の操作は新しいオブジェクトを返さないので、停止計算を進行させ

るコストをポテンシャルの変化量に反映することはできない。

　銀行家法と物理学者法の大きな違いは次のとおりである。銀行家法では停止計算の負債の支払いが終わるとすぐ、他の停止計算の負債が返済されるのを待つことなく、その停止計算を進行できるようになる。一方、物理学者法では、オブジェクトの累積債務全体が（ポテンシャルの測定に基づいて）0 になったときに限り、共有された停止計算を進行できる。ポテンシャルはオブジェクトの累積債務を全体として測定するだけであり、位置の違いを区別しないので、進行させたい停止計算に未払いの債務全体が関連づけられていると悲観的に仮定しなければならない。このため、どうやら物理学者法は銀行家法ほど強力ではないようだ。しかし物理学者法は、適用できる場合には銀行家法よりずっと簡単になる傾向がある。

　物理学者法は入れ子の停止計算の逐次的な実行を活用できないので、一枚岩な関数より逐次的な関数のほうを優先する理由がない。実際、停止計算のすべて、またはほとんどが一枚岩である場合、物理学者法が適用できるというヒントになる。

6.4.1　事例：二項ヒープ

　5 章で、3.2 節の二項ヒープが $O(1)$ 償却時間の insert を提供していることを証明した。しかしヒープは、永続的に使われる場合、その上限が $O(\log n)$ 最悪時間に悪化してしまう。遅延評価を用いると、ヒープが永続的に用いられるかどうかにかかわらず $O(1)$ 償却時間の上限が成り立つようにできる。

　ヒープの表現を、木のリストから、木の停止リストに変えることがポイントである。

```
type Heap = Tree list susp
```

すると insert は次のように書き直せばよい。

```
fun lazy insert (x, $ts) = $insTree (Node (0, x, []), ts)
```

次のように書いても同じである。

```
fun insert (x, h) = $insTree (Node (0, x, []), force h)
```

他の関数も同様に簡単に書き直せる。図 6.2 に示す。

　次に、insert の償却実行時間を解析する。insert は一枚岩なので、物理学者法を用いる。まず、ポテンシャル関数を $\Psi(h) = Z(|h|)$ と定義する。ただし $Z(n)$ は n の（最小の長さの）二進表現における 0 の数である。次に、要素をサイズ n の二項ヒープに挿入する償却コストが 2 であることを示す。n の二進表現の下から k 桁までが 1 であるとする。すると insert の完全コストは $k + 1$ に比例し、最終的には link の呼び出しを k 回含む。ここで、ポテンシャルの変化量を考えよう。下から k 桁は 1 から 0 に変わり、次の桁は 0 から 1 に変わる。よってポテンシャルの変化量は $k - 1$ である。したがって償却コストは $(k + 1) - (k - 1) = 2$ である。

注　これらの証明が 5.3 節で与えた証明と双対であることに注意せよ。以前はポテンシャルは n の二進表現の 1 の数であった。今回は 0 の数である。これは累積貯蓄と累積債務の双対の本質を反映している。

演習問題 6.3　findMin、deleteMin、merge も $O(\log n)$ 償却時間で実行されることを証明しよう。

```
functor LazyBinomialHeap (Element : Ordered) : Heap =
struct
  structure Elem = Element

  datatype Tree = Node of int × Elem.T × Tree list
  type Heap = Tree list susp

  val empty = $[ ]
  fun isEmpty ($ts) = null ts

  fun rank (Node (r, x, c)) = r
  fun root (Node (r, x, c)) = x
  fun link (t₁ as Node (r, x₁, c₁), t₂ as Node ( _ , x₂, c₂)) =
        if Elem.leq (x₁, x₂) then Node (r+1, x₁, t₂ :: c₁)
        else Node (r+1, x₂, t₁ :: c₂)
  fun insTree (t, [ ]) = [t]
    | insTree (t, ts as t′ :: ts′) =
        if rank t < rank t′ then t :: ts else insTree (link (t, t′), ts′)

  fun mrg (ts₁, [ ]) = ts₁
    | mrg ([ ], ts₂) = ts₂
    | mrg (ts₁ as t₁ :: ts′₁, ts₂ as t₂ :: ts′₂) =
        if rank t₁ < rank t₂ then t₁ :: mrg (ts′₁, ts₂)
        else if rank t₂ < rank t₁ then t₂ :: mrg (ts₁, ts′₂)
        else insTree (link (t₁, t₂), mrg (ts′₁, ts′₂))

  fun lazy insert (x, $ts) = $insTree (Node (0, x, [ ]), ts)
  fun lazy merge ($ts₁, $ts₂) = $mrg (ts₁, ts₂)

  fun removeMinTree [ ] = raise Empty
    | removeMinTree [t] = (t, [ ])
    | removeMinTree (t :: ts) =
        let val (t′, ts′) = removeMinTree ts
        in if Elem.leq (root t, root t′) then (t, ts) else (t′, t :: ts′) end

  fun findMin ($ts) = let val (t, _ ) = removeMinTree ts in root t end
  fun lazy deleteMin ($ts) =
        let val (Node ( _ , x, ts₁), ts₂) = removeMinTree ts
        in $mrg (rev ts₁, ts₂) end
end
```

図 6.2　遅延二項ヒープ

演習問題 6.4 merge と deleteMin の定義から **lazy** キーワードを取り除いて、これらの関数が引数を直ちに評価すると仮定する。それでもこれらの関数が $O(\log n)$ 償却時間で実行されることを証明しよう。

演習問題 6.5 木のリストを停止リストにしたときに残念なのは、isEmpty の実行時間が $O(1)$ 最悪時間から $O(\log n)$ 償却時間に悪化してしまうことである。ヒープのサイズを明示的に保持することで、isEmpty の実行時間を $O(1)$ に戻してみよう。実装を直接書き換えるのではなく、演習問題 3.7 の ExplicitMin ファンクタと同様に、任意のヒープの実装から明示的にサイズを保持する実装へ変換するファンクタ SizedHeap を実装すればよい。

6.4.2 事例：キュー

次に、物理学者法を使えるようにキューの実装を修正する。今回も、すべての操作が $O(1)$ 償却時間で実行されることを示す。

一枚岩な停止計算より逐次的な停止計算を選ぶ理由がもはやないので、ストリームではなく停止リストを用いる。実際のところ、末尾側リストは停止計算である必要がまったくないので、通常のリストとして表現する。今回も、リストの長さを明示的に追跡する。また、先頭側リストは常に、少なくとも末尾側リストと同じ長さであることを保証する。

先頭側リストは停止リストなので、停止計算全体の実行をしなければ先頭の要素にアクセスすることはできない。したがって、head 操作に答えるために、先頭側リストの接頭辞を作業用コピーとして保持する。この作業用コピーは効率的にアクセスできるように通常のリストとして表現され、先頭側リストが空でない場合はこのリストも空でない。最終的な型は以下のようになる。

```
type α Queue = α list × int × α list susp × int × α list
```

するとキューの主要関数は次のように書ける。

```
fun snoc ((w, lenf, f, lenr, r), x) = check (w, lenf, f, lenr+1, x :: r)
fun head (x :: w, lenf, f, lenr, r) = x
fun tail (x :: w, lenf, f, lenr, r) = check (w, lenf−1, $tl (force f), lenr, r)
```

補助関数 check は 2 つの不変条件を強制する。すなわち、r が f より長くならないこと、そして f が空でないときは常に w が空にならないことである。

```
fun checkw ([], lenf, f, lenr, r) = (force f, lenf, f, lenr, r)
  | checkw q = q
fun check (q as (w, lenf, f, lenr, r)) =
        if lenr ≤ lenf then checkw q
        else let val f′ = force f
            in checkw (f′, lenf+lenr, $(f′ @ rev r), 0, []) end
```

これらのキューの完全な実装は図 6.3 にある。

物理学者法を用いてこれらのキューを解析するには、停止計算になったリストを進行させるときは常にポテンシャルが 0 になるようにポテンシャル関数 Ψ を選ぶ。これは 2 つの状況で発生する。w が空になった場合と、r が f より長くなった場合である。したがって、Ψ を以下

```
structure PhysicistsQueue : QUEUE =
struct
  type α Queue = α list × int × α list susp × int × α list

  val empty = ([], 0, $[], 0, [])
  fun isEmpty ( _ , lenf, _ , _ , _ ) = (lenf = 0)

  fun checkw ([], lenf, f, lenr, r) = (force f, lenf, f, lenr, r)
    | checkw q = q
  fun check (q as (w, lenf, f, lenr, r)) =
        if lenr ≤ lenf then checkw q
        else let val f' = force f
             in checkw (f', lenf+lenr, $(f' @ rev r), 0, []) end

  fun snoc ((w, lenf, f, lenr, r), x) = check (w, lenf, f, lenr+1, x :: r)

  fun head ([], lenf, f, lenr, r) = raise EMPTY
    | head (x :: w, lenf, f, lenr, r) = x
  fun tail ([], lenf, f, lenr, r) = raise EMPTY
    | tail (x :: w, lenf, f, lenr, r) = check (w, lenf−1, $tl (force f), lenr, r)
end
```

図 6.3　物理学者法を用いた償却キュー

のように選ぶ。

$$\Psi(q) = \min(2|w|, |f| - |r|)$$

定理 6.2　snoc と tail の償却コストはそれぞれ、たかだか 2 と 4 である。

証明: 回転を引き起こさないすべての snoc は、単に末尾側リストに新しい要素を足すので、$|r|$ を 1 増やし $|f| - |r|$ を 1 減らす。snoc の完全コストは 1 であり、ポテンシャルの減少量はたかだか 1 である。よって償却コストはたかだか $1 - (-1) = 2$ である。回転を引き起こさないすべての tail は、作業用コピーから最初の要素を取り除き、先頭側リストからその要素を遅延評価で取り除く。これは $|w|$ を 1 減らし、$|f| - |r|$ を 1 減らすので、ポテンシャルの減少量はたかだか 2 である。tail の完全コストは 2 である。1 は非共有コスト（w から先頭の要素を取り除くことを含む）、1 は f の先頭要素を遅延評価で取り除く共有コストである。したがって償却コストはたかだか $2 - (-2) = 4$ である。

　最後に、回転を引き起こす snoc と tail を考えよう。初期状態のキューでは、$|f| = |r|$ なので、$\Psi = 0$ である。回転の直前では、$|f| = m$ かつ $|r| = m + 1$ である。回転の共有コストは $2m + 1$ であり、結果的なキューのポテンシャルは $2m$ である。よって snoc の償却コストは $1 + (2m + 1) - 2m = 2$ である。tail の償却コストは $2 + (2m + 1) - 2m = 3$ である（この違いは、tail は f の先頭要素を取り除く共有コストのことも考えないといけないことによる）。

□

演習問題 6.6　次に提案する「最適化」は、実際にはいずれも $O(1)$ 償却時間の上限を壊してしまう。その理由を考えてみよう。これらの例は、永続的償却データ構造の設計でよくやる間違いである。

```
signature SORTABLE =
sig
  structure Elem : ORDERED

  type Sortable

  val empty : Sortable
  val add   : Elem.T × Sortable → Sortable
  val sort  : Sortable → Elem.T list
end
```

図 6.4　ソート可能コレクションのシグネチャ

(a) check が回転の際に f を進行させ、その結果を w に設定していることに注目しよう。w が空になるまで f を進行させないことで、より遅延された、つまりより良いものになるのではないだろうか？

(b) tail の際、f を $tl (force f) に置き換えることに注目しよう。停止計算を作って進行させることは、たとえ $O(1)$ であっても、定数係数を大きなものにしてしまう可能性のある非自明なオーバーヘッドを持つ。要素が取り除かれたことを示すために f を変えるのではなく、単に lenf から 1 引くだけとして、より遅延された、つまりより良いものになるのではないだろうか？

6.4.3　事例：共有に対応したボトムアップマージソート

　以降の章では、ほとんどの事例において物理学者法ではなく銀行家法を用いていく。そのためここでは、物理学者法を用いる例をもう 1 つ示しておく。

　いくつかの似通ったリストをソートしたい状況を想像しよう。たとえば xs と x :: xs をソートしたかったり、xs @ zs と ys @ zs をソートしたかったりする状況である。効率性のために、これらのリストが共通の接尾辞を持つということを活用し、これらの接尾辞のソート作業を繰り返さずに済ませたい。この問題のための抽象データ型をソート可能コレクション（*sortable collection*）と呼ぶ。ソート可能コレクションのシグネチャを図 6.4 に与える。

　ここで、xs の要素を順次追加することでソート可能コレクション xs' を作ったら、sort xs' と sort (add (x, xs')) を呼ぶことで xs と x :: xs の両方をソートできる。

　ソート可能コレクションは平衡二分探索木として実装することもできる。すると add と sort はそれぞれ $O(\log n)$ 最悪時間と $O(n)$ 最悪時間で実行される。今回は、ボトムアップマージソート（*bottom-up mergesort*）を用いて、同じ上限を償却上限として実現する。

　ボトムアップマージソートは最初にリストを n 個の順序づけされたセグメントに分割する。それぞれのセグメントは初期状態では単一の要素を持つ。そして、サイズの等しいセグメントを 2 つずつ対にしてマージすることを、各サイズのセグメントが 1 つになるまで繰り返す。最後に、サイズの異なるセグメントを小さいほうから大きいほうへマージする。

　最後の一掃フェーズ直前の瞬間を観察してみよう。すべてのセグメントのサイズは相異なる 2 の累乗数である。これは n の 1 のビットに対応する。これがソート可能コレクションで用いる表現である。似通ったコレクション同士は、サイズの等しくないセグメントをマージする最

後の一掃フェーズを除いて、ボトムアップマージソートの作業すべてを共有する。完成形の表現としては、セグメント（すなわち要素のリスト）の停止リストに、コレクションの合計サイズを表す整数を加えたもの、となる。

```
type Sortable = int × Elem.T list list susp
```

個々のセグメントはサイズの昇順で格納され、各セグメント内の要素はストラクチャ Elem の比較関数によって判断される昇順で格納される。

　セグメントの基本的な操作は mrg で、2 つの順序づきリストをマージする。

```
fun mrg ([], ys) = ys
  | mrg (xs, []) = xs
  | mrg (xs as x :: xs', ys as y :: ys') =
      if Elem.leq (x, y) then x :: mrg (xs', ys) else y :: mrg (xs, ys')
```

新しい要素を追加するには、一要素の新しいセグメントを作る。既存の最小のセグメントも一要素である場合、その 2 つのセグメントをマージし、新しく作られたセグメントが既存の最小のセグメントより小さいという状態に落ち着くまでマージを繰り返す。このマージは size フィールドのビットによって制御される。size の最下位ビットが 0 である場合は、新しいセグメントをセグメントのリストの先頭につけ加えるだけである。最下位ビットが 1 である場合は、2 つのセグメントをマージし、これを繰り返す。もちろん、これはまるごと遅延評価として行われる。

```
fun add (x, (size, segs)) =
      let fun addSeg (seg, segs, size) =
              if size mod 2 = 0 then seg :: segs
              else addSeg (mrg (seg, hd segs), tl segs, size div 2)
      in (size+1, $addSeg ([x], force segs, size)) end
```

最後に、コレクションを sort するために、セグメントを小さいほうから大きいほうへマージする。

```
fun sort (size, segs) =
      let fun mrgAll (xs, []) = xs
              | mrgAll (xs, seg :: segs) = mrgAll (mrg (xs, seg), segs)
      in mrgAll ([], force segs) end
```

注　mrgAll は次の計算とみることができる。

$$[\,] \bowtie s_1 \bowtie \cdots \bowtie s_m$$

ただし s_i は i 番目のセグメントで、$\bowtie$ は mrg の左結合な中置表記とする。これは、頻出のプログラムスキーマの一例である。すなわち、任意の s と左結合の $\oplus$ について、

$$c \oplus x_1 \oplus \cdots \oplus x_m$$

と書ける。このスキーマの他の例としては、整数のリストの和をとること（$c = 0$ かつ $\oplus = +$）、自然数のリストの最大値をみつけること（$c = 0$ かつ $\oplus = $ max）などである。関数型言語の最大の強みの 1 つは、このようなスキーマを高階関数（*higher-order function*）（つまり、関数を

```
functor BottomUpMergeSort (Element : ORDERED) : SORTABLE =
struct
  structure Elem = Element

  type Sortable = int × Elem.T list list susp

  fun mrg ([], ys) = ys
    | mrg (xs, []) = xs
    | mrg (xs as x :: xs', ys as y :: ys') =
        if Elem.leq (x, y) then x :: mrg (xs', ys) else y :: mrg (xs, ys')

  val empty = (0, $[])
  fun add (x, (size, segs)) =
        let fun addSeg (seg, segs, size) =
                if size mod 2 = 0 then seg :: segs
                else addSeg (mrg (seg, hd segs), tl segs, size div 2)
        in (size+1, $addSeg ([x], force segs, size)) end
  fun sort (size, segs) =
        let fun mrgAll (xs, []) = xs
              | mrgAll (xs, seg :: segs) = mrgAll (mrg (xs, seg), segs)
        in mrgAll ([], force segs) end
end
```

図 6.5　ボトムアップソートに基づくソート可能コレクション

引数としてとったり、関数を返り値として返したりする関数）として定義できることである。たとえば、上記のスキーマは次のように書ける。

```
fun foldl (f, c, []) = c
  | foldl (f, c, x :: xs) = foldl (f, f (c, x), xs)
```

すると sort は次のように書ける。

```
fun sort (size, segs) = foldl (mrg, [], force segs)
```

◇

ソート可能コレクションの実装の完全なコードは図 6.5 にある。

add が $O(\log n)$ 償却時間で動くこと、sort が $O(n)$ 償却時間で動くことを物理学者法を用いて証明する。まず、ポテンシャル関数 Ψ を定義する。これは完全にコレクションの大きさによって決定される。

$$\Psi(n) = 2n - 2 \sum_{i=0}^{\infty} b_i(n \bmod 2^i + 1)$$

ただし b_i は n の i 番目のビットである。$\Psi(n)$ は $2n$ で上から抑えられること、また $\Psi(n) = 0$ になるのは、ある k に対してちょうど $n = 2^k - 1$ となる場合であることに注意せよ。

注　このポテンシャル関数は少し威圧的に見えるかもしれない。各セグメントが持つポテンシャルは、そのセグメントのサイズから、それより小さいすべてのセグメントのサイズを引いたものに比例する、と考えるところからこの式はきている。この直観は、セグメントのポテン

シャルが大きい状態から始まり、コレクションに要素が追加されるほど小さくなっていき、問題のセグメントが他のセグメントにマージされる直前の時点で 0 に至る、というものである。しかし、ポテンシャル関数の由来を理解せずとも、それを使った計算はできる。　　　　　$\diamond$

　まず、add の完全コストを計算する。非共有コストは 1 で、共有コストは addSeg の中でマージを実行するコストである。n の、下から k ビットが 1 であるとする（つまり、$i < k$ に対して $b_i = 1$、かつ $b_k = 0$）。すると addSeg はマージを k 回行う。最初のマージはサイズ 1 のリスト 2 つを組み合わせ、2 回目のマージはサイズ 2 のリスト 2 つ、というように続いていく。サイズ m のリスト 2 つをマージするのは $2m$ ステップかかるので、addSeg は

$$(1 + 1) + (2 + 2) + \cdots + (2^{k-1} + 2^{k-1}) = 2(\sum_{i=0}^{k-1} 2^i) = 2(2^k - 1)$$

ステップかかる。したがって add の完全コストは $2(2^k - 1) + 1 = 2^{k+1} - 1$ である。

　次に、ポテンシャルの変化量を計算する。$n' = n + 1$ とし、b_i' を n' の i 番目のビットとする。すると、

$$
\begin{aligned}
&\Psi(n') - \Psi(n) \\
&= 2n' - 2\sum_{i=0}^{\infty} b_i'(n' \bmod 2^i + 1) - (2n - 2\sum_{i=0}^{\infty} b_i(n \bmod 2^i + 1)) \\
&= 2 + 2\sum_{i=0}^{\infty}(b_i(n \bmod 2^i + 1) - b_i'(n' \bmod 2^i + 1)) \\
&= 2 + 2\sum_{i=0}^{\infty} \delta(i)
\end{aligned}
$$

ただし $\delta(i) = b_i(n \bmod 2^i + 1) - b_i'(n' \bmod 2^i + 1)$ である。$i < k$、$i = k$、$i > k$ という 3 つのケースを考える。

- **($i < k$) の場合**　$b_i = 1$ かつ $b_i' = 0$ なので、$\delta(k) = n \bmod 2^i + 1$
  しかし $n \bmod 2^i = 2^i - 1$ なので、$\delta(k) = 2^i$
- **($i = k$) の場合**　$b_k = 0$ かつ $b_k' = 1$ なので、$\delta(k) = -(n' \bmod 2^k + 1)$
  しかし $n' \bmod 2^k = 0$ なので、$\delta(k) = -1 = -b_k'$
- **($i > k$) の場合**　$b_i' = b_i$ かつ $\delta(k) = b_i'(n \bmod 2^i - n' \bmod 2^i)$
  しかし $n' \bmod 2^i = (n + 1) \bmod 2^i = n \bmod 2^i + 1$ なので、$\delta(i) = b_i'(-1) = -b_i'$

したがって

$$
\begin{aligned}
\Psi(n') - \Psi(n) &= 2 + 2\sum_{i=0}^{\infty} \delta(i) \\
&= 2 + 2\sum_{i=0}^{k-1} 2^i + 2\sum_{i=k}^{\infty}(-b_i') \\
&= 2 + 2(2^k - 1) - 2\sum_{i=k}^{\infty} b_i' \\
&= 2^{k+1} - 2B'
\end{aligned}
$$

ただし B' は n' の 1 のビットの数である。よって add の償却コストは

$$(2^{k+1} - 1) - (2^{k+1} - 2B') = 2B' - 1$$

である。B' は $O(\log n)$ なので、add の償却コストも $O(\log n)$ である。

　最後に、sort の償却コストを計算する。sort が最初にやるのは、セグメントの停止リストを進行させることである。このときのポテンシャルは必ずしも 0 ではないので、$\Psi(n)$ を操作の償却コストに加える。次に sort はセグメントを小さいほうから大きいほうへマージする。最悪ケースは、1 から 2^{k-1} の各サイズのセグメントが 1 つずつある $n = 2^k - 1$ の場合である。これ

らのセグメントをマージするには

$$(1 + 2) + (1 + 2 + 4) + (1 + 2 + 4 + 8) + \cdots + (1 + 2 + \cdots + 2^{k-1})$$
$$= \sum_{i=1}^{k-1} \sum_{j=0}^{i} 2^j = \sum_{i=1}^{k-1} (2^{i+1} - 1) = (2^{k+1} - 4) - (k - 1) = 2n - k - 1$$

ステップが全体でかかる。したがって sort の償却コストは $O(n) + \Psi(n) = O(n)$ である。

演習問題 6.7 リストの停止リストからストリームのリストへと表現を変えてみよう。

(a) 銀行家法を使って add と sort の上限を証明しよう。

(b) ソート可能コレクションから最小の k 個の要素を抽出する関数を書いてみよう。その関数が $O(k \log n)$ 償却時間以下で実行されることを証明しよう。

6.5 遅延ペアリングヒープ

最後に、5.5 節のペアリングヒープを永続的に使えるようにする。残念ながら、この結果得られるデータ構造の解析はもとのデータ構造と同じくらい難しいようだ。しかし、新しい実装の永続的な設定での効率は、ペアリングヒープのもとの実装の利那的な設定での効率に漸近的に同等であると予想している。

ペアリングヒープの以前の実装では、ノードの子供は Heap list として表現されていたことを思い出そう。最小の要素を消すには、まず根を捨てて、それから次の関数で子を 2 つずつ対にしてマージしていた。

```
fun mergePairs [ ] = E
  | mergePairs [h] = h
  | mergePairs (h₁ :: h₂ :: hs) = merge (merge (h₁, h₂), mergePairs hs)
```

同じヒープから最小の要素を 2 回消そうとすると、mergePair が二度呼ばれて同じ作業を繰り返してしまい、償却効率の望みは絶たれるだろう。永続性に対処するには、この作業の重複を阻止しないといけない。今回もまた遅延評価に変えていこう。Heap list の代わりに、ノードの子を Heap susp として表現する。この停止計算の値は $mergePairs cs と等価である。mergePairs は子のペアに対する操作なので、ノードに子を増やすときは子を 2 つずつまとめて増やすようにする。したがって、相手のいない子がもしあれば保持するための余分な Heap フィールドを各ノードに持たせる。相手のいない子がなければ（つまり子の数が偶数）、この追加フィールドは空となる。このフィールドは子の数が奇数のときだけ使われるので、**奇数フィールド** (*odd field*) と呼ぶことにする。以上から、新しいデータ型は次のようになる。

datatype Heap = E | T **of** Elem.T × Heap × Heap susp

insert と findMin 操作はほとんど変わらない。

```
fun insert (x, a) = merge (T (x, E, $E), a)
fun findMin (T (x, a, m)) = x
```

以前は、merge 操作は簡単で、deleteMin 操作は複雑であった。今回は、状況が逆転する。煩雑な mergePairs の処理はすべて merge に移され、停止計算を適切に設置するようになる。deleteMin

は単にヒープの停止計算を進行させ、それを奇数フィールドとマージする。

```
fun deleteMin (T (x, a, $b)) = merge (a, b)
```

merge は 2 ステップで定義する。1 つ目のステップでは、引数が空であるか検査し、空でなければ 2 つの引数のうちどちらがより小さい根であるかを調べる。

```
fun merge (a, E) = a
  | merge (E, b) = b
  | merge (a as T (x, _, _), b as T (y, _, _)) =
      if Elem.leq (x, y) then link (a, b) else link (b, a)
```

2 つ目のステップは link 補助関数で、ノードに新しい子を追加する。奇数フィールドが空であれば、新しい子は奇数フィールドに置かれる。

```
fun link (T (x, E, m), a) = T (x, a, m)
```

奇数フィールドが空でなければ、新しい子は奇数フィールドの子とペアを組み、ともに停止計算に追加される。つまり、停止計算 $m = \$mergePairs\ cs$ を $\$mergePairs\ (a :: b :: cs)$ に拡張する。次の観察により、

$$\$mergePairs\ (a :: b :: cs)$$
$$\equiv \$merge\ (merge\ (a, b), mergePairs\ cs)$$
$$\equiv \$merge\ (merge\ (a, b), force\ (\$mergePairs\ cs))$$
$$\equiv \$merge\ (merge\ (a, b), force\ m)$$

link の 2 つ目の節は次のように書ける。

```
fun link (T (x, b, m), a) = T (x, E, $merge (merge (a, b), force m))
```

この実装の完全なコードを図 6.6 に示す。

実応用のためのヒント　このペアリングヒープの実装は永続性をうまく扱っているが、遅延評価によるオーバーヘッドのため、実用上は比較的遅い。しかし、メモ化の利点が最大になるような、激しく永続的に使用される場合には異彩を放つ。また遅延評価の言語では、すべてのデータ構造に遅延評価のオーバーヘッドがある（遅延評価を活用するかしないかにかかわらず）ので、悪い選択肢ではない。

6.6　注記

■負債　Tarjan の経路圧縮の解析 [Tar83] など、従来の銀行家法を用いた解析のいくつかは、貯金と負債の両方を持つ。操作が現在利用可能な量より多くの貯金を必要とする場合、貯金と負債のペアを作り、直ちに貯金を消費する。この負債は、果たさなければならない義務として残る。後々、余った貯金を使って負債を返済できるかもしれない[*2]。計算の最後まで残った負

```
functor LazyPairingHeap (Element : ORDERED) : HEAP =
struct
   structure Elem = Element

   datatype Heap = E | T of Elem.T × Heap × Heap susp

   val empty = E
   fun isEmpty E = true | isEmpty _ = false

   fun merge (a, E) = a
     | merge (E, b) = b
     | merge (a as T (x, _, _), b as T (y, _, _)) =
         if Elem.leq (x, y) then link (a, b) else link (b, a)
   and link (T (x, E, m), a) = T (x, a, m)
     | link (T (x, b, m), a) = T (x, E, $merge (merge (a, b), force m))

   fun insert (x, a) = merge (T (x, E, $E), a)

   fun findMin E = raise EMPTY
     | findMin (T (x, a, m)) = x
   fun deleteMin E = raise EMPTY
     | deleteMin (T (x, a, $b)) = merge (a, b)
end
```

図 6.6   遅延評価を用いた永続的ペアリングヒープ

債はすべて合計実コストに加算される。2 種類の負債の間にはいくつか類似点があるが、はっきりした相違点もある。たとえば、本章で導入した負債では、計算の最後まで残った負債はすべて暗黙のうちに捨てられる。

　Tarjan の経路圧縮の解析で負債が発生するのは興味深い。経路圧縮は本質的に find 関数へのメモ化の適用であるからである。

■償却と永続性　今回の研究まで、償却と永続性は両立しないと考えられていた。5.6 節でいくつか引用したものと同じような理由で、[DSST89, Die89] などの利那的データ構造に永続性を持たせる既存技法を使っても償却データ構造に効率的に永続性を持たせることはできないと述べていた研究者もいる [DST94, Ram92]。皮肉なことに、これらの技法は償却上限のある永続データ構造を生成するが、内在するデータ構造は最悪ケースでなければならない（これらの技法は他の制限も持つ。最も特筆すべきは、2 つ以上のオブジェクトを組み合わせる関数を提供するデータ構造に適用できないことである。たとえば、リスト結合や和集合などの関数はこれに違反する）。

　遅延評価によって償却と永続性を両立させるというアイデアが最初に登場したのは、未発達な形ではあったが、[Oka95c] である。この技法の理論と実践は [Oka95a, Oka96b] でさらに発展した。

■償却と関数型データ構造　Schoenmakers [Sch93] は、彼の学位論文で、正格な関数型言語における償却データ構造を研究している。これは従来の物理学者法を用いて償却上限を形式的に導出することに集中していた。彼は、データ構造を刹那的なものとして扱うように要求するこ

とで、永続性の問題を避けている。

■**キューと二項ヒープ**　6.3.2 節のキューと 6.4.1 節の遅延二項ヒープは [Oka96b] で最初に登場した。遅延二項ヒープの解析は King の二項ヒープの実装 [Kin94] にも適用できる。

■**遅延評価のプログラムの実行時間解析**　数人の研究者たちが、遅延評価のプログラムの時間計算量を解析する理論的なフレームワークを開発してきた [BH89, San90, San95, Wad88]。しかし、これらのフレームワークはまだ実用的に使えるほどには成熟していない。1 つの問題は、これらのフレームワークがどこかしら汎用的すぎることである。これらのシステムはどれも、プログラムのコストを、そのプログラムの結果がどのように用いられるかを記述した、なんらかの文脈の観点で計算する。しかし、このようなアプローチはプログラム開発方法論の観点においてしばしば不適切である。というのはプログラム開発方法論において、データ構造というものは、挙動（時間計算量を含む）を独立して規定した抽象データ型として設計されるものだからである。一方、本書の解析は文脈とは独立した結果（つまり、データ構造がどのように使われるかにかかわらず成立する性質）を証明している。

第7章
償却の除去

データ構造の計算量の上限が償却上限なのか、それとも最悪ケース上限なのか、ということが気になることはほとんどない。データ構造を選ぶとき最も重要な基準は、何よりも、全体としての効率性と単純さ（そしておそらく、ソースコードが利用可能であること）である。しかしアプリケーション分野によっては、操作列ではなく、個々の操作の実行時間に上限を決めることが重要になる。そのような状況では、償却データ構造のほうが全体的に単純で高速であっても、償却データ構造より最悪時データ構造のほうが好ましいことも多い。Raman [Ram92] は、そのようなアプリケーション分野をいくつか示している。

- **リアルタイムシステム**　リアルタイムシステムにおいては、純粋な実行速度より、実行時間が予測できることのほうが重要である [Sta88]。コストの高い操作が 1 つあるせいでシステムが絶対的なデッドラインを守れないなら、いくらコストの低い操作が予定より早く終わろうと意味はない。
- **並列システム**　同期システムにおいてほとんどのプロセッサがコストの低い操作を実行しているときに、1 つのプロセッサだけがコストの高い操作を実行したら、他の全プロセッサはその遅いプロセッサが終わるまでアイドル状態になってしまう可能性がある。
- **対話的システム**　対話的システムはリアルタイムシステムに似ている。ユーザはしばしば純粋な実効速度よりも一貫性のほうに価値を感じる [But83]。たとえば、1 秒を 100 回待つことと、0.25 秒を 99 回と 25 秒を 1 回待つことでは、後者のほうが 2 倍も速いけれど、ユーザは前者のほうを選びたいかもしれない。

注 Raman は、4 つ目のアプリケーション分野も挙げていた。それは、永続的データ構造である。前章で述べたとおり、償却と永続性は相容れないものだと考えられていた。しかしもちろん、われわれはこれが間違いだと知っている。　　　　　　　　　　　　　　　　　　　　　◇

以上から、このようなアプリケーション分野のプログラマにとっては償却データ構造は興味のないもの、ということになるだろうか？ とんでもない。償却データ構造は最悪時データ構造よりしばしば単純なので、まず償却データ構造を設計してからそれを最悪時データ構造に変換するほうが、最悪時データ構造をスクラッチから設計するより簡単である場合もある。

本章では、遅延評価を用いる償却データ構造を最悪時データ構造に変換する**スケジュール化**（*scheduling*）という技法について述べる。スケジュール化は、遅延されている要素を体系的に進行させることで、どの停止計算も実行にそれほど時間がかからないようにする。スケジュール化はすべてのオブジェクトに、**スケジュール**（*schedule*）と呼ばれる要素を追加する。この

要素は、オブジェクトの中の遅延されている要素を進行させる順序を規定する。

7.1　スケジュール化

　償却データ構造と最悪時データ構造の主な違いは、操作に課された計算が実行されるタイミングにある。最悪時データ構造では、操作に課された計算がすべてその操作の中で実行される。償却データ構造では、操作に課された計算の一部が実際には後の操作の中で起きる可能性がある。このことから、名目上最悪時データ構造とされるものは事実上すべて、完全に遅延評価の言語で実装すれば償却データ構造になることがわかる。なぜなら、多くの計算が無駄に停止してしまうからである。よって本当の最悪時データ構造を書くためには、正格評価の言語が必要になる。もし償却データ構造と最悪時データ構造の両方を書きたいなら、遅延評価と正格評価の両方をサポートする言語が必要である。そのような言語であれば、おもしろいハイブリッドアプローチを考えることもできる。内部的に遅延評価を用いる最悪時データ構造である。まず遅延償却データ構造から始めて、各操作を割当て時間内に実行できるように修正することで、そのようなデータ構造が得られる。

　遅延償却データ構造の操作はどれも、宣言された上限よりも時間がかかる可能性がある。しかしそういうことが起きるのは、完済されているが実行に時間のかかる停止計算をその操作が進行させたときだけである。最悪ケース上限を達成するためには、すべての停止計算の実行が割当て時間内に終わることを保証しなければならない。

　ある停止計算が依存している停止計算がすべて進行しメモ化されている、したがってそれぞれ $O(1)$ 時間で実行できると仮定したときに、その停止計算の進行にかかる時間を、停止計算の**本質的コスト**（*intrinsic cost*）と定義する（これは操作の非共有コストの定義と似ている）。償却データ構造を最悪時データ構造に変換する最初のステップは、すべての停止計算の本質的コストを所望の上限以下に抑えることである。このためには通常、コストの高い一枚岩関数を書き換えて逐次的関数にする。その方法は、もととなるアルゴリズムを少し変えるか、または、停止リストのように一枚岩関数しかサポートしない表現から、ストリームのように逐次的関数もサポートするものに切り替えることである。

　すべての停止計算の本質的コストが小さくても、一部の停止計算が割当て時間以上に時間を使ってしまう可能性は残っている。これが起きるのは、ある停止計算が他の停止計算に依存していて、それが第三の停止計算に依存していて、と続くような場合である。もしこの列の中に実行済みの停止計算がなければ、最初の停止計算を進行させることで進行の連鎖が起きる。たとえば、次のような計算を考えよう。

$$(\cdots((s_1 \mathbin{+\mkern-8mu+} s_2) \mathbin{+\mkern-8mu+} s_3) \mathbin{+\mkern-8mu+} \cdots) \mathbin{+\mkern-8mu+} s_k$$

最も外側の $\mathbin{+\mkern-8mu+}$ が返す停止計算を進行させると、連鎖反応的にすべての $\mathbin{+\mkern-8mu+}$ を 1 ステップずつ進めてしまう。最も外側の停止計算が $O(1)$ の本質的コストを持っていても、この停止計算を進行させるのに必要な総時間は $O(k)$ になる（もし s_1 の先頭ノードが何か他の理由で進行させるコストが高い場合は、それ以上にかかる）。

注　ドミノを並べたことはあるだろうか？　各ドミノは、倒れると次のドミノを倒す。それぞれのドミノを倒す本質的コストは $O(1)$ であるが、先頭のドミノを倒したときの実コストはそれよりずっとずっと大きなものになるかもしれない。　　　　　　　　　　　　　　　　　　　　　　$\diamond$

償却データ構造を最悪時データ構造に変換する第二のステップは、進行の連鎖を避けることである。このためには、停止計算を進行させるときには必ず、その停止計算が依存している停止計算がすべて進行しメモ化されているように調整する。そうすると、本質的コスト以上に実行時間がかかる停止計算はなくなる。これを実現するには、各停止計算の実行を体系的に**スケジュール化**（*scheduling*）し、各停止計算が必要になるときまでに準備完了させておけばよい。ポイントは、債務の返済を実際の行動とみなし、債務を返済するかのように各停止計算を進行させることである。

注 要するにスケジュール化とは、ドミノの列を後ろから倒していくようなものである。これにより、あるドミノが他のドミノに倒れ掛かったとき、2つ目のドミノはすでに倒れていることになる。こうすると、各ドミノを倒す実コストは小さくなる。　　　　　　　　　◇

すべてのオブジェクトに、**スケジュール**（*schedule*）と呼ばれる要素を追加する。これは、少なくとも概念的には、そのオブジェクト内でまだ評価されていないすべての停止計算へのポインタを持つものである。スケジュール内の停止計算には、異なる論理未来では評価済みになっているものもあるかもしれないが、そういう停止計算に対して2回目の進行をさせても害はない。アルゴリズムが予想より速く実行できるだけで、遅くなることはないからである。すべての操作は、オブジェクトに対して本来行う処理に加え、スケジュール内の先頭の停止計算をいくつか進行させる処理を行う。正確に何個の停止計算を進行させるかは、償却解析によって決定される。典型的には、すべての停止計算は実行に $O(1)$ 時間を要するので、その操作の償却コストに比例する数の停止計算を進行させることになる。データ構造によっては、スケジュールの維持が自明でなくなることがある。この技法を適用するには、スケジュールに新たな停止計算を追加したり、次に進行させるべき停止計算を取り出したりすることに、所望の最悪ケース上限以上の時間をかけるわけにはいかない。

7.2　実時間キュー

この技法の例として、6.3.2 節で示した償却版の銀行家のキューを最悪ケースのキューに変換する。このように、すべての操作を $O(1)$ 最悪時間でサポートするキューを**実時間キュー**（*real-time queue*）[HM81] と呼ぶ。

もともとのデータ構造では、キューは ++ と reverse を用いて回転されていた。reverse は一枚岩なので、最初にやるべきは回転を逐次的に行う方法を探すことである。これは、++ の各ステップで reverse のステップを1つ実行すればよい。関数 rotate を次のように定義する。

$$\text{rotate } (xs, ys, a) \equiv xs \mathbin{+\mkern-10mu+} \text{reverse } ys \mathbin{+\mkern-10mu+} a$$

すると

$$\text{rotate } (f, r, \$N_{IL}) \equiv f \mathbin{+\mkern-10mu+} \text{reverse } r$$

である。追加された引数 a は**蓄積パラメータ**（*accumulating parameter*）と呼ばれ、ys の反転の途中結果を蓄積するために使われる。最初は空である。

回転は $|r| = |f| + 1$ のときに起きるので、最初は $|ys| = |xs| + 1$ である。この関係は回転を通して維持されるので、xs が空のとき ys は1つの要素を持つ。よって基本ケースは、

rotate ($N<small>IL</small>, $C<small>ONS</small> (*y*, $N<small>IL</small>), *a*)
　　≡ ($N<small>IL</small>) ++ reverse ($C<small>ONS</small> (*y*, $N<small>IL</small>)) ++ *a*
　　≡ $C<small>ONS</small> (*y*, *a*)

再帰ケースは、

rotate ($C<small>ONS</small> (*x*, *xs*), $C<small>ONS</small> (*y*, *ys*), *a*)
　　≡ ($C<small>ONS</small> (*x*, *xs*)) ++ reverse ($C<small>ONS</small> (*y*, *ys*)) ++ *a*
　　≡ $C<small>ONS</small> (*x*, *xs* ++ reverse ($C<small>ONS</small> (*y*, *ys*)) ++ *a*)
　　≡ $C<small>ONS</small> (*x*, *xs* ++ reverse *ys* ++ $C<small>ONS</small> (*y*, *a*))
　　≡ $C<small>ONS</small> (*x*, rotate (*xs*, *ys*, $C<small>ONS</small> (*y*, *a*)))

これらのケースをまとめて、次を得る。

fun rotate ($N<small>IL</small>, $C<small>ONS</small> (*y*, _), *a*) = $C<small>ONS</small> (*y*, *a*)
　| rotate ($C<small>ONS</small> (*x*, *xs*), $C<small>ONS</small> (*y*, *ys*), *a*) =
　　　$C<small>ONS</small> (*x*, rotate (*xs*, *ys*, $C<small>ONS</small> (*y*, *a*)))

rotate によって作られる停止計算はどれも本質的コストが $O(1)$ であることに注意せよ。

演習問題 7.1　6.3.2 節の銀行家のキューにおける *f* ++ reverse *r* を rotate (*f*, *r*, $N<small>IL</small>) に置き換えることで、snoc、head、tail の最悪ケースの実行時間を $O(n)$ から $O(\log n)$ に下げられることを証明しよう（ヒント：停止計算の間の依存性の連鎖が最長で $O(\log n)$ であることを証明しよう）。分析を簡単にできるなら、rotate 関数のパターンマッチを **fun** ではなく **fun lazy** にしてもよい。
　　　　　　　　　　　　　　　　　　　　　　　　　　　　　　　　　　　◇

　次に、スケジュールをデータ型に追加する。もとのデータ型は以下であった。

type α Queue = int × α Stream × int × α Stream

この型を、型 α Stream の新たなフィールド *s* で拡張する。このフィールドは、*f* の中のノードを進行させる予定（スケジュール）を表現する。*s* の考え方には 2 通りある。*f* の接尾辞と考えることもできるし、*f* 内でまだ評価されていない最初の停止計算へのポインタと考えることもできる。スケジュール内の次の停止計算を評価するには、単純に *s* を評価すればよい。
　s を追加した上で、さらにデータ型に 2 つの変更を行う。まず、*r* のノードはスケジュールを行う必要がないことをはっきりさせるために、*r* をストリームからリストに置き換える。これによって rotate に若干の変更が必要になる。それから、length フィールドを除去する。すぐ後でわかるが、*r* が *f* より長くなったかどうかを判断するためには、length フィールドは必要なくなる。なぜなら、スケジュールから同じ情報を得ることができるからである。以上により、新しいデータ型は次のようになる。

type α Queue = α Stream × α list × α Stream

注　4 つ組から 3 つ組に減らすことで、空間を節約できる。よってこのように表現を変えることは、最悪ケース上限を気にしない場合であっても価値がある。　　　　　◇

　この表現を用いると、キューの主要関数は単純に次のようになる。

```
structure RealTimeQueue : Queue =
struct
  type α Queue = α Stream × α list × α Stream

  val empty = ($Nil, [], $Nil)
  fun isEmpty ($Nil, _, _) = true
    | isEmpty _ = false

  fun rotate ($Nil, y :: _, a) = $Cons (y, a)
    | rotate ($Cons (x, xs), y :: ys, a) =
        $Cons (x, rotate (xs, ys, $Cons (y, a)))

  fun exec (f, r, $Cons (x, s)) = (f, r, s)
    | exec (f, r, $Nil) = let val f' = rotate (f, r, $Nil) in (f', [], f') end

  fun snoc ((f, r, s), x) = exec (f, x :: r, s)

  fun head ($Nil, r, s) = raise Empty
    | head ($Cons (x, f), r, s) = x
  fun tail ($Nil, r, s) = raise Empty
    | tail ($Cons (x, f), r, s) = exec (f, r, s)
end
```

図 7.1　スケジュール化に基づいた実時間キュー

```
fun snoc ((f, r, s), x) = exec (f, x :: r, s)
fun head ($Cons (x, f), r, s) = x
fun tail ($Cons (x, f), r, s) = exec (f, r, s)
```

補助関数 exec は、スケジュール中の次の停止計算を実行し、$|s| = |f| - |r|$ という不変条件を維持する（$|s|$ が負になりえないので、この不変条件は偶然 $|f| \geq |r|$ を保証する）。snoc は $|r|$ を 1 増やし、tail は $|f|$ を 1 減らす。よって exec が呼ばれるときには、$|s| = |f| - |r| + 1$ である。s が空でないときは、単純に s の tail 部をとることで不変条件を復元する。s が空ならば、r は f より 1 つ長いので、キューを回転する。いずれの場合も、s が空かどうかを判断するためにパターンマッチをするその行為自体によって、スケジュールの次の停止計算を進行させメモ化する。

```
fun exec (f, r, $Cons (x, s)) = (f, r, s)
  | exec (f, r, $Nil) = let val f' = rotate (f, r, $Nil) in (f', [], f') end
```

この実装の完全なコードは図 7.1 にある。

定義を確認すると、キューの操作はどれも、停止計算の進行を除けば $O(1)$ の仕事しかしない。そして、どの操作も 4 つ以上の停止計算を進行させることはない。よって、すべての操作が $O(1)$ 最悪時間で実行できることを示すには、実行に $O(1)$ よりも時間がかかる停止計算がないことを証明しなければならない。

キューの関数はいろいろあるが、その中で作られる停止計算には 3 つの形式しかない。

- **$Nil**　これは、empty と、exec（が rotate を最初に呼び出す引数として）で作られる。この停止計算は、事前に進行しメモ化されているかどうかにかかわらず、自明に $O(1)$ 時間

で実行される。

- **$Cons (*y*, *a*)**　これは rotate のどちらの行でも作られるが、これも自明である。

- **$Cons (*x*, rotate (*xs*, *ys*, $Cons (*y*, *a*)))**　これは、rotate の 2 行目で作られる。この停止計算は Cons セルを確保し、新たな停止計算を作り、rotate の再帰呼び出しを行う。再帰的に呼び出された rotate は、*xs* の先頭ノードに対してパターンマッチを行い、直ちに他の停止計算を作る。一連の行動の中で $O(1)$ より長い時間を要する可能性があるのは、パターンマッチの中で暗黙的に行われる進行だけである。しかし *xs* は、前回の回転の直前に存在した前半ストリームの接尾辞であることに注意せよ。このストリーム中のすべてのノードは、回転より前に進行しメモ化されていることが、スケジュール *s* の扱い方によって保証されている。よってこのノードを進行させることもやはり $O(1)$ 時間しかかからない。

すべての停止計算は $O(1)$ 時間で実行されるので、すべてのキューの操作は $O(1)$ 最悪時間で実行できる。

> **実応用のためのヒント**　これらのキューは断トツで最小の実時間キュー実装である。そして、永続性を激しく使うアプリケーションにとっては、最悪ケース版としても償却版としても、知られている限り最速の実装でもある。

演習問題 7.2　*s* と *r* のサイズからキューのサイズを計算しよう。このような関数は、*f* と *r* のサイズを測定する関数に比べて、どのくらい早くなるだろうか?

7.3　二項ヒープ

次は、6.4.1 節の遅延二項ヒープに戻り、スケジュール化を用いて $O(1)$ 最悪時間の挿入をサポートしていく。以前の実装では、ヒープの表現が Tree list susp であったことを思い出そう。つまり insert は必然的に一枚岩であった。最初の目標は insert を逐次的にすることである。

ヒープの型における停止リストをストリームに置き換えるところから始めよう。insert 関数は次の insTree 補助関数を呼ぶ。

```
fun lazy insTree (t, $Nil) = $Cons (t, $Nil)
       | insTree (t, ts as $Cons (t', ts')) =
             if rank t < rank t' then $Cons (t, ts)
             else insTree (link (t, t'), ts')
```

この関数は、すべてのリンクを処理するまで先頭の木を返せないので、まだ一枚岩のままである。この関数を逐次的にするには、毎繰り返し後の計算途中の結果を insTree に返させる手段が必要である。これは、二項ヒープと二進数の間の関係をより明示的にすることで可能になる。ヒープの中の木は、ヒープのサイズの二進数表現の 1 に対応している。これを、0 の明示的な表現によって拡張する。

```
datatype Tree = NODE of Elem.T × Tree list
datatype Digit = ZERO | ONE of Tree
type Heap = Digit Stream
```

NODE 構築子におけるランクのフィールドを除去したことに注意せよ。各木のランクは、その位置によって一意に決まるから不要である。i 桁目の木はランク i であり、ランク r のノードの子はランク $r-1,\ldots,0$ を持つ。さらに、数字のストリームは、空ストリーム以外すべて、ONE で終わるようにしておく。

さて、insTree は次のように書ける。

```
fun lazy insTree (t, $NIL) = $CONS (ONE t, $NIL)
        | insTree (t, $CONS (ZERO, ds)) = $CONS (ONE t, ds)
        | insTree (t, $CONS (ONE t', ds)) =
            $CONS (ZERO, insTree (link (t, t'), ds))
```

この関数はちゃんと逐次的である。途中のステップは、ZERO を持つ CONS セルと、残りの計算の停止計算を返す。最後のステップは常に ONE を返す。

次に、データ型にスケジュールを追加する。スケジュールは仕事のリストである。ここで仕事とは、実行途中の insTree の呼び出しを表す Digit Stream である。

```
type Schedule = Digit Stream list
type Heap = Digit Stream × Schedule
```

スケジュールの 1 ステップを実行するには、最初の仕事の先頭ノードを進行させる。もしその結果が ONE であれば、この仕事は完了したのでスケジュールから取り除く。もし結果が ZERO であれば、残りの仕事をスケジュールに戻す。

```
fun exec [] = []
    | exec (($CONS (ONE t, _ )) :: sched) = sched
    | exec (($CONS (ZERO, job)) :: sched) = job :: sched
```

最後に、スケジュールを維持するように insert を更新する。insert の償却コストは 2 であったので、insert 1 回につき 2 ステップ進めれば、すべての停止計算を必要時までに進行させておくのに十分であると思われる。

```
fun insert (x, (ds, sched)) =
    let val ds' = insTree (NODE (x, []), ds)
    in (ds', exec (exec (ds' :: sched))) end
```

insert が $O(1)$ 最悪時間で実行できることを示すために、exec が $O(1)$ 最悪時間で実行できることを証明する必要がある。特に、exec が（パターンマッチによって）停止計算を進行させる際、その最初の停止計算が依存する停止計算がどれもすでに進行しメモ化されていることを証明する必要がある。

insTree の定義の中の **fun lazy** 構文を展開して少し単純化すると、insTree は次と等価な停止計算を生成することがわかる。

```
$case ds of
    $NIL ⇒ CONS (ONE t, $NIL)
  | $CONS (ZERO, ds') ⇒ CONS (ONE t, ds')
  | $CONS (ONE t', ds') ⇒ CONS (ZERO, insTree (link (t, t'), ds'))
```

insTree が生成する各数字に対する停止計算は、それが位置するインデックスにもともとあった数字に対する停止計算に依存する。数字のストリームのインデックスごとに、未払いの停止計算がたかだか 1 つしか存在しないことを証明し、これによって未評価の停止計算に依存する未評価の停止計算が存在しないことを証明する。

スケジュール中の仕事の範囲（*range*）を、対応する insTree の呼び出しによって生成された数字の集まりであると定義する。各範囲は、ゼロ個以上の Zero の後に 1 つの One が続く列から成る。2 つの範囲のどれかの数字が、数字のストリームの中で同じインデックスにあるとき、その 2 つの範囲は**重複している**（*overlap*）という。未評価の数字はすべて、スケジュール中のどれかの仕事の範囲内にあるので、重複する 2 つの範囲が存在しないことを証明する必要がある。

実際には、もう少し強い性質を証明する。ストリーム中ですでに評価されメモ化されたセルの Zero を**完成ゼロ**（*completed zero*）と定義する。

定理 7.1　すべての妥当なヒープは、スケジュール中の先頭の範囲より前に、完成ゼロを少なくとも 2 つ持つ。また、スケジュールの中で隣り合う 2 つの範囲はどれも、間に完成ゼロを少なくとも 1 つ持つ。

証明: r_1 と r_2 をスケジュール中の先頭 2 つの範囲とする。z_1 と z_2 は、r_1 の前にある完成ゼロのうちの最初の 2 つとする。z_3 は、r_1 と r_2 の間にある完成ゼロとする。insert は新たな範囲 r_0 をスケジュールの先頭に追加し、それからすぐ 2 回 exec を呼び出す。r_0 は One で終わり、この One は z_1 を置き換えることに注意せよ。m を r_0 の中の Zero の数とする。3 つの場合に分けられる。

場合 1　$m = 0$　　r_0 の中にある唯一の数字は One なので、r_0 は最初の exec で除去される。2 回目の exec は r_1 の先頭の数字を進行させる。この数字が Zero ならば、それは 2 つ目の完成ゼロとなり、z_2 と合わせて先頭範囲より前に 2 つの完成ゼロがあることになる。もし進行させた数字が One ならば、r_1 は除去され r_2 が先頭範囲となる。r_2 の前にある 2 つの完成ゼロは、z_2 と z_3 である。

場合 2　$m = 1$　　r_0 の中の数字は、Zero と One の 2 つである。これらは 2 回の exec によって直ちに進行し、r_0 は除去される。先頭の Zero は、r_1 の前にある 2 つの完成ゼロの 1 つとして、z_1 の代替となる。

場合 3　$m \geq 2$　　r_0 の先頭 2 つの数字がともに Zero である。exec を 2 回呼び出すと、これらの数字は新しい先頭の範囲（r_0 の残り）の前にある 2 つの完成ゼロとなる。z_2 は r_0 と r_1 の間にある 1 つの完成ゼロとなる。

□

演習問題 7.3　insTree の定義から **lazy** の注釈を取り除いても、insert の実行時間に影響がないことを証明しよう。　　　　　　　　　　　　　　　　　　　　　　　　　　◇

残りの関数を新しい型に合わせるのはだいたい容易である。完全な実装を図 7.2 に示す。このコードで特筆すべき点が 4 つある。1 つ目、merge と deleteMin はスケジュールに対して何か賢いことをしようとはせず、（関数 normalize を用いて）システムの中で停止計算をすべて評価し、新たなスケジュールとして [] をセットしている。2 つ目、定理 7.1 により、未評価

```
functor ScheduledBinomialHeap (Element : ORDERED) : HEAP =
struct
  structure Elem = Element

  datatype Tree = NODE of Elem.T × Tree list
  datatype Digit = ZERO | ONE of Tree
  type Schedule = Digit Stream list
  type Heap = Digit Stream × Schedule

  val empty = ($NIL, [])
  fun isEmpty ($NIL, _) = true | isEmpty _ = false

  fun link (t₁ as NODE (x₁, c₁), t₂ as NODE (x₂, c₂)) =
        if Elem.leq (x₁,x₂) then NODE (x₁, t₂ :: c₁) else NODE (x₂, t₁ :: c₂)
  fun insTree (t, $NIL) = $CONS (ONE t, $NIL)
    | insTree (t, $CONS (ZERO, ds)) = $CONS (ONE t, ds)
    | insTree (t, $CONS (ONE t′, ds)) =
        $CONS (ZERO, insTree (link (t, t′), ds))
  fun mrg (ds₁, $NIL) = ds₁
    | mrg ($NIL, ds₂) = ds₂
    | mrg ($CONS (ZERO,ds₁), $CONS (d,ds₂)) = $CONS (d,mrg (ds₁,ds₂))
    | mrg ($CONS (d,ds₁), $CONS (ZERO,ds₂)) = $CONS (d,mrg (ds₁,ds₂))
    | mrg ($CONS (ONE t₁, ds₁), $CONS (ONE t₂, ds₂)) =
        $CONS (ZERO, insTree (link (t₁, t₂), mrg (ds₁, ds₂)))

  fun normalize (ds as $NIL) = ds
    | normalize (ds as $CONS (_, ds′)) = (normalize ds′; ds)
  fun exec [] = []
    | exec (($CONS (ZERO, job)) :: sched) = job :: sched
    | exec (_ :: sched) = sched

  fun insert (x, (ds, sched)) =
        let val ds′ = insTree (NODE (x, []), ds)
        in (ds′, exec (exec (ds′ :: sched))) end
  fun merge ((ds₁, _), (ds₂, _)) =
        let val ds = normalize (mrg (ds₁, ds₂)) in (ds, []) end

  fun removeMinTree ($NIL) = raise EMPTY
    | removeMinTree ($CONS (ONE t, $NIL)) = (t, $NIL)
    | removeMinTree ($CONS (ZERO, ds)) =
        let val (t′,ds′) = removeMinTree ds in (t′,$CONS (ZERO,ds′)) end
    | removeMinTree ($CONS (ONE (t as NODE (x, _)), ds)) =
        case removeMinTree ds of
            (t′ as NODE (x′, _), ds′) ⇒
                if Elem.leq (x, x′) then (t, $CONS (ZERO, ds))
                else (t′, $CONS (ONE t, ds′))
  fun findMin (ds, _) =
        let val (NODE (x, _), _) = removeMinTree ds in x end
  fun deleteMin (ds, _) =
        let val (NODE (x, c), ds′) = removeMinTree ds
            val ds″ = mrg (listToStream (map ONE (rev c)), ds′)
        in (normalize ds″, []) end
end
```

図 7.2 スケジュール化された二項ヒープ

の停止計算が $O(\log n)$ より多くあるようなヒープは存在しないので、正規化の最中や最小の根を探している最中にこれらの停止計算をすべて進行させても、merge や findMin や deleteMin が $O(\log n)$ 最悪時間で実行されるという漸近的な実行時間には影響がない。3 つ目、補助関数 removeMinTree はたまに Zero で終わるストリームを生成するが、そういうストリームは findMin によって捨てられるか、deleteMin によって One ばかりのリストとマージされる。4 つ目、deleteMin は、このリストを妥当なヒープに変換するために以前の実装と比べると少し余分な作業をしなければならない。リストを反転させるのに加え、deleteMin は各木に One を追加し、それからストリームのリストに変換しなければならない。c を子供のリストとすると、このプロセス全体は次のように書ける。

```
listToStream (map One (rev c))
```

ここで

```
fun listToStream [ ] = $Nil
  | listToStream (x :: xs) = $Cons (x, listToStream xs)

fun map f [ ] = [ ]
  | map f (x :: xs) = (f x) :: (map f xs)
```

である。map はリストのすべての要素に別の関数（ここでは、One 構築子）を適用する標準的な関数である。

演習問題 7.4　mrg の効率的な特化版である mrgWithList を書け。deleteMin が次のように書いていたところを、

```
mrg (listToStream (map One (rev c)), ds′)
```

次のように書けるとよい。

```
mrgWithList (rev c, ds′)
```

7.4　共有に対応したボトムアップマージソート

スケジュール化の 3 つ目の例として、6.4.3 節のソート可能コレクションを改造し、$O(\log n)$ 最悪時間の add と、$O(n)$ 最悪時間の sort をサポートさせていく。

償却版の実装において遅延評価を唯一使っていたのは、add の中で addSeg を呼び出すところだけである。この停止計算は一枚岩であるので、まずはこの計算を逐次的に行うようにする。実は、mrg を逐次的にするだけでよい。addSeg には $O(\log n)$ ステップしかかからないので、正格評価でそれを実行する余裕がある。よって、リストではなくストリームによってセグメントを表現し、セグメントのコレクションを停止計算にしていたのをやめる。したがってセグメントのコレクションの新しい型は、Elem.T list list susp から Elem.T Stream list に変わる。

新しい型を使うように mrg、add、sort を書き換えるのは容易である。ただし、sort はソート済みストリームを最後にリストに変換し戻さなければならない。これは streamToList 変換関数を使って実現できる。

```
fun streamToList ($NIL) = [ ]
  | streamToList ($CONS (x, xs)) = x :: streamToList xs
```

　図 7.3 に示す mrg の新しい版は、マージを一度に 1 ステップずつ進める。1 ステップあたりの本質的コストは $O(1)$ である。2 つ目の目標は、add のたびにマージのステップを十分な回数だけ実行して、すべてのソート可能コレクションが持つ未評価の停止計算を $O(n)$ 個にすることである。すると sort は、自身の $O(n)$ の作業に加え、最大で $O(n)$ 個の未評価な停止計算を実行する。これらの未評価な停止計算を実行するのにかかる時間はたかだか $O(n)$ 時間なので、sort には全体として $O(n)$ 時間しかかからない。

　償却解析において、add の償却コストはほぼ $2B'$ であった。ただし B' は $n' = n + 1$ における 1 のビットの数である。このことから、add は 1 ビットあたり 2 つの停止計算を、または同じことだが、1 セグメントあたり 2 つの停止計算を実行すればよいと考えられる。セグメントごとに異なるスケジュールを保持する。各スケジュールは、実行途中の mrg の呼び出しを要素とするストリームのリストである。よって完全な型は次のようになる。

```
type Schedule = Elem.T Stream list
type Sortable = int × (Elem.T Stream × Schedule) list
```

スケジュールからマージの 1 ステップを実行するには、関数 exec1 を呼ぶ。

```
fun exec1 [ ] = [ ]
  | exec1 (($NIL) :: sched) = exec1 sched
  | exec1 (($CONS (x, xs)) :: sched) = xs :: sched
```

2 つ目の節ではストリームの終端にたどり着いたので、次のストリームの最初のステップを実行する。スケジュールのストリームの中で空になりうるのは最初のストリームだけなので、これでループすることはない。関数 exec2 はセグメントを受け取り、スケジュールに対して exec1 を 2 回呼び出す。

```
fun exec2 (xs, sched) = (xs, exec1 (exec1 sched))
```

さて、add は各セグメントに対して exec2 を呼ぶが、新たなセグメントに対するスケジュールを構築する責任もある。n の下位ビットに 1 がちょうど k 個並んでいるとき、新たな要素を追加すると、マージが次のような形で k 回実行される。

$$((s_0 \bowtie s_1) \bowtie s_2) \bowtie \cdots \bowtie s_k$$

s_0 は新たな一要素のセグメントであり、$s_1 \ldots s_k$ は既存のコレクションの最初の k 個のセグメントである。この計算の途中結果を $s_1' \ldots s_k'$ とする。ただし $s_1' = s_0 \bowtie s_1$ であり、$s_i' = s_{i-1}' \bowtie s_i$ である。s_i' の中の停止計算は s_{i-1}' の中の停止計算に依存しているため、s_i' の実行より前に s_{i-1}' の実行が行われるようスケジュールする必要がある。s_i' の停止計算は s_i の停止計算にも依存しているが、add が呼ばれる時点で $s_1 \ldots s_k$ が完全に評価されていることは保証されている。

　新たなスケジュールを作り、1 セグメントあたり 2 つの停止計算を実行するようにした add の最終版は、次のようになる。

```
fun add (x, (size, segs)) =
    let fun addSeg (xs, segs, size, rsched) =
            if size mod 2 = 0 then (xs, rev rsched) :: segs
            else let val ((xs', [ ]) :: segs') = segs
                    val xs'' = mrg (xs, xs')
                in addSeg (xs'', segs', size div 2, xs'' :: rsched) end
        val segs' = addSeg ($Cons (x, $Nil), segs, size, [ ])
    in (size+1, map exec2 segs') end
```

蓄積パラメータ $rsched$ は、マージで新しく作られたストリームを逆順に集めていく。そのため、最後のステップで反転して正しい順序に戻す。4 行目のパターンマッチは、そのセグメントに対する古いスケジュールが空であること、つまり、すでに完全に評価されているということを宣言している。これがなぜ成り立つかはすぐ後で説明する。

　この実装の完全なコードを図 7.3 に示す。add は、$O(\log n)$ の非共有コストを持ち、sort は $O(n)$ の非共有コストを持つ。よって所望の最悪ケース上限を証明するには、add が進行させる $O(\log n)$ 個の停止計算がそれぞれ $O(1)$ 時間で済むこと、そして sort が進行させる $O(n)$ 個の未評価の停止計算が全体で $O(n)$ 時間で済むことを示さなければならない。

　add が（exec2 と exec1 を通じて）進行させるすべてのマージステップは、2 つの別のストリームに依存する。今現在のステップがストリーム s_i' の一部分だとすれば、そのステップはストリーム s_{i-1}' と s_i に依存する。ストリーム s_{i-1}' は s_i' より前にスケジュールされているので、s_{i-1}' は s_i' の評価を始めるときまでに完全に評価されている。さらに、s_i は s_i' を作った add より前に完全に評価されている。各マージステップの本質的コストは $O(1)$ であり、各ステップによって進行する停止計算はすでに進行しメモ化されているので、add が進行させる各マージステップには $O(1)$ 最悪時間しかかからない。

　次の補題は、addSeg によるマージにかかわってくる任意のセグメントは完全に評価済みであることと、全体としてのコレクションがたかだか $O(n)$ 個の未評価の停止計算しか含まないことを立証する。

補題 7.2　サイズ n の任意のソート可能コレクションにおいて、サイズ $m = 2^k$ のセグメントのスケジュールは合計でたかだか $2m - 2(n \bmod m + 1)$ 個の要素しか含まない。

証明:　n の下位ビットに 1 がちょうど k 個並んでいる（つまり、ある整数 c に対して n が $c2^{k+1} + (2^k - 1)$ と書ける）ような、サイズ n のソート可能コレクションを考えよ。すると add はサイズ $m = 2^k$ の新たなセグメントを生成し、そのスケジュールはサイズ $2, 4, 8, \ldots, 2^k$ のストリームを含む。このスケジュールの合計サイズは $2^{k+1} - 2 = 2m - 2$ である。2 ステップ実行した後、スケジュールのサイズは $2m - 4$ になる。新たなコレクションのサイズは $n' = n + 1 = c2^{k+1} + 2^k$ である。$2m - 4 < 2m - 2(n' \bmod m + 1) = 2m - 2$ より、このセグメントに関して補題は成立する。

　m より大きい m' のサイズのセグメントはすべて、セグメントのスケジュールを 2 ステップ実行すること以外には、add の影響を受けない。新しいスケジュールのサイズは次の式が上限となる。

$$2m' - 2(n \bmod m' + 1) - 2 = 2m' - 2(n' \bmod m' + 1)$$

よって、これらのセグメントに関しても補題が成り立つ。　　　　　　　　　　　　　　　　□

```
functor ScheduledBottomUpMergeSort (Element : ORDERED) : SORTABLE =
struct
  structure Elem = Element

  type Schedule = Elem.T Stream list
  type Sortable = int × (Elem.T Stream × Schedule) list

  fun lazy mrg ($NIL, ys) = ys
          | mrg (xs, $NIL) = xs
          | mrg (xs as $CONS (x, xs'), ys as $CONS (y, ys')) =
                 if Elem.leq (x, y) then $CONS (x, mrg (xs', ys))
                 else $CONS (y, mrg (xs, ys'))

  fun exec1 [] = []
    | exec1 (($NIL) :: sched) = exec1 sched
    | exec1 (($CONS (x, xs)) :: sched) = xs :: sched
  fun exec2 (xs, sched) = (xs, exec1 (exec1 sched))

  val empty = (0, [])
  fun add (x, (size, segs)) =
       let fun addSeg (xs, segs, size, rsched) =
                   if size mod 2 = 0 then (xs, rev rsched) :: segs
                   else let val ((xs', []) :: segs') = segs
                            val xs'' = mrg (xs, xs')
                        in addSeg (xs'', segs', size div 2, xs'' :: rsched)
           val segs' = addSeg ($CONS (x, $NIL), segs, size, [])
       in (size+1, map exec2 segs') end
  fun sort (size, segs) =
       let fun mrgAll (xs, []) = xs
               | mrgAll (xs, (xs', _) :: segs) = mrgAll (mrg (xs, xs'), segs)
       in streamToList (mrgAll ($NIL, segs)) end
end
```

図 7.3　スケジュール化されたボトムアップマージソート

　さて、n の下位ビットに 1 がちょうど k 個並んでいるとき（つまり、次の add が最初の k 個のセグメントをマージするとき）、補題 7.2 より、サイズ $m = 2^i$（ただし $i < k$）の任意のセグメントについて、そのセグメントのスケジュール中の要素数はたかだか

$$2m - 2(n \bmod m + 1) = 2m - 2((m - 1) + 1) = 0$$

である。言い換えれば、そのセグメントは完全に評価されている。
　最後に、各セグメントのスケジュールをまとめたものは、最大で

$$2 \sum_{i=0}^{\infty} b_i(2^i - (n \bmod 2^i + 1)) = 2n - 2 \sum_{i=0}^{\infty} b_i(n \bmod 2^i + 1)$$

個の要素から成る。ここで b_i は n の i 番目のビットである。6.4.3 節の物理学者の解析であったポテンシャル関数に似ていることに注意せよ。合計は $2n$ が上限となるので、コレクション

は全体としてたかだか $O(n)$ 個の未評価の停止計算しか持たない。よって、sort は $O(n)$ 最悪時間で実行される。

7.5 注記

■**償却の除去** Dietz と Raman [DR91, DR93, Ram92] は、小石ゲーム（*pebble games*）に基づいて償却を除去するフレームワークを考案した。このフレームワークでは、導出される最悪ケースのアルゴリズムは、あるゲームの必勝法に対応する。他には、スケジュール化に似たアドホックな技法を用いて、**暗黙的二項キュー**（*implicit binomial queue*）[CMP88] や**緩和ヒープ**（*relaxed heap*）[DGST88] など特定のデータ構造から償却を除去する方法もある。ここで述べたスケジュール化の形式は、最初は [Oka95c] の中でキューに対して適用され、その後 [Oka96b] で一般化された。

■**キュー** 7.2 節のキューの実装は [Oka95c] で最初に現れた。Hood と Melville [HM81] は、実時間キューの最初の純粋関数型実装を示した。これは、次の章でくわしく議論する、**全域再構築**（*global rebuilding*）[Ove83] として知られる技法に基づいている。彼らの実装は遅延評価を用いず、われわれの実装より複雑である。

第8章
遅延再構築

ここからの4つの章では、関数型データ構造を新たに設計するのに役立つ、汎用性のある技法について解説する。まず最初にこの章は、**遅延再構築**（*Lazy Rebuilding*）を取り上げる。この技法は**全域再構築**（*Global Rebuilding*）[Ove83] の変種である。

8.1　一括再構築

多くのデータ構造は、バランスに関するなんらかの条件を不変に保つことで、操作の効率を保証している。典型的な例は平衡二分探索木で、さまざまな操作の最悪実行時間を、バランスの悪い木ならば $O(n)$ かかるところを $O(\log n)$ へと改善している。バランスに関する不変条件を維持する方法の1つに、すべての更新操作のたびに構造のバランスを取り直すというものがある。バランスを利用したほとんどのデータ構造には**完全平衡**（*Perfect Balance*）という概念があり、後に続く操作のコストを最小にするような状態のことを指す。しかしながら、多くの場合は、毎回の更新のたびに完全平衡を取り戻すこと自体のコストが高すぎる。ほとんどの実装では、完全平衡に近くたかだか定数倍しか操作を遅くしない、近似的な状態を保とうとする。AVL木 [AVL62] や赤黒木 [GS78] などがこの方針の代表的な例である。

とはいえ、バランスを一度に大幅に崩すような更新操作が存在しないのであれば、別の魅力的な選択肢も考えられる。バランスを取り直す再平衡処理を何個かの更新操作が終わるまでは先延ばしにし、その後でまとめて構造全体を、完全平衡にまで構築し直すのだ。この方針を**一括再構築**（*Batched Rebuilding*）と呼ぶ。一括再構築によって償却実行時間の良い上限が得られるのは、次のような場合だ。(1) データ構造の再構築があまり頻繁には行われないこと (2) 1つ1つの更新は、あまり激しく以降の操作の効率を落とさないこと。より正確に述べると、条件 (1) は、もし各操作につき $O(f(n))$ の償却時間を実現したく、再構築に $O(g(n))$ 時間必要なのであれば、そのような再構築は、ある定数 c によって $c \cdot g(n)/f(n)$ 回の操作ごとに1回、と表せる頻度よりも頻繁に行うことはできないということだ。たとえば、二分探索木を考えてみよう。木を完全平衡状態に作り直すには $O(n)$ 時間がかかる。したがって、個々の操作を $O(\log n)$ 償却時間としたいのであれば、二分探索木の再構築は、なんらかの定数 c について $c \cdot n/\log n$ 回に1回、よりも頻繁に実行してはならない。

さて、データ構造は $c \cdot g(n)/f(n)$ 回の更新につき1回再構築され、また、新しく作り直されたデータ構造への操作は $O(f(n))$（最悪または償却）時間かかるものとしよう。このとき、条件 (2) が要求しているのは、再構築後に $c \cdot g(n)/f(n)$ 回の更新操作が行われた後も、個々の操作は依然として $O(f(n))$ 時間で終わらなければならないということである。言い換えると、1

つ 1 つの操作のコストはたかだか定数倍しか悪化してはならない。条件 (2) を満たすような更新操作は**弱更新**（*Weak Update*）と呼ばれる。

　例として、二分探索木に delete 関数を実装する方法を考えてみよう。実際に指定のノードを木から取り除く代わりに、そのノードは木に残すが、削除済みという印をつけておくのだ。そして、木の半分のノードが削除済みとなったら、全体を走査して、本当にノードを木から取り除き完全平衡状態の木を作り直す。削除にかかる時間を償却 $O(\log n)$ に納めたいとして、この実装は 2 つの条件を満たすだろうか？

　n 個のノードを持ち、最大でその半分が削除済みと印がついている木を考えよう。このとき、削除印つきのノードを実際に取り除き、木を完全平衡に戻すのは $O(n)$ 時間で済む。この変形操作は $\frac{1}{2}n$ 回の削除操作につき 1 回しか行われないので、条件 (1) は満たされる。実は、条件 (1) は木構造の再構築をもっと頻繁に、$c \cdot n / \log n$ 回の削除につき 1 回ずつ行ってもまだ達成することができる。削除のアルゴリズムは、素朴に実装するとすれば、指定のノードを探し出し、削除済みと印をつけるというものになる。これは、たとえ半数のノードが削除印つきであっても、$O(\log n)$ 時間しかかからない。したがって条件 (2) もまた達成できる。ここで重要なのは、たとえ半数のノードが削除印つきであったとしても、ノードを実際に取り除いた場合と比べても、消えていないノードの平均の深さはせいぜい 1 深くなるにすぎないということだ。この余計な深さでは 1 つ 1 つの操作のコストは定数分増えるにとどまるが、条件 (2) は定数倍の増加までも許している。したがって、むしろもっと低い頻度で更新するのであっても、条件 (2) の許容範囲である。

　以上の議論では削除のみを扱ったが、もちろん普通は、二分探索木は挿入にも対応しなければならない。残念ながら、挿入は深いノードをすぐに作ることができるため、弱更新ではない。とはいっても、複合的な実装は可能である。挿入は AVL 木や赤黒木のような局所的な平衡を取り戻す実装で扱い、削除は一括再構築で対応するのである。

演習問題 8.1　このアイデアを使って、3.3 節の赤黒木に delete 関数を追加してみよう。T 構築子に真偽値を持つフィールドを追加し、また、木の中の生きているノードと削除済みのノードのおおよその数を管理しよう。この概数の評価の際には、挿入は常に新しい要素を追加し、削除は必ず生きていたノードを無効にすると考えて良い。この近似は再構築の際に正確な値に修正できる。木の再構築については演習問題 3.9 を参考にせよ。　　　　　　　　　　　　　　◇

　一括再構築の 2 つ目の例は、5.2 節の BatchedQueue だ。この場合の再構築処理とは、末尾側リストを反転して先頭側リストとし、すべての要素が先頭側リストに入っている完全平衡状態にキューを作り直す処理が当たる。すでに見てきたように、この一括再構築キューは良い償却計算量を示すが、それは利那的な使い方をした場合に限る。永続的に使用する場合は常に再構築が発生する可能性があるため、償却計算量の上限は再構築処理にかかる時間まで悪化してしまう。実はこの欠点は、一括再構築に基づいたすべてのデータ構造に共通している。

8.2　全域再構築

　Overmars [Ove83] は、一括再構築から償却性を取り除く技法を提案している。彼はこの技法を**全域再構築**（*Global Rebuilding*）と呼んだ。基本的な考え方としては、再構築の処理を徐々に少しずつ実行していく。通常の操作 1 回につき、再構築のための処理は数ステップずつ

だけ進めるのである。再構築をコルーチンで実行するのだとみなすのも良いだろう。全域再構築の巧妙なところは、コルーチンを十分早くから開始しておき、バランスのとれたデータ構造が必要になるときには、必ず処理を完了しておくところにある。

具体的には、全域再構築を実現するには、各オブジェクトは 2 つのコピーに分けて管理される。1 つ目の、**営業中の**（*working*）コピーは、普通のデータ構造である。第二のコピーは、じわじわと再構築を進める過程を表す。すべての検索や更新は営業中のコピーに対して行われる。第二のコピーの再構築が完成した暁には、こちらが新しい営業中のコピーとなり、古いものは破棄される。新しい第二のコピーはこのときにすぐに作られるかもしれないし、しばらくの間、次の再構築フェーズがいずれ始まるまでは、第二のコピーはなしで動作することもある。

第二のコピーが再構築の途中にあるときに更新操作を処理するのは、さらにややこしい。営業中のコピーは普通のやり方で更新すればよいが、第二のコピーにも同じく更新を反映しなければ、後に営業中のコピーを置き換える際に更新が失われてしまう。しかしながら、第二のコピーは、効率のよい更新が可能な形では表現されていないのが普通である。したがって、このような更新操作はバッファに溜め置かれ、いったん再構築が終わった後、しかし営業中のコピーを置き換えるよりは前に、少しずつ、実行される。

全域再構築を純粋関数型で実装することは可能であるし、また、実際に幾度も実装されている。たとえば、Hood と Melville [HM81] の実時間キューはこの技法を用いている。一括再構築と違って、全域再構築は永続的な使い方をしても問題がない。個々のどの操作も特別にコストがかかるということはないので、どう操作を繰り返しても時間の上限には影響しないのだ。残念なのは、全域再構築はときとして非常に複雑になることである。特に、第二のコピーの実現は、結局のところコルーチンの実行途中の状態を捕捉することにほかならず、きわめて汚くなりやすい。

8.2.1 例: Hood–Melville 実時間キュー

Hood と Melville による実時間キューの実装 [HM81] は、7.2 節 で解説した実時間キューとさまざまな面でよく似ている。どちらの実装も、2 つのリストを管理しキューの先頭側と末尾側を表現する。そして、末尾側のリストが先頭側よりも 1 要素分長くなったところで、少しずつ要素の移動を開始する。違いはこの、逐次的な移動の細部にある。

まず最初に、どのようにするとリストを反転する操作を逐次的に実現できるか考えてみよう。これは、2 つのリストを保持し、一方から他方へ少しずつ要素を移動していくという方法がある。

datatype α ReverseState = Working **of** α list $\times$ α list | Done **of** α list

fun startReverse xs = Working (xs, [])

fun exec (Working (x :: xs, xs')) = Working (xs, x :: xs')
  | exec (Working ([], xs')) = Done xs'

リスト xs を反転するには、まず新しい状態 Working (xs, []) を作ってから exec を繰り返し呼べば、Done として反転した結果のリストが得られる。最初の xs の長さが n ならば、すべて合わせて $n + 1$ 回 exec を呼び出すことになる。

2 つのリスト xs と ys の結合を逐次的に行うには、この技を 2 回適用すればよい。つまりま

ずは *xs* を反転して *xs′* を求め、さらに *xs′* を *ys* の前へと反転しながら追加するのだ。

datatype α AppendState =
　　　　Reversing **of** α list $\times$ α list $\times$ α list
　　　| Appending **of** α list $\times$ α list
　　　| Done **of** α list

fun startAppend (*xs*, *ys*) = Reversing (*xs*, [ ], *ys*)

fun exec (Reversing (*x* :: *xs*, *xs′*, *ys*)) = Reversing (*xs*, *x* :: *xs′*, *ys*)
　　　| exec (Reversing ([ ], *xs′*, *ys*)) = Appending (*xs′*, *ys*)
　　　| exec (Appending (*x* :: *xs′*, *ys*)) = Appending (*xs′*, *x* :: *ys*)
　　　| exec (Appending ([ ], *ys*)) = Done *ys*

すべて合わせると、*m* を *xs* の最初の長さとして、これは $2m + 2$ 回 exec を呼び出すことになる。

　さて、*f* と reverse *r* とをこの方法で結合するには、全部で 3 回の反転を行う。まず最初に、*f* と *r* をそれぞれ反転し、*f′* と *r′* を得る。そして *f′* を反転しながら *r′* の前に結合する。以下のコードは、*r* が最初は *f* よりも 1 要素長いことを仮定している。

datatype α RotationState =
　　　　Reversing **of** α list $\times$ α list $\times$ α list $\times$ α list
　　　| Appending **of** α list $\times$ α list
　　　| Done **of** α list

fun startRotation (*f*, *r*) = Reversing (*f*, [ ], *r*, [ ])

fun exec (Reversing (*x* :: *f*, *f′*, *y* :: *r*, *r′*)) = Reversing (*f*, *x* :: *f′*, *r*, *y* :: *r′*)
　　　| exec (Reversing ([ ], *f′*, [*y*], *r′*)) = Appending (*f′*, *y* :: *r′*)
　　　| exec (Appending (*x* :: *f′*, *r′*)) = Appending (*f′*, *x* :: *r′*)
　　　| exec (Appending ([ ], *r′*)) = Done *r′*

この操作も、*m* を *f* の初期状態の長さとして、$2m + 2$ 回 exec を呼び出した後に終了する。

　残念なことに、この方法でキューの要素の移動を行うのには、重大な問題がある。snoc や tail のたびに何度か exec を呼び出すだけでは、操作が完了するときには、その結果は欲しいものとは違ってしまっているのだ！　特に、操作の途中で tail が *k* 回呼び出されたとすると、結果のリストの最初の *k* 個の要素は無効になってしまっている。この問題を解決するには、大きく分けて 2 種類の手段がある。1 つは、無効になった要素の個数を数えておき、RotationState を第三の段階 Deleting で拡張し、無効な要素がなくなるまで一度に少しずつリストから要素を削除していくという手段だ。これは全域再構築の定義にもっとも忠実に対応するアプローチである。しかし今回の場合は、はじめからそもそも無効な要素を結果のリストに追加しないという、より良いアプローチがある。*f′* の中の有効な要素の個数を記録しておき、その数が 0 になったところで、*f′* から *r′* へのコピーを終わりにするのだ。作業の途中で tail が呼ばれたときは、有効な要素の個数を 1 減らすようにしておく。

```
datatype α RotationState =
      Reversing of int × α list × α list × α list × α list
    | Appending of int × α list × α list
    | Done of α list

fun startRotation (f, r) = Reversing (0, f, [ ], r, [ ])

fun exec (Reversing (ok, x :: f, f', y :: r, r')) =
      Reversing (ok+1, f, x :: f', r, y :: r')
    | exec (Reversing (ok, [ ], f', [y], r')) = Appending (ok, f', y :: r')
    | exec (Appending (0, f', r')) = Done r'
    | exec (Appending (ok, x :: f', r')) = Appending (ok−1, f', x :: r')

fun invalidate (Reversing (ok, f, f', r, r')) = Reversing (ok−1, f, f', r, r')
    | invalidate (Appending (0, f', x :: r')) = Done r'
    | invalidate (Appending (ok, f', r')) = Appending (ok−1, f', r')
```

この過程は、m をリスト f の最初の長さとして、exec と invalidate を合わせて $2m + 2$ 回呼び出したところで終了する。

　さらに加えて 3 つ、注意しなければならないところがある。1 つ目は、回転操作の最中は、キューの先頭側にあるはずの要素は途中状態の f' フィールドの後ろ側に格納されているということである。とすると、head 関数にはどうやって答えればよいのだろうか？　この板挟みを解決するには、古い先頭側リストの営業中コピーを持っておくことになる。このコピーの要素がすべて取り出されて空になるまでに、新しい先頭側リストを完成させることにさえ注意すればよい。回転操作の途中では、$lenf$ フィールドは営業中の f の長さではなく、構築途中のリストの長さを表すようにする。回転操作が始まっていないときは、$lenf$ には f の長さを記録する。

　2 つ目の注意点は、いったい正確に何回の exec を snoc や tail のたびに呼び出せば、次の回転が始まる前か先頭側リストの営業中コピーがなくなる前までに回転操作が完了することを保証できるか、という点である。f が長さ m で r が長さ $m + 1$ の状態で回転を始めたとしよう。次の回転は挿入や削除が $2m + 2$ 回発生した後に始まるが、先頭側リストはちょうど m 回の削除が行われた時点で尽きてしまう。回転処理は完了までに最大で合計 $2m + 2$ ステップ必要であった。ということは、回転を始める操作も含めたすべての操作で exec を 2 回ずつ呼び出せば、開始した後 m 回の操作で回転が完了するようになる。

　3 つ目の注意すべき詳細は、それぞれの回転操作は次の回転が始まるはるか前に終了してしまうので、RotationState に Idle という状態を追加して exec Idle = Idle とすることである。こうすることで、回転操作が終わっているかどうか気にすることなく、exec をいつでも呼び出せるようになる。

　残りの実装の細かいところは書き慣れたことの繰り返しだ。完全な実装を図 8.1 に掲載する。

演習問題 8.2　回転操作を始めるときに 2 回、他の挿入や削除では 1 回ずつ exec を呼び出せば回転操作完了を間に合わせるには十分であることを証明してみよう。また、この考え方に基づいてコードを変更してみよう。

演習問題 8.3　2 つのフィールド $lenf$ と $lenr$ を、f と r の長さの差を管理する 1 つの $diff$ フィールドで置き換えてみよう。$diff$ は再構築の途中では不正確であってもよいが、再構築が完了す

```
structure HoodMelvilleQueue : Queue =
struct
  datatype α RotationState =
          Idle
        | Reversing of int × α list × α list × α list × α list
        | Appending of int × α list × α list
        | Done of α list

  type α Queue = int × α list × α RotationState × int × α list

  fun exec (Reversing (ok, x :: f, f', y :: r, r')) =
          Reversing (ok+1, f, x :: f', r, y :: r')
    | exec (Reversing (ok, [ ], f', [y], r')) = Appending (ok, f', y :: r')
    | exec (Appending (0, f', r')) = Done r'
    | exec (Appending (ok, x :: f', r')) = Appending (ok−1, f', x :: r')
    | exec state = state

  fun invalidate (Reversing (ok, f, f', r, r')) = Reversing (ok−1, f, f', r, r')
    | invalidate (Appending (0, f', x :: r')) = Done r'
    | invalidate (Appending (ok, f', r')) = Appending (ok−1, f', r')
    | invalidate state = state

  fun exec2 (lenf, f, state, lenr, r) =
        case exec (exec state) of
            Done newf ⇒ (lenf, newf, Idle, lenr, r)
          | newstate ⇒ (lenf, f, newstate, lenr, r)

  fun check (q as (lenf, f, state, lenr, r)) =
        if lenr ≤ lenf then exec2 q
        else let val newstate = Reversing (0, f, [ ], r, [ ])
            in exec2 (lenf+lenr, f, newstate, 0, [ ]) end

  val empty = (0, [ ], Idle, 0, [ ])
  fun isEmpty (lenf, f, state, lenr, r) = (lenf = 0)

  fun snoc ((lenf, f, state, lenr, r), x) = check (lenf, f, state, lenr+1, x :: r)
  fun head (lenf, [ ], state, lenr, r) = raise Empty
    | head (lenf, x :: f, state, lenr, r) = x
  fun tail (lenf, [ ], state, lenr, r) = raise Empty
    | tail (lenf, x :: f, state, lenr, r) =
        check (lenf−1, f, invalidate state, lenr, r)
end
```

図 8.1　全域再構築に基づく実時間キュー

るときには正確でなければならない。

8.3 遅延再構築

6.4.2 節の物理学者のキューの実装は全域再構築と近い関係にあるが、重要な違いも存在する。全域再構築と同じように、この実装は先頭部分のリストを 2 つ、営業中コピーである *w* と第二のコピー *f* とを保持し、すべての読み出しは営業中のコピーから行われる。*f* への更新（つまり tail 操作）はバッファにためておき、以下のような記述で回転操作の最後に実行する。

　　… \$tl (force *f*) …

さらに、物理学者のキューでは回転操作の結果が必要となるずっと前に操作を開始する（またはその準備をする）という共通点もある。しかし、全域再構築とは異なり、再構築変換（つまり回転）を通常の操作と並行して**実行**することはない。そうではなく、通常の操作と並行して再構築変換のコストを**支払う**のであり、実際の変換処理は支払いが終わった後のどこかの時点でまとめて実行するのである。要するに、再構築変換を明示的にせよ暗黙的にせよコルーチン化するという複雑さを、遅延評価というより簡単なメカニズムに置き換えているのだ。このような全域再構築の変種を、**遅延再構築**（*lazy rebuilding*）と呼ぼう。

6.3.2 節の銀行家のキューの実装は、遅延再構築のもたらす更なる簡単化の機会を明らかにしている。入れ子になった停止計算を基本的なデータ構造に取り込むこと、たとえばリストの代わりにストリームを用いることなどによって、多くの場合で営業中のコピーと第二のコピーの区別が不要になり、その双方の側面を兼ね備えた単一のデータ構造を用いることができるようになるのだ。"営業中" 側のデータ構造はすでに支払いが終わった部分として表現され、"第二の" 部分は未だ支払いが完了していない部分として表現される。

全域再構築は一括再構築と比べると 2 つの利点があった。永続的データ構造を実装するのに向いている点と、償却時間でなく最悪ケースで実行時間を限ることができる点だ。遅延再構築でも 1 つ目の利点は変わらない。しかし 2 つ目の利点については、少なくとも一番単純な形では、実行時間の上限は償却計算量でしか得ることができなくなっている。とはいっても、もし必要ならば最悪ケースの上限は 7 章のスケジュール化の技法を使えば取り戻せることが多い。例として、7.2 節の実時間キューは、遅延再構築にスケジュール化を組み合わせて最悪ケースの上限を実現している。実は、遅延再構築とスケジュール化の組み合わせは、コルーチンの実現方法を遅延評価を使う特別に簡単な方法に限った、全域再構築の一例と見ることができる。

8.4 両端キュー

遅延再構築のさらなる例として、次に、両端キュー（デック（*deque*）とも呼ばれる）の実装をいくつかみていこう。両端キューは FIFO キューと違って、キューのどちら側の端からも要素を挿入したり削除したりできる。両端キューのシグネチャを図 8.2 に示す。このシグネチャはキューのシグネチャを拡張し、新しい関数を 3 つ、cons（先頭への要素の挿入）と last（末尾の要素の取得）と init（末尾の要素の削除）とをつけ足したものになっている。

```
signature DEQUE =
sig
  type α Queue

  val empty   : α Queue
  val isEmpty : α Queue → bool

  (∗ 先頭要素の挿入、読取、削除 ∗)
  val cons    : α × α Queue → α Queue
  val head    : α Queue → α        (∗ キューが空なら EMPTY 例外を投げる ∗)
  val tail    : α Queue → α Queue  (∗ キューが空なら EMPTY 例外を投げる ∗)

  (∗ 末尾要素の挿入、読取、削除 ∗)
  val snoc    : α Queue × α → α Queue
  val last    : α Queue → α        (∗ キューが空なら EMPTY 例外を投げる ∗)
  val init    : α Queue → α Queue  (∗ キューが空なら EMPTY 例外を投げる ∗)
end
```

図 8.2　両端キューのシグネチャ

注　両端キューのシグネチャはキューのシグネチャを完全に包含していることに注意しよう。型と、双方に共通する関数には同じ名前が選ばれている。両端キューが厳密にキューの拡張となっているので、Standard ML では、両端キューモジュールを、キューが使えるところならどこでも使えるようになる。

8.4.1　出力制限両端キュー

まず最初に、6 章と 7 章のキューの実装を拡張して、snoc に加えて cons を実現するのは自明である。両端への挿入には対応しているが、削除は片側からしかできないキューのことは、出力制限両端キュー（*output-restricted deque*）と呼ぶ。

たとえば、cons 関数を 6.3.2 節の銀行家のキューに実装すると、このようになる。

fun cons (*x*, (*lenf*, *f*, *lenr*, *r*)) = (*lenf*+1, \$CONS (*x*, *f*), *lenr*, *r*)

f に要素を追加することで *f* が *r* より短くなることはありえないので、補助関数 check を呼ぶ必要はないことに注意されたい。

同じように、7.2 節の実時間キューにも cons 関数を簡単に実装できる。

fun cons (*x*, (*f*, *r*, *s*)) = (\$CONS (*x*, *f*), *r*, \$CONS (*x*, *s*))

x を *s* に追加するのは、$|s| = |f| - |r|$ という不変条件を維持することだけが目的である。

演習問題 8.4　悲しいことに、Hood と Melville の実時間キューに cons 関数を加えるのはそんなに簡単ではない。なぜならば、回転の途中状態に新しい要素を挿入する単純な方法がないからである。代わりに、どんなキューの実装にでも定数時間の cons 関数をつけ加えて拡張するファンクタを書いてみよう。Q をファンクタの引数として、

type α Queue = α list $\times$ α Q.Queue

という型を用いるとよい。cons は新しく導入したリストへと要素を追加し、head と tail は、リストが空でないときは常にそちらから要素をとることになる。

8.4.2 銀行家の両端キュー

両端キューは、本質的にはキューと同じ方法、つまり 2 つのストリーム（またはリスト）f と r と追加でバランスを保つための関連情報、という形で表現できる。キューに対しては、完全平衡という概念は、すべての要素が先頭側のストリームにある状態を意味した。両端キューでは、要素が先頭側と末尾側のストリームに均等に配分されている状態こそが、完全平衡である。すべての操作のたびに完全平衡を取り戻している余裕はないので、落としどころとしては、なんらかの定数 $c > 1$ について、長いほうのストリームが短いほうより c 倍を超えて長くはならない、という条件を保証することになる。具体的に言うと、以下のような平衡条件を常に保つ。

$$|f| \le c|r| + 1 \quad \wedge \quad |r| \le c|f| + 1$$

2 カ所にある "+1" によって、1 つしか要素の入っていない両端キューの要素はどちらのストリームに格納してもよいということになる。2 つ以上要素のある両端キューでは、どちらのストリームも空ではない。この不変条件が破られそうになったときは、長いストリームから短いほうへと、長さが同じになるまで要素を移動することで完全平衡状態へと復帰する。

以上の考え方によって、6.3.2 節の銀行家のキューと 6.4.2 節の物理学者のキューのいずれも、$O(1)$ 償却時間ですべての操作を行える両端キューへと発展させることができる。銀行家のキューのほうが簡単なので、ここではそちらの実装を題材として拡張していこう。

銀行家の両端キューの型は、銀行家のキューと完全に同じである。

type α Queue = int $\times$ α Stream $\times$ int $\times$ α Stream

先頭要素を扱う関数は以下のように定義する。

```
fun cons (x, (lenf, f, lenr, r)) = check (lenf+1, $Cons (x, f), lenr, r)
fun head (lenf, $Nil, lenr, $Cons (x, _ )) = x
  | head (lenf, $Cons (x, f'), lenr, r) = x
fun tail (lenf, $Nil, lenr, $Cons (x, _ )) = empty
  | tail (lenf, $Cons (x, f'), lenr, r) = check (lenf−1, f', lenr, r)
```

head と tail それぞれの最初の場合は、要素 1 つの両端キューで、その要素が末尾側のストリームに入っていた場合を扱っている。末尾要素を扱う関数 snoc, last, init も、これと対称な定義ができる。

この実装の興味深い部分は、check 補助関数にある。この関数は、一方のストリームが長すぎる状態になったときに、長いほうを全体合わせての半分の長さに縮め、残りの要素を短いストリームに移動することで両端キューを完全平衡へと復帰させる。たとえば $|f| > c|r| + 1$ となったら、check は $i = \lfloor (|f| + |r|)/2 \rfloor$ として、f を take (i, f) で置き換え、r を r ++ reverse (drop (i, f)) で置き換える。check の完全な定義は以下のとおり。

```
functor BankersDeque (val c : int) : DEQUE =      (* c > 1 *)
struct
  type α Queue = int × α Stream × int × α Stream

  val empty = (0, $NIL, 0, $NIL)
  fun isEmpty (lenf, f, lenr, r) = (lenf+lenr = 0)

  fun check (q as (lenf, f, lenr, r)) =
        if lenf > c*lenr + 1 then
            let val i = (lenf + lenr) div 2    val j = lenf + lenr − i
                val f' = take (i, f)           val r' = r ++ reverse (drop (i, f))
            in (i, f', j, r') end
        else if lenr > c*lenf + 1 then
            let val j = (lenf + lenr) div 2    val i = lenf + lenr − j
                val r' = take (j, r)           val f' = f ++ reverse (drop (j, r))
            in (i, f', j, r') end
        else q

  fun cons (x, (lenf, f, lenr, r)) = check (lenf+1, $CONS (x, f), lenr, r)
  fun head (lenf, $NIL, lenr, $NIL) = raise EMPTY
    | head (lenf, $NIL, lenr, $CONS (x, _ )) = x
    | head (lenf, $CONS (x, f'), lenr, r) = x
  fun tail (lenf, $NIL, lenr, $NIL) = raise EMPTY
    | tail (lenf, $NIL, lenr, $CONS (x, _ )) = empty
    | tail (lenf, $CONS (x, f'), lenr, r) = check (lenf−1, f', lenr, r)

  ...snoc, last, init は対称的に定義される...
end
```

図 8.3 遅延再構築と銀行家法に基づく両端キューの実装

```
fun check (q as (lenf, f, lenr, r)) =
      if lenf > c*lenr + 1 then
          let val i = (lenf + lenr) div 2    val j = lenf + lenr − i
              val f' = take (i, f)           val r' = r ++ reverse (drop (i, f))
          in (i, f', j, r') end
      else if lenr > c*lenf + 1 then
          let val j = (lenf + lenr) div 2    val i = lenf + lenr − j
              val r' = take (j, r)           val f' = f ++ reverse (drop (j, r))
          in (i, f', j, r') end
      else q
```

実装の全体をまとめたものが図 8.3 である。

注 実装の対称性から、この両端キューは単純に f と r の役割を逆にすることで、$O(1)$ 時間で反転することができる。

```
fun reverse (lenf, f, lenr, r) = (lenr, r, lenf, f)
```

他のさまざまな両端キューの実装にもこの性質は共通している [Hoo92, CG93]。先頭要素を扱

う関数と末尾要素の関数とで実質的にコードを二重に書くくらいならば、末尾要素の操作は reverse と先頭要素用の関数を組み合わせて書くこともできる。例として init をこう定義しても よい。

fun init q = reverse (tail (reverse q))

もちろん、直接 init を実装したほうが少しだけ高速ではあるのだが。　　　　　　　　◇

　この両端キューの計算量を解析するために、再び銀行家法を用いる。先頭側と末尾側のどち らのストリームに関しても、$d(i)$ をストリームの i 番目の要素の負っている負債の個数とし、 $D(i) = \sum_{j=0}^{i} d(j)$ とする。負債に関する次のような不変条件を、先頭と末尾の双方のストリー ムで維持するようにする。

$$D(i) \leq \min(ci + i, cs + 1 - t)$$

ただし $s = \min(|f|, |r|)$ かつ $t = \max(|f|, |r|)$ とする。$d(0) = 0$ なので、どちらのストリームの先 頭にも負債はなく、いつでも head や last で参照することができる。

定理 8.1　cons と tail（同様に snoc と init）は、ストリームごとに、それぞれたかだか 1 と $c+1$ の返済を行えば先頭側と末尾側の両方のストリームの不変条件を維持することができる。

証明: 68 ページの定理 6.1 の証明と同様。　　　　　　　　　　　　　　　　　　　□

　コードを見るとどの操作も非共有コストは $O(1)$ であることがわかるし、定理 8.1 により、 すべての操作の返済する負債は $O(1)$ で抑えられる。したがって、すべての操作は $O(1)$ 償却時 間で実行できている。

演習問題 8.5　定理 8.1 を証明しよう。

演習問題 8.6　バランスに関する定数 c の選び方のトレードオフについて調査してみよう。 $c = 4$ としたほうが $c = 2$ よりも有意に速くなるような操作の列を作ってみよう。それができ たら、$c = 2$ としたほうが $c = 4$ より速くなる操作列を作ろう。

8.4.3　実時間両端キュー

　実時間両端キューはすべての操作に最悪 $O(1)$ 時間で対応する。前節の両端キューの、先頭 側と末尾側の両方のストリームにスケジュール化を適用することで、実時間両端キューを手に 入れることができる。

　いつもと同じく、スケジュール化の手法を適用する最初の一歩は、すべての一枚岩関数を逐次 的関数へと変換することである。前節の実装では、再構築変換は f と r を f ++ reverse (drop (j, r)) と take (j, r)（あるいはその逆）へと再構築していた。ここで take と ++ はすでに逐次的だが、 reverse と drop は一枚岩である。したがって、f ++ reverse (drop (j, r)) を rotateDrop (f, j, r) と書き 換える。rotateDrop は ++ の各ステップごとに drop の c ステップを実行し、最終的に rotateRev を呼び出す。そして rotateRev は ++ の残りの各ステップで、reverse の c ステップを実行する。 rotateDrop の実装は次のようになる。

```
fun rotateDrop (f, j, r) =
    if j < c then rotateRev (f, drop (j, r), $NIL)
    else let val ($CONS (x, f')) = f
        in $CONS (x, rotateDrop (f', j − c, drop (c, r))) end
```

最初の状態では、$1 \le k \le c$ な k があって $|r| = c|f| + 1 + k$ である。rotateDrop を呼び出すたびに c 個の r の要素が除かれ、f の要素が 1 つ処理される。ただし最後の 1 回では、$j \bmod c$ 個の r の要素が除かれ、f は変更されない。ゆえに、最初の rotateRev の呼び出しの時点では $|r| = c|f| + 1 + k - (j \bmod c)$ となっている。さて、$|r| \ge c|f|$ だと決め打ってしまえると話が簡単になるので、$1 + k - (j \bmod c) \ge 0$ を要求したい。これは $c < 4$ のときにしか保証されない。c は 1 よりは大きくなければならないので、c として許される値は 2 か 3 のみとなる。これを踏まえると、rotateRev は次のように実装できる。

```
fun rotateRev ($NIL, r, a) = reverse r ++ a
  | rotateRev ($CONS (x, f), r, a) =
        $CONS (x, rotateRev (f, drop (c, r), reverse (take (c, r)) ++ a))
```

注意点として、rotateDrop や rotateRev は頻繁に drop や reverse を呼び出しているが、これらはわれわれが消し去ろうとしていたはずのまさにその関数であった。しかし、今や drop や reverse の引数のサイズには上限があり、それゆえ問題なく $O(1)$ ステップで実行ができる。

　一枚岩関数から逐次的関数への変換を終えたならば、次にやることは f と r の中の停止計算の実行のスケジュール管理だ。今回は 2 つのストリームごとに別々のスケジュールを管理し、各操作ごとに停止計算をいくつかずつ、それぞれのスケジュールから実行する。7.2 節の実時間キューと同じように、最終目的は、どちらのスケジュールも次の回転よりも前に完全に消化し、rotateDrop と rotateRev で進行する停止計算がメモ化済みとなっていることを保証することである。

演習問題 8.7　1 回の挿入につき各ストリームで停止計算を 1 つ実行し、1 回の削除につき各ストリームで停止計算を 2 つ実行すれば、次の回転よりも前にどちらのスケジュールも完全に実行完了することの保証に十分であることを証明してみよう。　　　　　　　　◇

　以上の実装を図 8.4 にまとめる。

8.5　注記

■全域再構築　全域再構築は Overmars が [Ove83] で導入した。それ以来この技法はさまざまな場面で利用され、実時間キュー [HM81]、実時間両端キュー [Hoo82, GT86, Sar86, CG93]、結合可能両端キュー [BT95]、あるいはリスト内での順序情報の管理問題 [DS87] などの例がある。

■両端キュー　最初に [HM81] の実時間キューに手を加えて、全域再構築に基づく実時間両端キューを実現したのは Hood [Hoo82] である。後に何人もの研究者がこの成果を再発明している [GT86, Sar86, CG93]。どの実装も、マルチヘッドチューリング機械の模倣 [Sto70, FMR72, LS81] に使われた技術に類似するところがある。Hoogerwoord [Hoo92] は一括再構築による償却時間両端キューを提案したが、一括再構築では常にそうであるように、

```
functor RealTimeDeque (val c : int) : Deque =    (* c = 2 または c = 3 *)
struct
  type α Queue =
          int × α Stream × α Stream × int × α Stream × α Stream

  val empty = (0, $Nil, $Nil, 0, $Nil, $Nil)
  fun isEmpty (lenf, f, sf, lenr, r, sr) = (lenf+lenr = 0)

  fun exec1 ($Cons (x, s)) = s
    | exec1 s = s
  fun exec2 s = exec1 (exec1 s)

  fun rotateRev ($Nil, r, a) = reverse r ++ a
    | rotateRev ($Cons (x, f), r, a) =
        $Cons (x, rotateRev (f, drop (c, r), reverse (take (c, r)) ++ a))
  fun rotateDrop (f, j, r) =
        if j < c then rotateRev (f, drop (j, r), $Nil)
        else let val ($Cons (x, f')) = f
            in $Cons (x, rotateDrop (f', j − c, drop (c, r))) end

  fun check (q as (lenf, f, sf, lenr, r, sr)) =
        if lenf > c*lenr + 1 then
            let val i = (lenf + lenr) div 2    val j = lenf + lenr − i
                val f' = take (i, f)           val r' = rotateDrop (r, i, f)
            in (i, f', f', j, r', r') end
        else if lenr > c*lenf + 1 then
            let val j = (lenf + lenr) div 2    val i = lenf + lenr − j
                val r' = take (j, r)           val f' = rotateDrop (f, j, r)
            in (i, f', f', j, r', r') end
        else q

  fun cons (x, (lenf, f, sf, lenr, r, sr)) =
        check (lenf+1, $Cons (x, f), exec1 sf, lenr, r, exec1 sr)
  fun head (lenf, $Nil, sf, lenr, $Nil, sr) = raise Empty
    | head (lenf, $Nil, sf, lenr, $Cons (x, _), sr) = x
    | head (lenf, $Cons (x, f'), sf, lenr, r, sr) = x
  fun tail (lenf, $Nil, sf, lenr, $Nil, sr) = raise Empty
    | tail (lenf, $Nil, sf, lenr, $Cons (x, _), sr) = empty
    | tail (lenf, $Cons (x, f'), sf, lenr, r, sr) =
        check (lenf−1, f', exec2 sf, lenr, r, exec2 sr)
  ...snoc, last, init は対称的に定義される...
end
```

図 8.4 遅延再構築とスケジュール化による実時間両端キュー

Hoogerwoord の実装は永続的な使い方をしたときには効率的ではない。実時間両端キューの図 8.4 に示した実装の初出は [Oka95c] である。

■**コルーチンと遅延評価**　ストリーム（ならびにその他のさまざまな遅延データ構造）は、ストリームの生成者とその消費者という形式のコルーチンを実装するのによく用いられた。このストリームとコルーチンの関係を最初に指摘したのは Landin [Lan65] である。この性質の説得力のある応用を見るには Hughes [Hug89] を参照せよ。

第9章
記数法表現

　リストの普通の表現方法と、自然数の数学的な表現、それぞれを処理する典型的な関数をいくつか考えてみよう。

```
datatype α List =                    datatype Nat =
    Nil                                  Zero
    | Cons of α × α List                 | Succ of Nat

fun tail (Cons (x, xs)) = xs          fun pred (Succ n) = n

fun append (Nil, ys) = ys             fun plus (Zero, n) = n
    | append (Cons (x, xs), ys) =         | plus (Succ m, n) =
        Cons (x, append (xs, ys))            Succ (plus (m, n))
```

リストは要素を含んでおり自然数にはそれがないという事実に目をつむれば、この2つの実装は実質的に同じである。同じような関係が、二項ヒープと二進数の間にも存在する。これらの例は、数 n の表記方法と、n 個のデータを保持するコンテナオブジェクトの表現方法との間の強い類似を示唆している。コンテナを扱う関数は、数を算術的に扱う関数に非常によく似ているのだ。たとえば、要素の挿入は数を1増やすことに似ており、要素の削除は数を1減らすことに、そして2つのコンテナのマージは2つの数の足し算に酷似している。この類推を推し進めて、コンテナの新しい実装の設計に利用することができる。すなわち、なにか欲しい性質を持った自然数の表記方法を1つ選んで、単純にそれに対応する形でコンテナオブジェクトを処理する関数を定義するのだ。この手法を用いて設計した実装を**記数法表現**（*numerical representation*）と呼ぶ。

　この章では、2つの異なるデータ抽象、ヒープとランダムアクセスリスト（*random-access list*）（**柔軟配列**（*flexible array*）とも呼ばれる）について、数々の記数法表現を考えていく。この2つのデータ抽象は、算術演算のうちでもそれぞれ異なる側面を重視している。ヒープには効率的に数を1増やすインクリメント処理と足し算が必要となるが、ランダムアクセスリストに必要なのは、効率的に数を1増やすインクリメントと、1減らすデクリメント関数である。

9.1　位取り記数法

　位取り記数法（*positional number system*）[Knu73b] では、数を桁の列 $b_0 \ldots b_{m-1}$ として表記する。桁 b_0 を**最下位桁**（*least significant digit*）と呼び、桁 b_{m-1} を**最上位桁**（*most significant digit*）と呼ぶ。以降では、十進数を普通に書く場合以外は、桁の列を並べる際に最下位桁を先

に、最上位桁を最後に書くことにする。

各々の桁 b_i には w_i の重みがあり、つまり $b_0 \ldots b_{m-1}$ という列全体の表す値は $\sum_{i=0}^{m-1} b_i w_i$ である。どの位取り記数法であっても、1 つの記数法の中では、重みの列と b_i の選択範囲の集合 D_i は固定されている。一進法表記では、すべての i について $w_i = 1$ で $D_i = \{1\}$ である。二進法表記では $w_i = 2^i$ と $D_i = \{0, 1\}$ となる。（決まりとして、普通の十進数を表す場合を除いて、すべての数字をタイプライタフォントで書くことにする。）$w_i = B^i$ で $D_i = \{0, \ldots, B - 1\}$ のとき、底 B で数を表記しているという。必ずではないが、通常は、重みはべき乗数の増加列で、集合 D_i はどの桁でも同じになる。

どれかの数を表現する方法が複数あるような記数法は冗長（*redundant*）であるという。例として、二進数の表記法を $w_i = 2^i$ と $D_i = \{0, 1, 2\}$ と変えることで冗長にできる。この記数法では十進数の 13 は `1011`、`1201`、あるいは `122` などと書かれる。ただし決まりとして、末尾にゼロを並べることは禁止する。そうしなければほとんどすべての表記法は自明に冗長になってしまう。

位取り記数法の計算機上での表現には、密（*dense*）なものと疎（*sparse*）なものがある。密表現とは、桁の単純なリスト（ないしは列を表すその他の構造）であって、ゼロである桁もそのまま保持するものである。疎表現はこの逆で、ゼロの桁を取り除く。このときゼロでない桁については、各桁にランク（つまりインデックス）か重みの情報を含まなければならない。図 9.1 に、密と疎という 2 つの異なる二進数の Standard ML での表現、そしてそれぞれでのインクリメント、デクリメント、足し算を実装した関数を示す。本書でこれまでに見てきた記数法表現の中では、スケジュール化された二項ヒープ（7.3 節）は密表現を採用しており、二項ヒープ（3.2 節）や遅延二項ヒープ（6.4.1 節）は疎表現を用いている。

9.2　二進法表記

ある位取り表記法が与えられたときに、その表記法に基づいた記数法表現は、木の列として実装することができる。n 個の要素の集まりを表すのに使う木の個数とそれぞれの木のサイズは、もとにする位取り記数法での数 n の表現によって規定される。各重み w_i ごとに、サイズ w_i の木を b_i 個持つのである。たとえば、73 の二進表記は `1001001` なので、73 個の要素の集まりを二進表現すると、サイズそれぞれ 1 と 8 と 64 の、3 つの木となる。

記数法表現で用いる木は、規則的な構造を示すことが多い。たとえば、二進表現ならば、すべての木のサイズは 2 のべきである。このような構造を持つ木としてよく知られているものには 3 種類あり、完全二分葉木 [KD96]、二項木 [Vui78]、そしてペナント [SS90] である。

定義 9.1（完全二分葉木（Complete binary leaf tree））　ランク 0 の完全二分木とは単一の葉ノードのことをいい、ランク $r > 0$ の完全二分木とは、2 つの、それぞれがランク $r - 1$ の完全二分木であるような子を持つノードのことを言う。葉木とは、葉ノードにのみ要素を保持する木のことを指す。これはすべてのノードに要素を保持する通常の木とは異なっている。ランク r の完全二分木は $2^{r+1} - 1$ 個のノードを持つが、葉は 2^r 個のみである。したがって、ランク r の完全二分葉木は 2^r 個の要素を保持する。

定義 9.2（二項木（Binomial tree））　ランク r の二項木とは、r 個の子ノード $c_1 \ldots c_r$ を持ち各 c_i がランク $r - i$ の二項木であるようなノードである。言い換えると、ランク $r > 0$ の二項

```
structure Dense =
struct
  datatype Digit = ZERO | ONE
  type Nat = Digit list     (* 下位桁から上位桁の順で *)

  fun inc [ ] = [ONE]
    | inc (ZERO :: ds) = ONE :: ds
    | inc (ONE :: ds) = ZERO :: inc ds          (* 繰り上がり *)

  fun dec [ONE] = [ ]
    | dec (ONE :: ds) = ZERO :: ds
    | dec (ZERO :: ds) = ONE :: dec ds          (* 繰り下がり *)

  fun add (ds, [ ]) = ds
    | add ([ ], ds) = ds
    | add (d :: ds₁, ZERO :: ds₂) = d :: add (ds₁, ds₂)
    | add (ZERO :: ds₁, d :: ds₂) = d :: add (ds₁, ds₂)
    | add (ONE :: ds₁, ONE :: ds₂) =
        ZERO :: inc (add (ds₁, ds₂))            (* 繰り上がり *)
end
```

```
structure SparseByWeight =
struct
  type Nat = int list     (* それぞれ 2 のべきであるような重みの増加列 *)

  fun carry (w, [ ]) = [w]
    | carry (w, ws as w' :: ws') =
        if w < w' then w :: ws else carry (2*w, ws')

  fun borrow (w, ws as w' :: ws') =
        if w = w' then ws' else w :: borrow (2*w, ws)

  fun inc ws = carry (1, ws)
  fun dec ws = borrow (1, ws)

  fun add (ws, [ ]) = ws
    | add ([ ], ws) = ws
    | add (m as w₁ :: ws₁, n as w₂ :: ws₂) =
        if w₁ < w₂ then w₁ :: add (ws₁, n)
        else if w₂ < w₁ then w₂ :: add (m, ws₂)
        else carry (2*w₁, add (ws₁, ws₂))
end
```

図 9.1　二進数の 2 つの実装

113

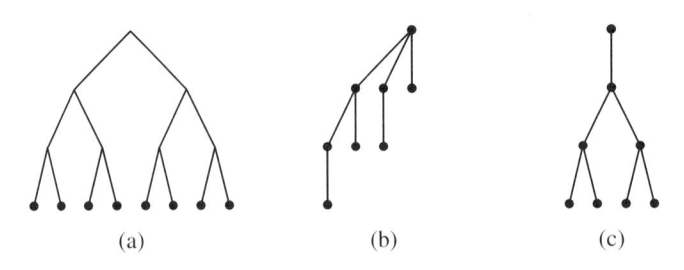

図 9.2　3 つのランク 3 の木: (a) 完全二分葉木、(b) 二項木、(c) ペナント

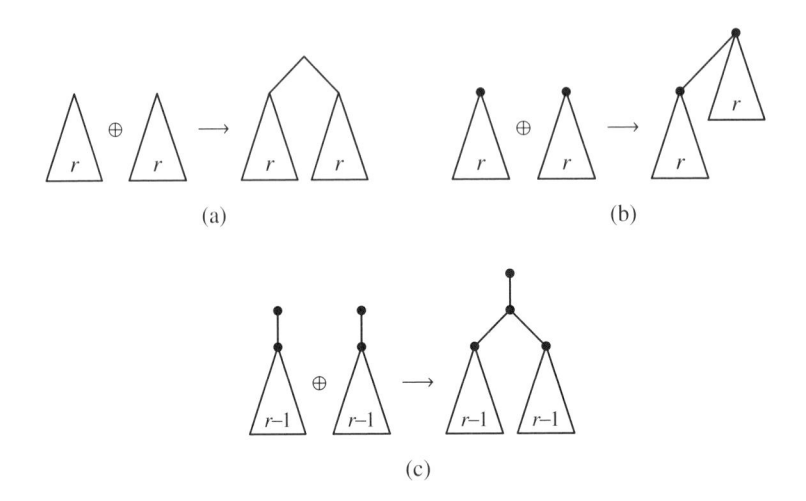

図 9.3　2 つのランク r の木をリンクしてランク $r+1$ の木を作る操作: (a) 完全二分葉木の場合、(b) 二項木の場合、(c) ペナントの場合

木とは、ランク $r-1$ の二項木に別のランク $r-1$ の二項木を最左の子として足したもののことを言う。2 番目の定義から、ランク r の二項木は 2^r 個のノードを持つことがすぐにわかる。

定義 9.3（ペナント（Pennant））　ランク 0 のペナントは単一のノードであり、ランク $r>0$ のペナントはランク $r-1$ の完全二分木をただ 1 つの子に持つノードである。子の完全二分木は 2^r-1 個の要素からなるので、ペナントの要素の数は 2^r となる。

　図 9.2 にこの 3 種類の木を図解している。与えられたデータ構造にとってどの種類の木がより優れているかは、たとえば木に保存する要素の順序など、そのデータ構造が維持しなければならない性質に依存する。特定の種類の木構造がなんらかのデータ構造の実現に適しているかを左右する主要な要因は、その木が、二進の算数における繰り上がりと繰り下がりに対応する関数をどれだけ簡単に実現できるかである。繰り上がりを模倣するときは、2 つのランク r の木をリンク（*link*）してランク $r+1$ の木を構成する。対称的に、繰り下がりを模倣するには、ランク $r>0$ の木をアンリンク（*unlink*）して 2 つのランク $r-1$ の木とする。図 9.3 が、3 種類の木構造それぞれでのリンクの操作（$\oplus$ と表記する）を図示したものである。要素の配置換えはないと仮定すると、3 種類のどの木も、リンクとアンリンクは $O(1)$ 時間で実現できる。

```
signature RandomAccessList =
sig
  type α RList

  val empty   : α RList
  val isEmpty : α RList → bool

  val cons    : α × α RList → α RList
  val head    : α RList → α
  val tail    : α RList → α RList
        (* head と tail はリストが空なら Empty 例外を投げる *)

  val lookup  : int × α RList → α
  val update  : int × α × α RList → α RList
        (* lookup と update はインデックスが境界外なら Subscript 例外を投げる *)
end
```

図 9.4　ランダムアクセスリストのシグネチャ

　二進算術と二項木に基づいたヒープのさまざまな亜種についてはすでに見てきた。以降では、ランダムアクセスリストの簡単な記数法表現について考察する。そして、二進算術の変種をいくつか考えることで、計算量の漸近的上限を改善する。

9.2.1　二進ランダムアクセスリスト

　ランダムアクセスリスト（*random-access list*）、あるいは片側柔軟配列（one-sided flexible array）、とは、普通のリストの cons, head, tail 関数に加えて、配列のような lookup や update 関数にも対応するデータ構造である。ランダムアクセスリストのシグネチャを図 9.4 に示す。

　ランダムアクセスリストの実装には二進数の記数法表現を用いることができる。サイズ n の二進ランダムアクセスリストは、n を二進表記したとき現れる数字の 1 それぞれに対応した木を保持する。各々の木のランクは、対応する桁のランクに合わせる。すなわち、n の第 i ビットが 1 ならば、サイズ n のランダムアクセスリストはサイズ 2^i の木を持つということである。3 種類の木構造のどれを用いてもよいし、密表現と疎表現のいずれも適用可能である。今回の例では、一番単純な組み合わせを使ってみよう。完全二分葉木を使った密表現だ。つまり、$α$ RList 型は次のようになる。

```
datatype α Tree = Leaf of α | Node of int × α Tree × α Tree
datatype α Digit = Zero | One of α Tree
type α RList = α Digit list
```

各ノードにある整数値は、部分木のサイズを表す。この値は親ノードの持っているサイズ情報やリストの中での桁の位置から完全に定まるので、冗長である。それにもかかわらず、利便性を考慮して、この値を含んでおくことにする。木はサイズの小さい順に格納され、要素の順序は、木の中に関しても木をまたぐところでも、左から右への順とする。したがって、このランダムアクセスリストの先頭要素は、一番小さい木の最左の葉ということになる。サイズ 7 の二進ランダムアクセスリストは図 9.5 のようになる。ちなみに、サイズ n のリストに使われる木

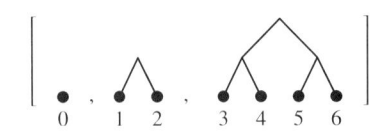

図 9.5　要素 0...6 を持つ二進ランダムアクセスリスト

は最大で $\lfloor \log(n+1) \rfloor$ 個で、1 つ 1 つの木の最大の深さは $\lfloor \log n \rfloor$ である。

　要素を二進ランダムアクセスリストに（cons を使って）追加するのは、二進数のインクリメントに似ている。ご存知のように、密表現の二進数のインクリメント関数は以下のとおりである。

```
fun inc [ ] = [One]
  | inc (Zero :: ds) = One :: ds
  | inc (One :: ds) = Zero :: inc ds
```

リストの先頭に新しい要素を追加するには、まず要素を葉ノードに変換し、その葉ノードを木のリストの中に、inc の規則に沿った consTree 補助関数を使って挿入する。

```
fun cons (x, ts) = consTree (Leaf x, ts)

fun consTree (t, [ ]) = [One t]
  | consTree (t, Zero :: ts) = One t :: ts
  | consTree (t₁, One t₂ :: ts) = Zero :: consTree (link (t₁, t₂), ts)
```

link 補助関数は、2 つの同じサイズの木から新しい木を作り、その木のサイズを自動的に計算する。

　二進ランダムアクセスリストから（tail を使って）要素を削除するのは、二進数のデクリメント関数に似ている。ご存知のように、密表現の二進数のデクリメント関数は以下のとおりである。

```
fun dec [One] = [ ]
  | dec (One :: ds) = Zero :: ds
  | dec (Zero :: ds) = One :: dec ds
```

木のリストでの対応する関数は unconsTree だ。ランクが r の桁から始まるようなリストに適用すると、unconsTree はランク r の木と、その木を取り除いた新しいリストのペアを返す。

```
fun unconsTree [One t] = (t, [ ])
  | unconsTree (One t :: ts) = (t, Zero :: ts)
  | unconsTree (Zero :: ts) =
      let val (Node ( _ , t₁, t₂), ts') = unconsTree ts
      in (t₁, One t₂ :: ts') end
```

head 関数と tail 関数は最左の葉を unconsTree を使って取り出し、それぞれ、その要素を返すか捨てるかをする。

```
fun head ts = let val (Leaf x, _ ) = unconsTree ts in x end
fun tail ts = let val ( _ , ts') = unconsTree ts in ts' end
```

lookup 関数と update 関数には類似した算術演算は存在しない。これらの関数は、二進ラン

ダムアクセスリストの、対数的な長さのリストと対数的な深さの木で作られるという構造を巧みに利用して実装される。要素の検索は二段階に分かれる。まず最初にリストの中から正しい木を見つけだし、次に木の中から正しい要素を見つけだすのだ。補助関数 lookupTree は各ノードのサイズ情報を利用し、i 番目の要素が左と右のどちらの部分木にあるかを決定する。

```
fun lookup (i, ZERO :: ts) = lookup (i, ts)
  | lookup (i, ONE t :: ts) =
      if i < size t then lookupTree (i, t) else lookup (i − size t, ts)

fun lookupTree (0, LEAF x) = x
  | lookupTree (i, NODE (w, t₁, t₂)) =
      if i < w div 2 then lookupTree (i, t₁)
      else lookupTree (i − w div 2, t₂)
```

update も同じように動作するが、加えて、更新された葉から根までの経路のコピーを行う。

```
fun update (i, y, ZERO :: ts) = ZERO :: update (i, y, ts)
  | update (i, y, ONE t :: ts) =
      if i < size t then ONE (updateTree (i, y, t)) :: ts
      else ONE t :: update (i − size t, y, ts)

fun updateTree (0, y, LEAF x) = LEAF y
  | updateTree (i, y, NODE (w, t₁, t₂)) =
      if i < w div 2 then NODE (w, updateTree (i, y, t₁), t₂)
      else NODE (w, t₁, updateTree (i − w div 2, y, t₂))
```

この実装の完全なソースコードを図 9.6 に示す。

cons, head, tail は各桁では最大 $O(1)$ の仕事しか行わないので、最悪で $O(\log n)$ 時間で動く。lookup と update は正しい木を探すのに最大で $O(\log n)$ 時間、そしてその木から正しい要素を探すのに最大で $O(\log n)$ 時間かかるので、合わせて $O(\log n)$ 最悪時間で動作する。

演習問題 9.1 int $\times \alpha$ RList → α RList という型を持ち、最初の k 個の要素を二進ランダムアクセスリストから取り除く drop 関数を書いてみよう。この関数は $O(\log n)$ 時間で動作できるはずだ。

演習問題 9.2 int $\times \alpha$ → α RList という型を持ち、n 個同じ値 x を並べた二進ランダムアクセスリストを作る create 関数を書いてみよう。この関数もまた $O(\log n)$ 時間で動作できるはずだ。（演習問題 2.5 を復習するとヒントになるだろう。）

演習問題 9.3 BinaryRandomAccessList を、たとえば次のような疎表現を用いて再実装してみよう。

```
datatype α Tree = LEAF of α | NODE of int × α Tree × α Tree
type α RList = α Tree list
```

9.2.2 ゼロなし表現

二進ランダムアクセスリストの残念なところを 1 つ上げるとすれば、cons, head, tail といったリスト用関数が $O(1)$ 時間ではなく $O(\log n)$ 時間になってしまっているところだ。ここから

```
structure BinaryRandomAccessList : RANDOMACCESSLIST =
struct
    datatype α Tree = LEAF of α | NODE of int × α Tree × α Tree
    datatype α Digit = ZERO | ONE of α Tree
    type α RList = α Digit list

    val empty = [ ]
    fun isEmpty ts = null ts

    fun size (LEAF x) = 1
      | size (NODE (w, t₁, t₂)) = w
    fun link (t₁, t₂) = NODE (size t₁+size t₂, t₁, t₂)
    fun consTree (t, [ ]) = [ONE t]
      | consTree (t, ZERO :: ts) = ONE t :: ts
      | consTree (t₁, ONE t₂ :: ts) = ZERO :: consTree (link (t₁, t₂), ts)
    fun unconsTree [ ] = raise EMPTY
      | unconsTree [ONE t] = (t, [ ])
      | unconsTree (ONE t :: ts) = (t, ZERO :: ts)
      | unconsTree (ZERO :: ts) =
            let val (NODE ( _ , t₁, t₂), ts′) = unconsTree ts
            in (t₁, ONE t₂ :: ts′) end

    fun cons (x, ts) = consTree (LEAF x, ts)
    fun head ts = let val (LEAF x, _ ) = unconsTree ts in x end
    fun tail ts = let val ( _ , ts′) = unconsTree ts in ts′ end

    fun lookupTree (0, LEAF x) = x
      | lookupTree (i, LEAF x) = raise SUBSCRIPT
      | lookupTree (i, NODE (w, t₁, t₂)) =
            if i < w div 2 then lookupTree (i, t₁)
            else lookupTree (i − w div 2, t₂)
    fun updateTree (0, y, LEAF x) = LEAF y
      | updateTree (i, y, LEAF x) = raise SUBSCRIPT
      | updateTree (i, y, NODE (w, t₁, t₂)) =
            if i < w div 2 then NODE (w, updateTree (i, y, t₁), t₂)
            else NODE (w, t₁, updateTree (i − w div 2, y, t₂))

    fun lookup (i, [ ]) = raise SUBSCRIPT
      | lookup (i, ZERO :: ts) = lookup (i, ts)
      | lookup (i, ONE t :: ts) =
            if i < size t then lookupTree (i, t) else lookup (i − size t, ts)
    fun update (i, y, [ ]) = raise SUBSCRIPT
      | update (i, y, ZERO :: ts) = ZERO :: update (i, y, ts)
      | update (i, y, ONE t :: ts) =
            if i < size t then ONE (updateTree (i, y, t)) :: ts
            else ONE t :: update (i − size t, y, ts)
end
```

図 9.6　二進ランダムアクセスリスト

の 3 節では、二進数の亜種を考え、この 3 つの関数すべての実行時間を $O(1)$ にする。まずこの節では head 関数から始めよう。

注 head を $O(1)$ 時間で動かすだけならば、自明な方法は、演習問題 3.7 の ExplicitMin ファンクタのように、先頭の要素だけをリストの残り全体とは分けて持っておくことだ。あるいは、疎表現に二項木やペナントを組み合わせ、リストの先頭が最初の木の根にくるようにしておくという方法もある。これからこの節で解説していく方法には、head に加えて、lookup や update の実行時間もわずかに改善するというおまけの利点がある。 ◇

今のところ、head の実装は unconsTree、つまり最初の要素を取り出し残りを再構築する関数の呼び出しで実装されている。この方針をとると、unconsTree が head と tail の両方に対応できるためコードが簡潔になるが、head の場合はすぐに捨てられるリストを構築するため、無駄でもある。より良い効率を求めるならば、head を直接実装するべきであろう。特別なケースとして、最初の桁がゼロでさえなければ、head は簡単に $O(1)$ 時間で実行できる。

```
fun head (One (Leaf x) :: _) = x
```

この発想を念頭に、最初の桁が**絶対**にゼロにならないような構成を探ってみよう。場当たり的なやり方ならばこの基準を満たす案はいくつも出てくるが、より確たる原理に基づいた解決策は、すべての桁が非ゼロになるゼロなし（*zeroless*）表現を用いることである。

ゼロなし二進数は、0 と 1 ではなく、1 と 2 を使って構成する。i 番目の桁の重みは依然として 2^i のままとする。したがって、たとえば、十進数の 16 は 00001 ではなく 2111 となる。ゼロなし二進数のインクリメント関数は次のように実装できる。

```
datatype Digit = One | Two
type Nat = Digit list

fun inc [ ] = [One]
  | inc (One :: ds) = Two :: ds
  | inc (Two :: ds) = One :: inc ds
```

演習問題 9.4 ゼロなし二進数のデクリメントと足し算を書いてみよう。足し算の途中の繰り上がりの値は 1 か 2 であることに注意せよ。 ◇

というわけで、二進ランダムアクセスリストにおける桁の列を表す型を

```
datatype α Digit = One of α Tree | Two of α Tree × α Tree
```

で置き換えれば、head の実装は以下のようになり、

```
fun head (One (Leaf x) :: _) = x
  | head (Two (Leaf x, Leaf y) :: _) = x
```

明らかに $O(1)$ 最悪時間で実行できる。

演習問題 9.5 この型を扱う残りの関数を実装しよう。

演習問題 9.6 i 番目の要素に対する lookup や update が $O(\log i)$ 時間で動くようになっていることを証明しよう。

演習問題 9.7　ある条件の下で、赤黒木（3.3 節）は記数法表現と見ることができる。ゼロなし二進ランダムアクセスリストと、挿入を左端のみに制限した赤黒木とを比較、対比してみよう。特に cons 関数と insert 関数、そしてこれらが生成する構造の形状の不変条件に注目しよう。

9.2.3　遅延表現

　二進数を桁のリストではなく桁のストリームで表現することを考えてみよう。すると、インクリメント関数はこうなる。

```
fun lazy inc ($NIL) = $CONS (ONE, $NIL)
        | inc ($CONS (ZERO, ds)) = $CONS (ONE, ds)
        | inc ($CONS (ONE, ds)) = $CONS (ZERO, inc ds)
```

この関数は逐次的になっている。

　6.4.1 節で、遅延評価を使うといかにして二項ヒープへの挿入が $O(1)$ 償却時間になるかをすでに学んだ。であれば、この inc もまた $O(1)$ 償却時間で動くのは驚くに当たらないだろう。これは銀行家法によって証明することができる。

証明:　それぞれの ZERO で 1 つの負債を許し、そして ONE では負債を持たないようにする。ds が k 個の ONE に続く ZERO で始まっているとしよう。このとき、inc ds は ONE それぞれを ZERO に変え、ZERO を ONE に変える。この処理の各ステップに 1 つずつ新しい負債を割り当てる。すると、ZERO には各々 1 つの負債で済むが、ONE には 2 つの負債が残る。つまりもともとこの位置にあった停止計算からの継承と、新しく作られた負債とである。この 2 つの負債を両方返済すれば、不変条件は再び保たれる。関数の償却コストとは、非共有コスト（今回は $O(1)$）と返済する負債（今回は 2）との和であったから、inc は $O(1)$ 償却時間で動作することが示された。
□

　では、次にデクリメント関数を考える。

```
fun lazy dec ($CONS (ONE, $NIL)) = $NIL
        | dec ($CONS (ONE, ds)) = $CONS (ZERO, ds)
        | dec ($CONS (ZERO, ds)) = $CONS (ONE, dec ds)
```

この関数は数字の役目が反転しただけで inc と同じパターンに沿っているので、同じような証明によって同様の計算量上限を得られそうに思える。実際、インクリメントとデクリメントの**両方**を使うことさえなければ、証明は可能である。しかしながら、両方の関数を使用するならば、どちらか一方は $O(\log n)$ の償却時間を負わなければならない。理由を理解するために、$2^k - 1$ と 2^k を行ったり来たりするインクリメントとデクリメント操作の列を考えてみよう。この場合では、どの操作でもすべての桁を触るため、全体を合わせると $O(n \log n)$ 時間がかかっている。

　しかし、どちらの関数についても $O(1)$ 償却時間が示せたのではなかったのだろうか？　何が間違っていたのだろう？　問題は、2 つの証明は矛盾する負債の不変条件を必要とするということだ。inc が $O(1)$ 償却時間で動くことの証明には、ZERO には 1 つの負債、ONE には負債がないという条件を必要とする。一方 dec が $O(1)$ 償却時間で動くことの証明には、ONE には 1 つの負債、ZERO には負債がないことが要求されている。

inc と dec のどちらか片方のみを使うときに共通する決定的に重要な性質は、ストリーム中のある位置までたどり着く操作の少なくとも半分は、その位置で終わるということである。具体的に言うと、inc や dec の操作は必ず 1 桁目を処理するが、2 桁目の処理が必要なのは 1 回おきである。同様に、4 回に 1 回だけ、3 桁目が処理される、等々。ということを直感的に考えると、1 回の操作の償却コストはおおよそ

$$O(1 + 1/2 + 1/4 + 1/8 + \cdots) = O(1)$$

となる。

各桁のとる値には、**安全**なものと**危険**なものという分類があると考えてみよう。安全な桁まで処理が進んだ関数は必ずそこで止まるが、危険な桁にたどり着いた関数はさらに次の桁に進むかもしれない。ある桁に対する操作が 2 回続けて次の桁まで進むことはないという性質を成り立たせたければ、危険な桁を処理してさらに先に進んだ操作は、必ずその危険な桁を安全に変える、ということを保証しなければならない。こうなっていれば、次の操作がその桁に来たときには先に進まないことが保証できる。すべての操作が $O(1)$ 償却時間で動くことの厳密な証明を与えることも可能で、安全な桁には 1 の負債、危険な桁には負債を置かないという不変条件を用いればよい。

さて、インクリメント関数では桁のとりうる最大の数字は危険と分類せねばならず、デクリメント関数では最小の数字を危険と分類せねばならない。両方の関数に一度に対応するには、安全と分類される第三の数字を持ち出す必要がある。つまり、各桁が 0、1、または 2 という値をとりうる**冗長二進数**へと移行するのだ。結果、inc と dec は以下のように実装できる。

```
datatype Digit = Zero | One | Two
type Nat = Digit Stream

fun lazy inc ($Nil) = $Cons (One, $Nil)
        | inc ($Cons (Zero, ds)) = $Cons (One, ds)
        | inc ($Cons (One, ds)) = $Cons (Two, ds)
        | inc ($Cons (Two, ds)) = $Cons (One, inc ds)

fun lazy dec ($Cons (One, $Nil)) = $Nil
        | dec ($Cons (One, ds)) = $Cons (Zero, ds)
        | dec ($Cons (Two, ds)) = $Cons (One, ds)
        | dec ($Cons (Zero, ds)) = $Cons (One, dec ds)
```

注目すべきは inc と dec の再帰的な場合が、つまりそれぞれ Two と Zero の処理であるが、どちらも One を生成していることである。One は安全と分類され、Zero と Two は危険と分類される。冗長性がどのように役に立つかを見るために、冗長二進数 222222 をインクリメントして 1111111 を得る場合を考えよう。この操作には 7 ステップかかる。しかし、ここからデクリメントをしても 222222 には戻らない。代わりに、たった 1 ステップで 0111111 を返すことができる。したがって、インクリメントとデクリメントの繰り返しはもはや問題にならない。

遅延二進数は、他のさまざまなデータ構造のひな型として役に立つ。11 章では、このひな型を**暗黙再帰減速**（*implicit recursive slowdown*）と呼ばれる設計技法へとさらに一般化する。

演習問題 9.8 inc と dec のどちらも $O(1)$ 償却時間で動くことを、One には 1 つ、Zero や Two には 0 の負債を負わせる不変条件を使って証明しよう。

演習問題 9.9　ゼロなし冗長二進数に基づき以下の型を使ったランダムアクセスリストに、cons, head, tail 関数を実装しよう。

> **datatype** α Digit =
> 　　　Oɴᴇ **of** α Tree
> 　　| Tᴡᴏ **of** α Tree $\times$ α Tree
> 　　| Tʜʀᴇᴇ **of** α Tree $\times$ α Tree $\times$ α Tree
> **type** α RList = Digit Stream

そして 3 つの関数すべてが $O(1)$ 償却時間で動作することを証明しよう。

演習問題 9.10　7.3 節のスケジュール化された二項ヒープで示したように、遅延二進数にスケジュール化を適用することで、$O(1)$ 最悪時間を実現することができる。前の演習の cons, head, tail 関数を、$O(1)$ 最悪時間で走るように再実装してみよう。Two 構築子を 2 種類（たとえば、Two と Two′）に分離し、cons と tail の再帰的な場合と非再帰的な場合を区別できるようにすると、便利かもしれない。

9.2.4　区分表現

　別の種類の二進数で $O(1)$ 最悪時間を達成する方法としては、**区分**（*segmented*）二進数がある。普通の二進数には、繰り上がりや繰り下がりが連鎖するという問題点がある。たとえば、$2^k - 1$ を 1 増やすと普通の二進数の演算では k 回の繰り上がりが発生する。同じように、2^k を 1 減らしたときは k 回繰り下がりが起こる。区分二進数は、多段の繰り上がりや繰り下がりが 1 ステップで実行できるようにすることで、この問題を解決する。

　二進数のインクリメントが k ステップかかるのは、その数が k 個 1 が続くブロックで始まるときであることに着目しよう。同様に、デクリメントが k ステップかかるのは、その数が k 個の 0 のブロックで始まるときだ。区分二進数では、同じ数字が続く桁の並びをブロックとしてまとめ、繰り上がりや繰り下がりをブロック全体で 1 ステップで実行できるようにする。区分二進数は 0 と 1 のブロックが交互に現れるという形で、以下のデータ型を用いて表現する。

> **datatype** DigitBlock = Zᴇʀᴏs **of** int | Oɴᴇs **of** int
> **type** Nat = DigitBlock list

DigitBlock の中の整数はそのブロックの長さを表す。

　リストの先頭に新しくブロックを追加するには、補助関数 zeros と ones を用いる。これらは、同じ数字の並んだブロックが隣り合えば融合し、空のブロックは破棄する。加えて、zeros は末尾の 0 の並びも破棄する。

```
fun zeros (i, []) = []
  | zeros (0, blks) = blks
  | zeros (i, Zᴇʀᴏs j :: blks) = Zᴇʀᴏs (i+j) :: blks
  | zeros (i, blks) = Zᴇʀᴏs i :: blks

fun ones (0, blks) = blks
  | ones (i, Oɴᴇs j :: blks) = Oɴᴇs (i+j) :: blks
  | ones (i, blks) = Oɴᴇs i :: blks
```

さて、区分二進数をインクリメントするには、（もしあれば）最初の桁のブロックを調べる。最初が 0 のブロックであれば、先頭の 0 を 1 つだけ 1 に変える。つまり 1 を 1 つだけ含む新しいブロックを作り、もとの 0 のブロックを 1 つ縮める。最初が i 個の 1 からなるブロックであれば、その 1 を 0 に変え次の桁をインクリメントすることで、i 回の繰り上がりを一度のステップで実行する。

```
fun inc [ ] = [Ones 1]
  | inc (Zeros i :: blks) = ones (1, zeros (i–1, blks))
  | inc (Ones i :: blks) = Zeros i :: inc blks
```

3 行目では、inc の再帰呼び出しは繰り返されないことがわかっている。なぜならば、次のブロックがあったとすれば、それは 0 のブロックであるからだ。2 行目では、先頭のブロックが 0 が 1 つだけであるという特別な場合も、補助関数が適切に対応している。

区分二進数のデクリメントもほぼ完全に同じで、0 と 1 の役割が逆になっているのみである。

```
fun dec (Ones i :: blks) = zeros (1, ones (i–1, blks))
  | dec (Zeros i :: blks) = Ones i :: dec blks
```

繰り返しになるが、ここでの再帰呼び出しは、次のブロックが 1 なのでループすることはない。

しかし、あいにくだが、区分二進数が inc と dec に $O(1)$ 最悪時間で対応できるとはいえ、これに対応する記数法表現のデータ構造は実用には耐えないほど複雑になってしまう。問題となるのは、1 の続くブロック全体を 0 に変えたりその逆をするというアイデアが木に対してはうまく転用できないということだ。より実用的な解決策は、区分の考え方を冗長二進数と組み合わせることで得られる。こちらの方法では、桁（そして木）を一度に 1 つずつ処理する形に戻ることができる。区分が可能にするのは、先頭の桁だけではない、途中の桁に対する操作である。

例として、1 については区分としてまとめて表現するような冗長表現を考えてみよう。

```
datatype Digits = Zero | Ones of int | Two
type Nat = Digits list
```

補助関数 ones を定義して、隣接するブロックの融合や空ブロックの削除などといった詳細を扱えるようにする。

```
fun ones (0, ds) = ds
  | ones (i, Ones j :: ds) = Ones (i+j) :: ds
  | ones (i, ds) = Ones i :: ds
```

Two は進行途中の繰り上がりを表現していると考えられる。繰り上がりの連鎖を防ぐには、Two が 2 個以上絶対に並ばないことを保証せねばならない。そこで不変条件として、どの Two もその直前に、ゼロ個以上の 1 の並びを挟んで必ず Zero がある、という条件を維持する。この不変条件は正規表現 $(0|1|01^*2)^*$ か、あるいは末尾に 0 が続くことはないことを考慮に加えると、正規表現 $(0^*1|0^+1^*2)^*$ で表される。条件から、先頭の桁が Two になることは決してないことに注意しよう。したがって、何も考えず先頭の桁を増やすことで、インクリメントは $O(1)$ 最悪時間で行うことができる。

```
fun simpleInc [] = [ONES 1]
  | simpleInc (ZERO :: ds) = ones (1, ds)
  | simpleInc (ONES i :: ds) = Two :: ones (i−1,ds)
```

3 行目では先頭に Two を生成しているので不変条件に違反しているのが明らかだが、2 行目も
また、ds の最初の 1 でない桁が Two だった場合に不変条件違反である。この不変条件を満た
すために、関数 fixup によって最初の 1 でない桁が Two かどうかを調べる。そうなっていたと
きは、fixup は Two を ZERO で置き換え、直後の、Two でないことが保証されている桁をインク
リメントする。

```
fun fixup (Two :: ds) = ZERO :: simpleInc ds
  | fixup (ONES i :: Two :: ds) = ONES i :: ZERO :: simpleInc ds
  | fixup ds = ds
```

fixup の 2 行目が区分表現を活用している。1 の並ぶブロックを一気に飛び越えて、その次の桁
が Two かどうかを調べているのだ。こうしてようやく、simpleInc を呼んだ後に fixup を行う inc
が定義できる。

```
fun inc ds = fixup (simpleInc ds)
```

この実装もまた、他のさまざまなデータ構造のひな形として機能する。そのようなデータ構
造は階層の列からなり、それぞれの階層は緑、黄、赤に分類される。この色は上であげた実装
での桁の数字に対応する。緑は ZERO、黄は ONE、赤は Two だ。オブジェクトに対する操作は最
初の階層の色を緑から黄、あるいは黄から赤へ悪化させるかもしれないが、緑をすぐに赤に変
えることはない。不変条件は、赤い階層よりも前には黄でない階層が必ず 1 つはあり、その最
後のものは必ず緑である、という条件である。fixup 処理は最初の黄色でない階層が赤かどうか
を調べ、もしそうであったら、fixup はその階層の色を赤から緑へと変え、必要なら続く階層の
色を緑から黄や黄から赤へ悪化させる。連続する黄色の階層はブロックにまとめることで、最
初の黄色でない階層へのアクセスを効率化しておく。Kaplan と Tarjan [KT95] はこの一般的
な技法を**再帰減速**（*recursive slowdown*）と名づけている。

演習問題 9.11　二項ヒープを区分表現を使って拡張して、insert が $O(1)$ 最悪時間で動くよう
にしてみよう。以下の型を用いる。

```
datatype Tree = NODE of Elem.T × Tree list
datatype Digit = ZERO | ONES of Tree list | Two of Tree × Tree
type Heap = Digit list
```

merge の後にはすべての Two を除くことで不変条件を取り戻すことができる。

演習問題 9.12　例で示した再帰減速に基づく二進数の実装は、inc を $O(1)$ 最悪時間で行うが
dec には $O(\log n)$ 必要となっている。区分冗長二進数を実装し直して、inc と dec がどちらも
$O(1)$ 最悪時間で動くようにしてみよう。各桁が 0, 1, 2, 3, 4 の範囲の値をとることを許し、0
と 4 は赤、1 と 3 は黄、2 は緑とするとよい。

演習問題 9.13　上の演習で扱った記数法によるランダムアクセスリストの記数法表現に対し
て、cons, head, tail, lookup を実装してみよう。cons, head, tail は $O(1)$ 最悪時間で、lookup は
$O(\log i)$ 最悪時間で動くようにすること。

9.3 ねじれ二進数

ここまで、遅延二進数と区分二進数という 2 つの方法でインクリメントおよびデクリメント関数の漸近的な挙動を $O(\log n)$ から $O(1)$ へと改善するようすを見てきた。この節では、第三の方法を考える。この方法は、多くの場合簡単で実用的にも高速だが、普通の二進数からの根本的な決別を伴う。

ねじれ二進数（*skew binary number*）[Mye83, Oka95b] では、i 桁目の重み w_i は $2^{i+1} - 1$ となり、普通の二進数の 2^i とは異なる。桁の数字は 0, 1, 2 のいずれかである（つまり $D_i = \{0, 1, 2\}$）。たとえば、十進数の 92 は 002101 と（最下位桁が先にくるとして）書ける。

この記数法は冗長だが、しかし、0 でないもののうち最下位の桁のみが 2 となれるという制約を加えると、どの数もただ一通りだけに表現できるという性質が復活する。このような数を**標準形**（*canonical form*）であると呼ぶ。以降では、すべてのねじれ二進数は標準形であると仮定する。

定理 9.1（Myers [Mye83]） すべての自然数は唯一のねじれ二進標準形を持つ。

桁 i の重みは $2^{i+1} - 1$ であることを思い出し、そして $1 + 2(2^{i+1} - 1) = 2^{i+2} - 1$ であることに注目しよう。これが意味するところは、0 でない最初の桁が 2 であるようなねじれ二進数をインクリメントするには、2 を 0 にリセットして、次の桁を 0 から 1 か 1 から 2 へと増やせばよいということだ。（次の桁がすでに 2 であることはない。）2 を含まないねじれ二進数をインクリメントするのは、もっと簡単である —— 単に最下位の桁を 0 から 1 ないしは 1 から 2 へと増やせばよい。どちらの場合も、結果は依然として標準形を保っている。そして、0 でない最初の桁を $O(1)$ 時間で探し出せることを仮定すれば、どちらの場合も $O(1)$ 時間しかかからないのだ！

最初の 0 でない桁を探すのに $O(1)$ 時間以上かけることはできないから、ねじれ二進数に密表現を使うことはできない。代わりに、最初の 0 でない桁にすぐアクセスできるように、疎表現を用いる。

```
type Nat = int list
```

この表現に含まれる整数は、0 でない桁のランクあるいは重みを表す。今のところは、重みを用いることにしよう。重みは、最初の 0 でない桁が 2 であることを表すために最小の重みが 2 回繰り返されるかもしれないという特例を除いて、小さい順に並べる。この表現においては、inc は以下のように実装される。

```
fun inc (ws as w₁ :: w₂ :: rest) =
    if w₁ = w₂ then (1+w₁+w₂) :: rest else 1 :: ws
  | inc ws = 1 :: ws
```

最初の節では先頭 2 つの重みが等しいかを調べ、そのときは 2 つの重みを合わせて次に大きい重みに置き換え（次の桁のインクリメントにあたる）、そうでなければ新しい重み 1 を追加する（最小の桁をインクリメントする）。2 番目の節は *ws* が空か重み 1 つしか含まない場合を扱う。明らかに、inc はたかだか $O(1)$ 最悪時間で動作する。

ねじれ二進数のデクリメントも、インクリメントと同じくらい簡単だ。最下位桁が 0 でなけ

れば、単純にその桁を 2 から 1 へ、あるいは 1 から 0 へと減らせばよい。最下位桁が 0 ならば、最初の 0 でない桁をデクリメントし、その直前の 0 を 2 へと変更する。実装は次のとおりである。

```
fun dec (1 :: ws) = ws
  | dec (w :: ws) = (w div 2) :: (w div 2) :: ws
```

2 行目では、$w = 2^{k+1} - 1$ のときは $\lfloor w/2 \rfloor = 2^k - 1$ であることを使っている。明らかに、dec もまたたかだか $O(1)$ 最悪時間で動作する。

9.3.1 ねじれ二進ランダムアクセスリスト

続いて、ねじれ二進数に基づくランダムアクセスリストの記数法表現を設計しよう。基本的な表現は木のリストで、1 の桁には 1 つの木、2 の桁には 2 つの木をあてる。木は、最初の 0 でない桁が 2 であるときに、先頭 2 つの木のサイズを同じにする特例を除いて、小さい順に並べる。

木のサイズはねじれ二進数での重みに対応するので、i 桁目を表す木のサイズは $2^{i+1} - 1$ となる。ここまでのところはサイズが 2 のべき乗になる木を主に考えてきたが、今欲しいような形のサイズになる木の種類にもすでに出会っている。完全二分木だ。したがって、ねじれ二進ランダムアクセスリストは、完全二分木のリストとして表現することにする。

head に効率的に対応するために、ランダムアクセスリストの先頭の要素は最初の木の根にあるべきである。ゆえに、要素はそれぞれの木の中では左から右への行きがけ順に配置し、それぞれの木の中には次の木よりも前にある要素を配置するものとする。

前に挙げた例では、冗長だとわかっていてもすべてのノードにサイズやランクの情報を格納していた。今回の例では、もっと実践的なアプローチをとろう。サイズはリストの中の各木の根にだけ保持し、部分木に持つことはしない。よって、ねじれ二進ランダムアクセスリストの型は次のようになる。

```
datatype α Tree = Leaf of α | Node of α × α Tree × α Tree
type α RList = (int × α Tree) list
```

さて、cons は inc からの類推で実装できる。

```
fun cons (x, ts as (w₁, t₁) :: (w₂, t₂) :: rest) =
    if w₁ = w₂ then (1+w₁+w₂, Node (x, t₁, t₂)) :: rest)
    else (1, Leaf x) :: ts
  | cons (x, ts) = (1, Leaf x) :: ts
```

head と tail は最初の木の根を調べ、取り除く。tail はその根に子がもしあればリストの先頭へと戻し、これが新しい 2 の桁を表す。

```
fun head ((1, Leaf x) :: ts) = x
  | head ((w, Node (x, t₁, t₂)) :: ts) = x
fun tail ((1, Leaf x) :: ts) = ts
  | tail ((w, Node (x, t₁, t₂)) :: ts) = (w div 2, t₁) :: (w div 2, t₂) :: ts
```

i 番目の要素を見つけるには、まずリストから正しい木を探し出し、次にその木から正しい要素を見つけ出す。木の中を探すときには、現在の木のサイズを常に計算して追跡しておく。

```
    fun lookup (i, (w, t) :: ts) =
        if i < w then lookupTree (w, i, t)
        else lookup (i–w, ts)

fun lookupTree (1, 0, LEAF x) = x
  | lookupTree (w, 0, NODE (x, t₁, t₂)) = x
  | lookupTree (w, i, NODE (x, t₁, t₂)) =
        if i < w div 2 then lookupTree (w div 2, i–1, t₁)
        else lookupTree (w div 2, i – 1 – w div 2, t₂)
```

最後から 2 番目の行では、x を読み飛ばす分として i から 1 を引いている。最後の行では、x および t_1 の全要素を読み飛ばす分として、$1 + \lfloor w/2 \rfloor$ を i から引いている。update と updateTree も同じように実装できる。図 9.7 にこれらも含めた完全な実装を掲載する。

cons, head, tail が $O(1)$ 最悪時間で動くことは簡単に確かめられる。二進ランダムアクセスリストと同様、ねじれ二進ランダムアクセスリストも深さが対数の木の長さが対数のリストであるから、lookup と update は $O(\log n)$ 最悪時間で動く。実際には、lookup と update の失敗ステップは少なくとも 1 つの要素を捨てるので、この上限は $O(\min(i, \log n))$ とわずかに改良できる。

> **実応用のためのヒント** ねじれ二進ランダムアクセスリストは、リスト風の側面と配列風の側面の両方ともを活用したい応用に向いた選択肢である。これより優れたリストの実装や、優れた（永続的）配列の実装は存在するが、両方で優れたデータ構造はほかに知られていない [Oka95b]。

演習問題 9.14 8.2.1 節の HoodMelvilleQueue データ構造を、普通のリストの代わりにねじれ二進ランダムアクセスリストを使って書き換えてみよう。そしてこのキューに lookup 関数と update 関数を実装しよう。

9.3.2 ねじれ二項ヒープ

最後に、ねじれ二進数と通常の二進数の両方に基づいた、ハイブリッドな記数法表現によるヒープについて考える。ねじれ二進数のインクリメントは高速かつ単純で、insert 関数のひな形としてみごとに役目を果たしている。しかし残念ながら、2 つのねじれ二進数の足し算はあまりきれいにはいかない。それゆえ、merge 関数は、ねじれ二進数ではなく通常の二進数の足し算を基礎として作ることになる。

ねじれ二項木（*skew binomial tree*）とは、二項木であって、すべてのノードに最大 r 要素のリストを追加したものである。ただしここで r は対象のノードのランクを指す。

```
    datatype Tree = NODE of int × Elem.T × Elem.T list × Tree list
```

通常の二項木とは異なり、ねじれ二項木のサイズはランクからは完全には定まらない。そうではなく、ねじれ二項木のランクは取りえるサイズの範囲を定めている。

補題 9.2 t がランク r のねじれ二項木であるとき、$2^r \leq |t| \leq 2^{r+1} - 1$。

```
structure SkewBinaryRandomAccessList : RandomAccessList =
struct
    datatype α Tree = Leaf of α | Node of α × α Tree × α Tree
    type α RList = (int × α Tree) list        (∗ 整数は木の重み ∗)

    val empty = [ ]
    fun isEmpty ts = null ts

    fun cons (x, ts as (w₁, t₁) :: (w₂, t₂) :: ts') =
            if w₁ = w₂ then (1+w₁+w₂, Node (x, t₁, t₂)) :: ts'
            else (1, Leaf x) :: ts
      | cons (x, ts) = (1, Leaf x) :: ts
    fun head [ ] = raise Empty
      | head ((1, Leaf x) :: ts) = x
      | head ((w, Node (x, t₁, t₂)) :: ts) = x
    fun tail [ ] = raise Empty
      | tail ((1, Leaf x) :: ts) = ts
      | tail ((w, Node (x, t₁, t₂)) :: ts) = (w div 2, t₁) :: (w div 2, t₂) :: ts

    fun lookupTree (1, 0, Leaf x) = x
      | lookupTree (1, i, Leaf x) = raise Subscript
      | lookupTree (w, 0, Node (x, t₁, t₂)) = x
      | lookupTree (w, i, Node (x, t₁, t₂)) =
            if i ≤ w div 2 then lookupTree (w div 2, i−1, t₁)
            else lookupTree (w div 2, i − 1 − w div 2, t₂)
    fun updateTree (1, 0, y, Leaf x) = Leaf y
      | updateTree (1, i, y, Leaf x) = raise Subscript
      | updateTree (w, 0, y, Node (x, t₁, t₂)) = Node (y, t₁, t₂)
      | updateTree (w, i, y, Node (x, t₁, t₂)) =
            if i ≤ w div 2 then Node (x, updateTree (w div 2, i−1, y, t₁), t₂)
            else Node (x, t₁, updateTree (w div 2, i − 1 − w div 2, y, t₂))

    fun lookup (i, [ ]) = raise Subscript
      | lookup (i, (w, t) :: ts) =
            if i < w then lookupTree (w, i, t)
            else lookup (i−w, ts)
    fun update (i, y, [ ]) = raise Subscript
      | update (i, y, (w, t) :: ts) =
            if i < w then (w, updateTree (w, i, y, t)) :: ts
            else (w, t) :: update (i−w, y, ts)
end
```

図 9.7　ねじれ二進ランダムアクセスリスト

演習問題 9.15 補題 9.2 を証明しよう。 ◇

ねじれ二項木は、リンク（*link*）したりねじれリンク（*skew link*）したりできる。link 関数は、2 つのランク r の木を合わせて、根の大きい木を根の小さい木の子にすることでランク $r+1$ の木を構成する。

```
fun link (t₁ as Node (r, x₁, xs₁, c₁), t₂ as Node ( _ , x₂, xs₂, c₂)) =
    if Elem.leq (x₁, x₂) then Node (r+1, x₁, xs₁, t₂ :: c₁)
    else Node (r+1, x₂, xs₂, t₁ :: c₂)
```

skewLink 関数は、2 つのランク r の木に加えてさらにもう 1 つ要素を合わせて、ランク $r+1$ の木を構成する。まず 2 つの木をリンクしたあとに結果の根と追加の要素を比較し、小さかったほうを根として残し、大きいほうはノードに追加されたリストに足される。

```
fun skewLink (x, t₁, t₂) =
    let val Node (r, y, ys, c) = link (t₁, t₂)
    in
        if Elem.leq (x, y) then Node (r, x, y :: ys, c)
        else Node (r, y, x :: ys, c)
    end
```

ねじれ二項ヒープは、ヒープ順序つきのねじれ二項木を、ランクの昇順に並べたリストとして表現される。ただし、リストの最初の 2 つの木は同じランクであってもよいとする。ねじれ二項木は同じランクであっても異なるサイズを持てることから、もはや、ヒープの木とヒープのサイズを表現したねじれ二進数の桁との間に直接の対応関係はない。例として、4 のねじれ二進数表現は 11 であるが、サイズ 4 のねじれ二項ヒープは、サイズ 4 でランク 2 の木を 1 つ持つ場合も、ランク 1 のそれぞれサイズ 2 の木を 2 つ持つ場合も、ランク 1 のサイズ 3 の木とランク 0 の木を持つ場合も、ランク 1 でサイズ 2 の木を 1 つとランク 0 の木を 2 つ持つ場合もある。しかしながら、ヒープの持つ木の最大数は、依然として $O(\log n)$ である。

ねじれ二項ヒープの大きな利点は、新しい要素を $O(1)$ 時間で挿入できることである。まず最初に小さいほうの木 2 つのランクを比較して、等しければこれらの木と新しい要素をねじれリンクする。そうでなければ、新しい一要素の木を作って、リストの先頭へと追加する。

```
fun insert (x, ts as t₁ :: t₂ :: rest) =
    if rank t₁ = rank t₂ then skewLink (x, t₁, t₂) :: rest
    else Node (0, x, [], []) :: ts
  | insert (x, ts) = Node (0, x, [], []) :: ts
```

残りの関数は通常の二項ヒープでの対応する処理とほとんど変わらない。もともとの merge 関数は mergeTrees と名前を変更する。この関数は、もとと変わらず木のリスト 2 つを両方たどり、ランクが同じ木を見つけると普通のリンク（ねじれリンクではなく！）を行う。mergeTrees もその補助関数 insTree もランクが必ず真に増加しているリストを仮定して書かれているため、merge では、引数を正規化して先頭のランクの重複を必ず除いてから mergeTrees へと渡す。

```
fun normalize [] = []
  | normalize (t :: ts) = insTree (t, ts)
fun merge (ts₁, ts₂) = mergeTrees (normalize ts₁, normalize ts₂)
```

findMin と removeMinTree はねじれ二項ヒープへと変わっても完全に何の影響も受けない。どちらの関数も木の根だけを気にしていて、ランクを完全に無視しているためである。deleteMin だけは少し変更が必要だ。まずもとと同じように、最小の根を持つ木を取り除き、その子のリストの並びを反転し、逆に並べた子のリストと残りの木のリストとをマージする。しかしこれに加えて、破棄された根に足されていた追加リストの要素を、再挿入する必要がある。

```
fun deleteMin ts =
    let val (NODE ( _ , x, xs, ts₁), ts₂) = removeMinTree ts
        fun insertAll ([], ts) = ts
          | insertAll (x :: xs, ts) = insertAll (xs, insert (x, ts))
    in insertAll (xs, merge (rev ts₁, ts₂)) end
```

図 9.8 にねじれ二項ヒープの完全な実装を示す。

insert は $O(1)$ 最悪時間で動作し、merge、findMin、deleteMin は通常の二項ヒープでの対応する関数と同じ時間、つまり $O(\log n)$ 最悪時間で動作する。deleteMin の各段階 —— 最小の根を持つ木の探索、子リストの反転、子リストと残りの木のリストのマージ、追加要素の再挿入 —— はそれぞれ $O(\log n)$ 時間かかることに注意せよ。

必要であれば、findMin の実行時間は演習問題 3.7 の ExplicitMin ファンクタを使って $O(1)$ へと改善できる。10.2.2 節では、さらに merge の実行時間をも $O(1)$ に改善する方法を解説する。

演習問題 9.16　Elem.T × Heap → Heap という型を持つ delete 関数が欲しいとしよう。ヒープの実装 H を受け取って、他のすべてのヒープ関数に加えて delete まで対応するようなヒープの実装を生成するファンクタを実装してみよう。実装の型は

```
type Heap = H.Heap × H.Heap
```

となり、一方のヒープでは要素の正の出現を表し、もう一方では負の出現を表す。要素の負の出現とは、その要素はすでに削除されているが、まだ物理的にはヒープから除かれていないことを意味する。同じ要素が正にも負にも出現している場合はお互いを打ち消し合い、両方が 2 つのヒープの最小要素になったときに、物理的に取り除かれる。不変条件として、正のヒープの最小要素は負のヒープの最小要素よりも真に小さいという状態を維持しておくこと。（この実装は要素が挿入されるよりも前に削除しておくことができるという奇妙な性質を持つが、多くの応用でこれは許容できる。）

9.4　三進数と四進数

計算機科学の分野では二進法で考えることに慣れすぎているから、時々、他の底も使えることを忘れてしまう。この節では、底 3 と底 4 を使った記数法表現について考えていく。

底 k での各桁の重みは k^r であるから、この形のサイズになる木の種類が必要だ。二進記数法表現に用いた木の種類は、それぞれ以下のように一般化することができる。

定義 9.4（完全 k 分葉木（Complete k-ary leaf tree））　ランク 0 の完全 k 分木とは単一の葉ノードのことをいい、ランク $r > 0$ の完全 k 分木とは k 個の、それぞれがランク $r - 1$ の完全 k 分木であるような子を持つノードのことをいう。ランク r の完全 k 分木は $(k^{r+1} - 1)/(k - 1)$ 個

```
functor SkewBinomialHeap (Element : Ordered) : Heap =
struct
  structure Elem = Element

  datatype Tree = Node of int × Elem.T × Elem.T list × Tree list
  type Heap = Tree list

  val empty = [ ]
  fun isEmpty ts = null ts

  fun rank (Node (r, x, xs, c)) = r
  fun root (Node (r, x, xs, c)) = x
  fun link (t₁ as Node (r, x₁, xs₁, c₁), t₂ as Node ( _ , x₂, xs₂, c₂)) =
        if Elem.leq (x₁, x₂) then Node (r+1, x₁, xs₁, t₂ :: c₁)
        else Node (r+1, x₂, xs₂, t₁ :: c₂)
  fun skewLink (x, t₁, t₂) =
        let val Node (r, y, ys, c) = link (t₁, t₂)
        in
            if Elem.leq (x, y) then Node (r, x, y :: ys, c)
            else Node (r, y, x :: ys, c)
        end
  fun insTree (t, [ ]) = [t]
    | insTree (t₁, t₂ :: ts) =
        if rank t₁ < rank t₂ then t₁ :: t₂ :: ts else insTree (link (t₁, t₂), ts)
  fun mergeTrees (ts₁, [ ]) = ts₁
    | mergeTrees ([ ], ts₂) = ts₂
    | mergeTrees (ts₁ as t₁ :: ts₁′, ts₂ as t₂ :: ts₂′) =
        if rank t₁ < rank t₂ then t₁ :: mergeTrees (ts₁′, ts₂)
        else if rank t₂ < rank t₁ then t₂ :: mergeTrees (ts₁,ts₂′)
        else insTree (link (t₁, t₂), mergeTrees (ts₁′, ts₂′))
  fun normalize [ ] = [ ]
    | normalize (t :: ts) = insTree (t, ts)

  fun insert (x, ts as t₁ :: t₂ :: rest) =
        if rank t₁ = rank t₂ then skewLink (x, t₁, t₂) :: rest
        else Node (0, x, [ ], [ ]) :: ts
    | insert (x, ts) = Node (0, x, [ ], [ ]) :: ts
  fun merge (ts₁, ts₂) = mergeTrees (normalize ts₁, normalize ts₂)

  fun removeMinTree [ ] = raise Empty
    | removeMinTree [t] = (t, [ ])
    | removeMinTree (t :: ts) =
        let val (t′, ts′) = removeMinTree ts
        in if Elem.leq (root t, root t′) then (t, ts) else (t′, t :: ts′) end

  fun findMin ts = let val (t, _ ) = removeMinTree ts in root t end
  fun deleteMin ts =
        let val (Node ( _ , x, xs, ts₁), ts₂) = removeMinTree ts
            fun insertAll ([ ], ts) = ts
              | insertAll (x :: xs, ts) = insertAll (xs, insert (x, ts))
        in insertAll (xs, merge (rev ts₁, ts₂)) end
end
```

図 9.8　ねじれ二項ヒープ

のノード、特に k^r 個の葉を持つ。完全 k 分葉木とは、完全 k 分木であって葉のみに要素を保持する木のことを指す。

定義 9.5（k 項木（k-**nomial tree**））　ランク r の k 項木とは、ランク $r-1$ から 0 までの子ノードをそれぞれ $k-1$ 個ずつ持つノードである。言い換えると、ランク $r>0$ の k 項木とは、ランク $r-1$ の k 項木に別のランク $r-1$ の k 項木を $k-1$ 個、最左の子として足したもののことを言う。2 番目の定義から、ランク r の k 項木は k^r 個のノードを持つことがすぐにわかる。

定義 9.6（k 進ペナント（k-**ary pennant**））　ランク 0 の k 進ペナントは単一のノードであり、ランク $r>0$ の k 進ペナントは $k-1$ 個の子を持ち、そのそれぞれがランク $r-1$ の完全 k 分木であるようなノードである。部分木のそれぞれが $(k^r-1)/(k-1)$ 個のノードを含むので、木全体では k^r 個のノードがある。

　2 よりも大きい底を使うことの利点は、数を表現するのに必要な桁が少なくて済むことである。底 2 で表現した数がおおよそ $\log_2 n$ 桁になるときに、底 k で表した数はおおよそ $\log_k n = \log_2 n / \log_2 k$ 桁となる。例として、四進数は二進数の約半分の桁数で足りる。その一方で、各桁の取りえる値が増えるので、それぞれの桁での処理は長くかかるかもしれない。記数法表現においては、底 k での各桁の処理はだいたい $k+1$ ステップかかることが多く、したがって全部の桁を処理するのにかかる時間は、まとめると約 $(k+1)\log_k n = \frac{k+1}{\log_2 k}\log n$ ステップとなる。以下の表に $k = 2, \ldots, 8$ での $(k+1)/\log_2 k$ の値を示す。

k	2	3	4	5	6	7	8
$(k+1)/\log_2 k$	3.00	2.52	2.50	2.58	2.71	2.85	3.0

この表を素直に読むと、三進数や四進数に基づく記数法表現では、二進数に基づく記数法表現よりも 16% ほどの高速化が見込める可能性があることになる。他の要因、たとえばコードサイズの増加などを合わせると、k が増えれば増えるほど大きい底の表現の効率は悪化する。したがって、そんなに大きな高速化が現実に見られることはまれである。実際、小さなデータセットに対しては、三進表現や四進表現は二進表現よりも遅い。しかし、大きなデータセットに対しては、三進表現や四進表現はしばしば 5 から 10% の高速化をもたらす。

演習問題 9.17　以下の型を使って三項ヒープを実装してみよう。

```
datatype Tree = Node of Elem.T × (Tree × Tree) list
datatype Digit = Zero | One of Tree | Two of Tree × Tree
type Heap = Digit list
```

演習問題 9.18　以下の型を使ってゼロなし四進ランダムアクセスリストを実装してみよう。

```
datatype α Tree = Leaf of α | Node of α Tree vector
type α RList = α Tree vector list
```

ただし Node の中の vector は各々 4 つの木を持ち、リストの中の vector は、1 から 4 個までのいずれかの木を持つこととする。

演習問題 9.19　ねじれ二進数の考え方は任意の底に応用することができる。ねじれ k 進数では、i 番目の桁の重みは $(k^{i+1}-1)/(k-1)$ である。最初の 0 でない桁が k でもよいという特例を除き、他の桁は $\{0, \ldots, k-1\}$ の範囲のいずれかの数となる。以下の型を用いて、ねじれ三進

ランダムアクセスリストを実装してみよう。

```
datatype α Tree = Leaf of α | Node of α × α Tree × α Tree × α Tree
type α RList = (int × α Tree) list
```

9.5 注記

　記数法表現として位置づけられるデータ構造は驚くほど広く使われているが、記数法の変種とのつながりが明示 [GMPR77, Mye83, CMP88, KT96b] されることは多くない。ねじれ二進ランダムアクセスリストの初出は [Oka95b] である。ねじれ二項ヒープの初出は [BO96] である。

第10章
データ構造ブートストラップ

ブートストラップ（*bootstrapping*）という用語は "自分の靴のかかとのつまみを引っ張って自分を持ち上げる（pulling yourself up by your bootstraps）" ということわざからきている。この一見ナンセンスな描写は、計算機科学ではよくある状況の見本になっている。問題を解決するのに、まったく同じ問題の（より簡単な）一例の解決が必要になるという状況だ。

たとえば、何も用意されていないむき出しの計算機に、ディスクやテープからオペレーティングシステム（OS）をロードすることを考えよう。OS なしでは、計算機はディスクやテープからデータを読むことすらできない！ 解決策の 1 つはブートストラップローダを使うことだ。これは極小の不完全な OS で、多少は大きく機能も多い OS を読み込んで制御を渡すことだけを唯一の目的としているが、読み込まれた OS はさらに、本物の、欲しかった OS を読み込んで制御を渡す。この構成は、不完全な解決策から完全な解決策をブートストラップする一例と見ることができる。

もう 1 つの例は、ブートストラップするコンパイラだ。新しい言語のコンパイラをその言語自身で書くというのはよくあることである。しかしそうすると、どうやってそのコンパイラをコンパイルすればよいのか？ 解決策の 1 つは、その言語の、非効率でもよい簡単なインタプリタを他の既存の言語で書くことである。するとそのインタプリタを使ってコンパイラを自分自身に適用し、そのコンパイラの、効率的な、コンパイル済みの実行形式が手に入る。これは、非効率な解決策から効率的な解決策をブートストラップする例と見ることができる。

Adam Buchsbaum は博士論文 [Buc93] で、2 つのアルゴリズム設計技法を合わせて**データ構造ブートストラップ**（*data-structural bootstrapping*）と呼んだ。1 つ目の技法、**構造的分解**（*structural decomposition*）は、不完全なデータ構造からの完全なデータ構造のブートストラップを行う。2 つ目の技法、**構造的抽象**（*structural abstraction*）は、非効率なデータ構造からの効率的なデータ構造のブートストラップを行う。この章では、以上の 2 つの技法を再考するとともに、第三の技法、原子的な要素を集めたデータ構造から集成的な要素を集めたデータ構造へのブートストラップについて見ていく。

10.1 構造的分解

構造的分解（*structural decomposition*）は、不完全なデータ構造から完全なデータ構造をブートストラップする技法である。典型的には、ある決まった上限までの個数（場合によっては 0 個かもしれない）しか要素を扱えないデータ構造を受け取って、数に上限なく要素を扱えるよう拡張するという形をとることが多い。

リストや二分葉木といった典型的な再帰データ型を考えてみよう。

> **datatype** α List = N<small>IL</small> | C<small>ONS</small> **of** $\alpha \times \alpha$ List
> **datatype** α Tree = L<small>EAF</small> **of** α | N<small>ODE</small> **of** α Tree $\times$ α Tree

ある意味で、これらを構造的分解の例とみなすことができる。どちらも、有限サイズ以下に限った簡単な実装（リストなら長さ 0 のリスト、木なら 1 要素の木）と、巨大なオブジェクトを再帰的に小さいオブジェクトへ分解して最終的に有限の場合で扱えるところまで落とす規則から成り立っているからだ。

とは言っても、どちらの実装も、再帰的定義で分解された先がもともと定義していた型そのものであるという点で、特別に単純だ。つまり α List の定義に現れる再帰的な部分はまた α List でしかないのである。このようなデータ型は**一様に再帰的**（*uniformly recursive*）と呼ばれる。

一般には**構造的分解**という単語は、再帰的データ構造の中でも**一様でない**（*non-uniform*）再帰をするものに限って用いる。例として、要素の列の次のような定義を考えてみよう。

> **datatype** α Seq = N<small>IL</small>′ | C<small>ONS</small>′ **of** $\alpha \times (\alpha \times \alpha)$ Seq

この例では、列は空であるか、要素 1 つにペアの列を合わせたものとなっている。再帰的な部分 $(\alpha \times \alpha)$ Seq は全体 α Seq と異なっているから、このデータ型は一様ではない。

このような一様でない定義が一様な定義よりもうれしいことがあるとすれば、どんな場合だろう？　一様でない型の持つ洗練された構造は、しばしば、一様な場合よりも効率的なアルゴリズムにつながりえる。たとえば、以下の size 関数をリストの場合と先ほどの列の場合で比較してみよう。

> **fun** sizeL N<small>IL</small> = 0
> | sizeL (C<small>ONS</small> (x, xs)) = 1 + sizeL xs
>
> **fun** sizeS N<small>IL</small>′ = 0
> | sizeS (C<small>ONS</small>′ (x, ps)) = 1 + 2 $*$ sizeS ps

リスト用の関数は $O(n)$ 時間で動作するが、列の場合は $O(\log n)$ 時間で動作している。

10.1.1　一様でない再帰と Standard ML

残念なことに、構造的分解を直接 Standard ML で実装することは、普通の意味では不可能である。Standard ML は一様でない再帰的データ型の定義は許すが、そのような型を操作する意味のある関数はほとんど、型システムによって拒否されてしまう。一例としては、先ほどの列に対する sizeS 関数である。Standard ML はこの関数を受けつけない。型システムが、再帰関数の中での再帰的な呼び出しは、定義されている外側の関数と同じ型であることを要求する（言い換えると、再帰関数の定義は一様でなければならない）からである。sizeS は、外側の sizeS は α Seq $\rightarrow$ int 型だが内側の sizeS は $(\alpha \times \alpha)$ Seq $\rightarrow$ int 型なので、この条件に違反している。

新しいデータ型を導入して、異なるケースを 1 つの型につぶしてしまえば、一様でない型を一様な型に変換することは常に可能である。たとえば、要素とそのペアをつぶして 1 つにまとめてしまえば、Seq 型の定義はこう書き換えられる。

> **datatype** α EP = Elem **of** α | Pair **of** α EP $\times$ α EP
>
> **datatype** α Seq = Nil' | Cons' **of** α EP $\times$ α Seq

これなら、sizeS 関数はそのままで完全に合法となる。外側の sizeS も内側の sizeS も α Seq $\to$ int という同じ型となったからだ。

一様でない型を一様な型に変換することはいつでもできるのだから、構造的分解は、データ構造をどう実装するかというよりは、そのデータ構造をどのように考え、捉えるのかという解釈の問題である。たとえば、上で書き直された α Seq の定義を見てみよう。α EP 型は二分葉木と同型であるから、改訂版の α Seq は α Tree list と同じことである。しかるに、木のリストとペアの列とを同じものと考えるのはなかなか難しい。あるアルゴリズムはどちらか一方の表現に対しては自然で簡単に見えることがあるし、別のアルゴリズムはもう一方に対してのみ、そうかもしれない。次節ではこのような例をいくつか見ていく。

実際的な面でも、一様なものより一様でない α Seq の定義が好ましい理由がいくつかある。第一に、一様でない定義は簡潔である。2 つも型は要らず 1 つで済むし、手で Elem と Pair という構築子をあらゆるところに挿入する必要もない。第二に、言語の実装にもよるが、一様でない定義は効率的である。Elem や Pair にパターーンマッチする必要も、これらの構築子に対応する実行時の構造をメモリ上に作る必要もない。第三に、これが最も重要であるが、一様でない定義を使えば型システムがより多くのプログラマのミスを発見してくれる。一様でない型の定義は、一番外側の Cons' 構築子は 1 個の要素を持ち、2 番目では要素のペアを持ち、3 番目は要素のペアのペアを持ち……、ということを確実に保証する。一様な再帰に書き換えた定義では、ペアの左右がバランスしていることも、一段潜るごとにペアの入れ子の深さも 1 つ増えることも保証してくれない。代わりに、このような制約はプログラマがシステムの不変条件として確立しなければならないのだ。しかしもしプログラマが不変条件にうっかり違反したとしても、たとえばペアが意図されたところに要素を使ってしまったとしても、型システムはこの間違いを見つける手助けを何もしてくれない。

以上の理由から、以降ではしばしば、あたかも Standard ML が一様でない再帰関数定義、またの名を**多相再帰**（*polymorphic recursion*）[Myc84] に対応しているかのようにコードを提示する。このコードは実行可能ではないが可読性は高い。合法な Standard ML に書き直すことは、先に紹介したような変換を使えばいつでも可能である。

10.1.2 二進ランダムアクセスリスト再考

そのあらゆる利点をもってしても、実は、これまで議論してきた α Seq 型は、列を表すのには役に立たない。問題は、この型はちょうど $2^k - 1$ 要素の列しか表せないということだ。記数法表現の文脈で考えると、Cons' 構築子は 1 のビットを書く方法は提供するが、0 のビットを書く方法がないという状況にあたる。これは、もう 1 つ構築子を追加することで簡単に直すことができる。加えて、Cons' 構築子も名前を変えて、二進数との類似性を強調するようにしよう。

> **datatype** α Seq = Nil | Zero **of** $(\alpha \times \alpha)$ Seq | One **of** $\alpha \times (\alpha \times \alpha)$ Seq

こうして、列 $0 \ldots 10$ も次のとおり表現できるようになった。

> One $(0$, One $((1,2)$, Zero $($One $((((3,4),(5,6)),((7,8),(9,10))),$ Nil$))))$

この列の長さは 11 で、二進表記すると 1101 である。

　この型に現れるペアは必ず左右のバランスがとれている。実際、要素のペアや要素のペアの
ペア等々は、別の見方をすれば、完全二分葉木なのである。したがって、この型は 9.2.1 節の
二進ランダムアクセスリストと本質的に同等な、しかし構造の不変条件が明確にされたものと
言える。

　というわけで、二進ランダムアクセスリストの関数を再び実装してみよう。ただし今回は、
完全二分葉木のリストとしてではなく、要素とペアの列として考えながらの実装だ。どの関数
も依然として $O(\log n)$ 時間で動作するが、すぐにわかるように、この新しい考え方に基づくと
短くて理解しやすいアルゴリズムを手に入れることができる。

　まずは cons 関数から始めよう。最初の 2 つの場合は簡単だ。

```
fun cons (x, NIL) = ONE (x, NIL)
  | cons (x, ZERO ps) = ONE (x, ps)
```

ONE (y, ps) の形の列に要素を追加するには、新しい要素と既存の要素をペアにして、そのペア
をペアの列に追加する。

```
fun cons (x, ONE (y, ps)) = ZERO (cons ((x, y), ps))
```

ここが多相再帰が必要となるポイントである。外側の cons の型は

$$\alpha \times \alpha \; \text{Seq} \to \alpha \; \text{Seq}$$

だが、内側の cons の型は

$$(\alpha \times \alpha) \times (\alpha \times \alpha) \; \text{Seq} \to (\alpha \times \alpha) \; \text{Seq}$$

だ。

　head 関数と tail 関数は補助関数 uncons によって実装する。この補助関数は列を先頭の要素
と残りの列とに分解する。

```
fun head xs = let val (x, _) = uncons xs in x end
fun tail xs = let val (_, xs') = uncons xs in xs' end
```

uncons 関数は、cons のそれぞれの場合を逆向きに読むことで得られる。

```
fun uncons (ONE (x, NIL)) = (x, NIL)
  | uncons (ONE (x, ps)) = (x, ZERO ps)
  | uncons (ZERO ps) = let val ((x, y), ps') = uncons ps
                       in (x, ONE (y, ps')) end
```

　次に、lookup 関数を考えよう。列 ONE (x, ps) が与えられたときに起こりえるのは、x を返す
か ZERO ps への検索を繰り返すかだ。

```
fun lookup (0, ONE (x, ps)) = x
  | lookup (i, ONE (x, ps)) = lookup (i−1, ZERO ps)
```

i 番目の要素をペアの列から見つけるには、$\lfloor i/2 \rfloor$ 番目のペアを見つけてから、そのペアから必
要なほうの要素を取り出せばよい。

```
fun lookup (i, ZERO ps) = let val (x, y) = lookup (i div 2, ps)
                          in if i mod 2 = 0 then x else y end
```

最後に update 関数に取り組む。One 構築子の場合は単純だ。

```
fun update (0, e, One (x, ps)) = One (e, ps)
  | update (i, e, One (x, ps)) = cons (x, update (i−1, e, Zero ps))
```

しかし、ペアの列の中にある要素を更新しようとする際には、ちょっとした問題に突き当たる。この場合は $\lfloor i/2 \rfloor$ 番目のペアを更新したいのだが、そのための新しいペアを作るには、古いペアの要素が必要なのだ。このため、update の前に一度 lookup を行う。

```
fun update (i, e, Zero ps) =
        let val (x, y) = lookup (i div 2, ps)
            val p = if i mod 2 = 0 then (e, y) else (x, e)
        in Zero (update (i−1, p, ps)) end
```

演習問題 10.1　この形の update が $O(\log^2 n)$ 時間で動作することを証明しよう。　　　　◇

update 関数の上限を $O(\log n)$ に戻すためには、lookup の呼び出しを取り除かねばならない。しかし、新しいペアを作るための対になる要素は、どうやったら見つけられるのだろう？　ふむ、山がムハンマドに向かって動いてこないなら、ムハンマドを山へと送り出すしかないだろう。つまり、古いペアを取ってきてから新しいペアを手元で作る代わりに、古いペアが見つかったらその場で新しいペアを作るような関数を送り出すのだ。関数を受け取って列の i 番目の要素に適用する補助関数 fupdate を用いる。すると、update は次のように簡単になる。

```
fun update (i, y, xs) = fupdate (fn x ⇒ y, i, xs)
```

fupdate 関数の鍵となる点は、要素に作用する関数 f を、ペアに作用して i の偶奇に応じ f を 1 つ目か 2 つ目の要素に適用する関数、f' へと昇格させるところである。

```
fun f' (x, y) = if i mod 2 = 0 then (f x, y) else (x, f y)
```

この定義があれば、fupdate の残りの部分は素直に書き下せる。

```
fun fupdate (f, 0, One (x, ps)) = One (f x, ps)
  | fupdate (f, i, One (x, ps)) = cons (x, fupdate (f, i−1, Zero ps))
  | fupdate (f, i, Zero ps) =
        let fun f' (x, y) = if i mod 2 = 0 then (f x, y) else (x, f y)
        in Zero (fupdate (f', i div 2, ps)) end
```

完全な実装を図 10.1 に示す。

　図 10.1 を図 9.6 と比較すると新しい実装は明らかに簡潔になっていて、もしかすると update は例外かもしれないが、個々の関数を見ても有意に単純化されていることがわかる。(高階関数に慣れている人にとっては、update もまた単純になっているだろう。) 一様でない、必要な不変条件を直接反映した型でデータ構造を作り直したことで、このような利点が現れている。

演習問題 10.2　以下の型を用いて、cons、head、tail がすべて $O(1)$ 償却時間で動くように AltBinaryRandomAccessList を実装し直してみよう。

```
structure AltBinaryRandomAccessList : RandomAccessList =
  (∗ 多相再帰が許されると仮定する！ ∗)
struct
  datatype α RList =
        Nil | Zero of (α × α) RList | One of α × (α × α) RList

  val empty = Nil
  fun isEmpty Nil = true | isEmpty _ = false

  fun cons (x, Nil) = One (x, Nil)
    | cons (x, Zero ps) = One (x, ps)
    | cons (x, One (y, ps)) = Zero (cons ((x, y), ps))

  fun uncons Nil = raise Empty
    | uncons (One (x, Nil)) = (x, Nil)
    | uncons (One (x, ps)) = (x, Zero ps)
    | uncons (Zero ps) = let val ((x, y), ps') = uncons ps
                           in (x, One (y, ps')) end

  fun head xs = let val (x, _) = uncons xs in x end
  fun tail xs = let val (_, xs') = uncons xs in xs' end

  fun lookup (i, Nil) = raise Subscript
    | lookup (0, One (x, ps)) = x
    | lookup (i, One (x, ps)) = lookup (i−1, Zero ps)
    | lookup (i, Zero ps) = let val (x, y) = lookup (i div 2, ps)
                              in if i mod 2 = 0 then x else y end

  fun fupdate (f, i, Nil) = raise Subscript
    | fupdate (f, 0, One (x, ps)) = One (f x, ps)
    | fupdate (f, i, One (x, ps)) = cons (x, fupdate (f, i−1, Zero ps))
    | fupdate (f, i, Zero ps) =
        let fun f' (x, y) = if i mod 2 = 0 then (f x, y) else (x, f y)
        in Zero (fupdate (f', i div 2, ps)) end

  fun update (i, y, xs) = fupdate (fn x ⇒ y, i, xs)
end
```

図 10.1　二進ランダムアクセスリストの新たな実装

```
datatype α RList =
      Nil
    | One of α × (α × α) RList susp
    | Two of α × α × (α × α) RList susp
    | Three of α × α × α × (α × α) RList susp
```

10.1.3　ブートストラップキュー

6.3.2 節の銀行家のキューでの ⧺ の使い方を思い出してほしい。回転操作の際には、先頭側のストリーム f が f ⧺ reverse r に置き換えられていた。何度か回転操作を行うと、先頭側スト

リームは次のような形になる。

$$((f + \text{reverse } r_1) + \text{reverse } r_2) + \cdots + \text{reverse } r_k$$

このような左優先のリストの結合は、最左のストリームの要素を何度も繰り返し処理するので、効率が悪いことで有名である。たとえばこの例なら、f の要素は k 回（++ 1 つにつき 1 回）処理され、r_i の要素は $k - i + 1$ 回（reverse の分で 1 回と後に続く ++ の回数分）処理される。一般に、左優先のリストの結合は簡単に二乗オーダの挙動を誘発してしまう。今回の例では、幸いなことに各 r_i を結合するたびにリストの長さが倍以上になるという状況であるため、全体でのコストは線形のままだ。とは言えども、この繰り返し処理のコストは実用上キューの動きを遅くすることがある。この節では、構造的分解を用いてこの非効率さを取り除いていく。

　先頭側のストリームが先ほど説明したような形をしていることを考えに入れて、これを 2 つの部分に分解する。f と、$m = \{\text{reverse } r_1, \ldots, \text{reverse } r_k\}$ という集まりとだ。f はリストとして、各 reverse r_i は停止リストとして表すことができる。末尾のストリーム r もリストに変更する。これらの変更によって、停止計算の大部分を取り除き、遅延評価に伴うオーバーヘッドをほぼすべて排除できる。しかし、m という集まり自体はどのように表現するべきだろうか？すぐにわかるように、この集まりは FIFO 順でアクセスされる。したがって、構造的分解を用いて、停止リストのキューとして表現することができる。どんな再帰型でもそうであるようにこの型にも基本ケースが必要なので、空のキューを特別な構築子で表すことにする[*1]。新しい表現は、まとめると以下のようになる。

datatype α Queue =
　　E | Q **of** int $\times$ α list $\times$ α list susp Queue $\times$ int $\times$ α list

1 つ目の整数 $lenfm$ は、f と m に含まれる停止リストの長さをすべて合わせたものである（つまりもとの実装では単に $lenf$ であった値である）。2 つ目の整数 $lenr$ は、前と変わりなく r の長さである。バランスに関する不変条件も同じく $lenr \leq lenfm$ だ。これに加えて、f が空ではないことも新しく要求する。（古い実装ではキュー全体が空ならば f も空であったが、今度の実装ではその場合は別の形で表現している。）

　いつもどおり、キューの関数は簡単に記述できる。

fun snoc (E, x) = Q (1, [x], E, 0, [])
　| snoc (Q ($lenfm$, f, m, $lenr$, r), x) = checkQ ($lenfm$, f, m, $lenr$+1, $x :: r$)
fun head (Q ($lenfm$, $x :: f'$, m, $lenr$, r)) = x
fun tail (Q ($lenfm$, $x :: f'$, m, $lenr$, r)) = checkQ ($lenfm$−1, f', m, $lenr$, r)

おもしろいところは補助関数 checkQ の中にある。r が長くなりすぎると、checkQ は r を反転する停止計算を作り m へと追加する。r の長さを調べた後は、checkQ はもう 1 つの補助関数 checkF を呼び出して、f が空でないことを保証する。f と m がどちらも空なら、キュー全体が空である。そうでなければ、f が空なら m の先頭の停止計算を取り出し、進行させ、結果のリストを新しい f として設定する。

[*1] 効率をさらに少しだけ改善する代替案として、ある程度の固定のサイズまではキューを単なるリストとして表すという手もある。

```
structure BootstrappedQueue : QUEUE =
  (* 多相再帰が許されると仮定する！ *)
struct
  datatype α Queue =
      E | Q of int × α list × α list susp Queue × int × α list

  val empty = E
  fun isEmpty E = true | isEmpty _ = false

  fun checkQ (q as (lenfm, f, m, lenr, r)) =
      if lenr ≤ lenfm then checkF q
      else checkF (lenfm+lenr, f, snoc (m, $rev r), 0, [])
  and checkF (lenfm, [], E, lenr, r) = E
    | checkF (lenfm, [], m, lenr, r) =
        Q (lenfm, force (head m), tail m, lenr, r)
    | checkF q = Q q

  and snoc (E, x) = Q (1, [x], E, 0, [])
    | snoc (Q (lenfm, f, m, lenr, r), x) = checkQ (lenfm, f, m, lenr+1, x :: r)
  and head E = raise EMPTY
    | head (Q (lenfm, x :: f', m, lenr, r)) = x
  and tail E = raise EMPTY
    | tail (Q (lenfm, x :: f', m, lenr, r)) = checkQ (lenfm−1, f', m, lenr, r)
end
```

図 10.2　構造的分解に基づくブートストラップキュー

```
fun checkF (lenfm, [], E, lenr, r) = E
  | checkF (lenfm, [], m, lenr, r) =
      Q (lenfm, force (head m), tail m, lenr, r)
  | checkF q = Q q
fun checkQ (q as (lenfm, f, m, lenr, r)) =
      if lenr ≤ lenfm then checkF q
      else checkF (lenfm+lenr, f, snoc (m, $rev r), 0, [])
```

注意として、checkQ と checkF は snoc と tail を呼び出しており、その中ではまた checkQ が呼ばれている。ゆえに、これらの関数は相互再帰的に定義されなければならない。完全な実装を図 10.2 に示す。

このキューは、末尾側のリストを反転するための停止計算を作るタイミングは銀行家のキューと完全に同じで、この停止計算を銀行家のキューよりも 1 操作分だけ早く進行させる。よって、反転の計算は銀行家のキューの各操作に $O(1)$ 償却時間しか影響しないので、ブートストラップキューの各操作についても $O(1)$ 償却時間しか影響しない。にもかかわらず、snoc と tail の実行は定数時間ではないのだ！　注意すべきは、snoc が呼ぶ checkQ の中で、さらに m に対する snoc が呼ばれるかもしれないということである。このように、各段階のキューごとに 1 回ずつの snoc の連鎖が起こりえる。しかしここで、m の中のリストは 1 つおきにサイズが倍以上になっているので、m 自体の長さは $O(\log n)$ である。一段階潜るたびに真ん中のキューの長さは少なくとも対数的に減っているということは、キュー全体の深さはたかだ

か $O(\log^* n)$ である[*2]。snoc は各段階ごとでは $O(1)$ 償却時間で動くので、合わせると snoc は $O(\log^* n)$ 償却時間ということになる。

　同じように、tail も snoc（checkQ 経由）と tail（checkF 経由）の両方を再帰的に呼び出す可能性がある。このとき、tail は snoc の結果に対して呼ばれることに注意しよう。さて、snoc は再帰的に自分自身を呼び出すことがあるし、tail もまた再帰的に snoc と tail の両方を呼び出すかもしれない。しかしながら、演習問題 10.3 から、この snoc と tail の両方がそろって再帰的に snoc を呼ぶことは決してないとわかる。よって、snoc と tail の双方とも、各段階でたかだか一度しか呼び出されないのである。snoc も tail も各段階では $O(1)$ 償却時間で動くので、tail の償却時間の合計もまた $O(\log^* n)$ となる。

注 $O(\log^* n)$ は実用上は定数である。深さが 5 を超えるためには、キューに少なくとも 2^{65536} 個の要素が必要だ。さらに、仮にサイズ 4 までのキューを単純なリストで表したとすると、約 40 億要素のキューまでは最大深さ 3 で表現できる。

実応用のためのヒント 永続性は控えめにしか使わないが万が一の病的な場合でも悪くない挙動をしてほしいという要求に対し、実用上、知られている中で最速の実装は、この種類のキューである。

演習問題 10.3 tail (snoc (q, x)) という式を考える。tail と snoc への呼び出しの両方が中で snoc を呼ぶことは決してありえないことを示してみよう。

演習問題 10.4 この節のキューを、多相再帰を用いずに以下の型で実装してみよう。

datatype α EL = Elem **of** α | List **of** α EL list susp
datatype α Queue = E | Q **of** int $\times$ α EL list $\times$ α Queue $\times$ int $\times$ α EL list

演習問題 10.5 多相再帰を不要とするもう 1 つの方法は、真ん中のキューを何か別のキューの実装で置き換えることである。この場合、ブートストラップキューの型は

datatype α Queue =
　　E | Q **of** int $\times$ α list $\times$ α list susp PrimQ.Queue $\times$ int $\times$ α list

となる。ただし PrimQ がキューの別の実装とする。

(a) ブートストラップキューのこの変種を、以下の形のファンクタとして実装してみよう。

　　　functor BootstrapQueue (PrimQ : Queue) : Queue = ...

(b) PrimQ に実時間キューの実装を指定してインスタンス化すると、できあがったブートストラップキューのすべての操作は $O(1)$ 償却時間となることを証明しよう。

[*2] 訳注：$\log^* n$ は iterated log と呼ばれ、n に繰り返し log を適用して 1 以下になるまでの回数を表す。

10.2　構造的抽象

　第二の種類のデータ構造ブートストラップは、**構造的抽象**（*structural abstraction*）である。この技法は、典型的には、リストやヒープのような要素の集まりの実装を拡張し、2 つの集まりを 1 つに統合する join 関数を追加する用途で用いられる。多くの実装では、要素を 1 つだけ追加する insert 関数を効率的に実装するのは比較的易しいが、効率的な join 関数を設計するのは難しい。構造的抽象では、他の集まりを要素として持つ集まりを作りあげる。これによって、集まりの統合は一方を他方に単に挿入するだけで済むようになる。

　構造的抽象の考え方は、おおむね型のレベルで説明することができる。α C を、型 α の要素を集めた集まりの型とし、以下のシグネチャを持つ効率的な insert 関数を実装しているとしよう。

val insert : $\alpha \times \alpha$ C $\rightarrow \alpha$ C

α C を基となる（*primitive*）型と呼ぶ。実現したいのは、この型を起点に、ブートストラップされた（*bootstrapped*）型と呼ばれる新しいデータ型 α B を導出し、α B に以下のシグネチャの insert および join の両方を効率的に実現することである。

val insert$_B$: $\alpha \times \alpha$ B $\rightarrow \alpha$ B
val join$_B$: α B $\times \alpha$ B $\rightarrow \alpha$ B

（ブートストラップされた型に関する関数を基となる型の関数と区別するために、下付添字を用いている。）ブートストラップされた型はさらに、一要素の集まりを作る unit 関数にも効率的に対応する必要がある。

val unit$_B$: $\alpha \rightarrow \alpha$ B

これがあれば、insert$_B$ は簡単に実装できる。

fun insert$_B$ (*x*, *b*) = join$_B$ (unit$_B$ *x*, *b*)

構造的抽象の基本的な方針は、基となる集まりの要素としてブートストラップされた集まりを持たせたもの、としてブートストラップされた集まりを表現することである。こうすると、join$_B$ は insert（insert$_B$ ではない!）を使って、大ざっぱに書くと以下の実装ができる。

fun join$_B$ (*b*$_1$, *b*$_2$) = insert (*b*$_1$, *b*$_2$)

ここでは *b*$_1$ を *b*$_2$ の要素として挿入している。逆に *b*$_2$ を *b*$_1$ の要素として挿入してもよいが、いずれにせよポイントは、join が簡単な挿入へと帰着されていることだ。

　もちろん、物事はそれほど簡単ではない。ここまでの説明に従うと、α B はこう定義したい。

datatype α B = B **of** (α B) C

この定義は以下のような同型関係を表していると見ることができる。

$$\alpha \text{ B} \cong (\alpha \text{ B}) \text{ C}$$

この同型関係を何回か展開してみると、すぐにこの定義の過ちに気づく。

$$\alpha\,\mathrm{B} \cong (\alpha\,\mathrm{B})\,\mathrm{C} \cong ((\alpha\,\mathrm{B})\,\mathrm{C})\,\mathrm{C} \cong \cdots \cong ((\cdots\mathrm{C})\,\mathrm{C})\,\mathrm{C}$$

型 α がどこかにいってしまっており、つまり実際に要素をこの集まりに保存する方法がないのだ！　この問題は、ブートストラップされた集まりを、要素 1 つと、基となる集まりとのペアと定義することで解決できる。

datatype $\alpha\,\mathrm{B} = \mathrm{B}$ **of** $\alpha \times (\alpha\,\mathrm{B})\,\mathrm{C}$

これならば、たとえば unit_B の実装は、empty を基となる型の空の集まりとして、

fun $\mathrm{unit}_B\ x = \mathrm{B}\,(x,\ \mathrm{empty})$

とできる。

　しかしここでまた別の問題が浮上する。ブートストラップされた集まりには必ず最低 1 つの要素が入るならば、空のブートストラップされた集まりはどうやって表現すればよいのだろう？　この問題のため、もう一度だけ、型を改訂する。

datatype $\alpha\,\mathrm{B} = \mathrm{E}\ |\ \mathrm{B}$ **of** $\alpha \times (\alpha\,\mathrm{B})\,\mathrm{C}$

注　実際には、基となる集まり C の要素として入るブートストラップされた集まりは、空にならないように常に調整する。この状況をより正確に型で記述すると、以下のようになる。

datatype $\alpha\,\mathrm{B}^+ = \mathrm{B}^+$ **of** $\alpha \times (\alpha\,\mathrm{B}^+)\,\mathrm{C}$
datatype $\alpha\,\mathrm{B} = \mathrm{E}\ |\ \mathrm{NE}$ **of** B^+

この形の定義では、残念なことにコードがくどくなってしまうため、以降では、前述の不正確だがより簡潔な定義を引き続き用いる。　　　　　　　　　　　　　　　　　　◇

　さて、先ほど見せた insert_B と join_B のひな形は、このように改訂できる。

fun $\mathrm{insert}_B\,(x,\ \mathrm{E}) = \mathrm{B}\,(x,\ \mathrm{empty})$
　　$|\ \mathrm{insert}_B\,(x,\ \mathrm{B}\,(y,\ c)) = \mathrm{B}\,(x,\ \mathrm{insert}\,(\mathrm{unit}_B\,y,\ c))$

fun $\mathrm{join}_B\,(b,\ \mathrm{E}) = b$
　　$|\ \mathrm{join}_B\,(\mathrm{E},\ b) = b$
　　$|\ \mathrm{join}_B\,(\mathrm{B}\,(x,\ c),\ b) = \mathrm{B}\,(x,\ \mathrm{insert}\,(b,\ c))$

このひな形はさまざまに変化させることができる。例として、insert_B の 2 番目のケースでは、x と y の役目を逆にすることが考えられる。同じように、join_B の 3 番目のケースでも、第一引数と第二引数の役目を逆にもできる。

　どんな集まりにでも、たとえば先頭要素だとか最小の要素のように、読み取りや削除が可能な特別な要素が存在することが多い。insert_B と join_B のひな形は、そのような特別な要素がブートストラップされた集まり $\mathrm{B}\,(x,\ c)$ の x となるように具体化するとよい。構造的抽象を利用してブートストラップしたデータ構造を設計する際に創造性が必要となるのは、特別な要素 x を削除する delete_B ルーチンの実装だ。x を削除すると、$(\alpha\,\mathrm{B})\,\mathrm{C}$ 型、つまり基となる型の集まりが残され、これを $\alpha\,\mathrm{B}$ 型のブートストラップされた集まりに再度変換しなくてはならない。これをいかに実現するかの詳細は、データ構造ごとにさまざまである。

```
signature CatenableList =
sig
   type α Cat

   val empty  : α Cat
   val isEmpty : α Cat → bool

   val cons   : α × α Cat → α Cat
   val snoc   : α Cat × α → α Cat
   val ++     : α Cat × α Cat → α Cat

   val head   : α Cat → α        (* リストが空なら Empty を投げる *)
   val tail   : α Cat → α Cat    (* リストが空なら Empty を投げる *)
end
```

図 10.3　結合可能リストのシグネチャ

　では、このひな形を実際に 2 通りに具体化してみよう。1 つ目では、キューをブートストラップして結合処理を効率化する。2 つ目では、ヒープをブートストラップしてマージ処理を効率化する。

10.2.1　効率のよい結合のできるリスト

　構造的抽象によって実装する第一のデータ構造は、図 10.3 のシグネチャで表される、結合可能リストだ。結合可能リストとは、普通のリストのシグネチャに効率的な結合関数（++ ）を加えたものである。snoc (xs, x) を xs ++ cons (x, empty) で模倣するのも簡単ではあるが、利便性を考えて、結合可能リストでは snoc にも対応する。リストの末尾に要素を追加できるというこの機能を考えると、このデータ構造のより正確な名前は、結合可能出力制限両端キューかもしれない。

　FIFO キューの効率的な実装をブートストラップすることで、すべての操作に $O(1)$ 償却時間で対応する結合可能リストの効率的な実装を得ることができる。基となるキューを厳密にどれにするかは、おおむね無関係である。永続的で、償却であれ最悪であれ定数時間のキューであれば、どれであっても問題ない。

　Queue シグネチャに合うキューの実装 Q を基とすると、構造的抽象の考え方によれば結合可能リストは以下のように表現できるはずだ。

　　datatype α Cat = E | C **of** α × α Cat Q.Queue

この型は、木として理解することができる。各ノードには 1 つ要素が含まれ、その子は左から右の並びでキューに格納される。リストの先頭要素は簡単にアクセスしたいので、木の根に先頭要素を格納するようにする。これの意味するところは、木の行きがけ順で左から右への走査に従って要素を並べるということである。$a \dots t$ の要素を持つリストの例を図 10.4 に示す。

　さて、head 関数は簡単だ。

　　fun head (C (x, _)) = x

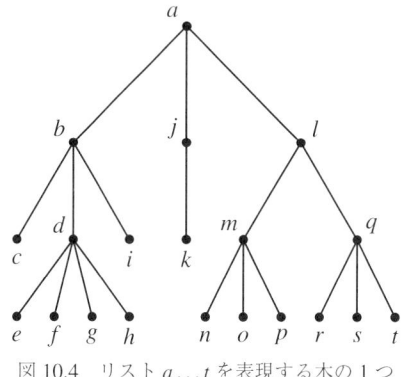

図 10.4　リスト $a \ldots t$ を表現する木の 1 つ

空でないリスト 2 つを結合するには、link 関数で 2 つ目の木を 1 つ目の木の最後の子とする。

```
fun xs ⧺ E = xs
  | E ⧺ ys = ys
  | xs ⧺ ys = link (xs, ys)
```

補助関数 link は、第二引数を第一引数の子を表すキューに追加する。

```
fun link (C (x, q), ys) = C (x, Q.snoc (q, ys))
```

cons と snoc は単に ⧺ を呼ぶのみである。

```
fun cons (x, xs) = C (x, Q.empty) ⧺ xs
fun snoc (xs, x) = xs ⧺ C (x, Q.empty)
```

最後に、空でない木に対する tail は、根を捨てて、なんとかして子のキューをまとめて 1 つの木にする必要がある。キューが空なら、tail は E を返す。それ以外の場合は、すべての子を一気につなげる。

```
fun tail (C (x, q)) = if Q.isEmpty q then E else linkAll q
```

いずれにせよ結果は変わらないので、子要素をつなげるのは、どの順で行うこともできる。ところが、少し考えてみると、図 10.5 に描いたように右から左へとつなげると、この後さらに tail を呼ぶときの重複した処理を最小にすることがわかる。したがって、linkAll の実装はこのようになる。

```
fun linkAll q = let val t = Q.head q
                    val q' = Q.tail q
                in if Q.isEmpty q' then t else link (t, linkAll q') end
```

注 linkAll は foldr1 スキーマの具体形になっている。　　　　　　　　　　　　　　◇

　この実装では、tail は最大で $O(n)$ 時間かかることがある。これを $O(1)$ 償却時間に抑えたいのだが、永続性も考慮にいれるとなると、なんらかの形で遅延評価を設計に組み込まなければならない。$O(1)$ 時間におさまっていない唯一の処理が linkAll なのだから、明らかにこの関数が遅延を入れる候補だ。linkAll を、再帰呼び出しすべてを停止するように書き換えてみよう。この停止計算は、木がキューから取り除かれるときに進行する。

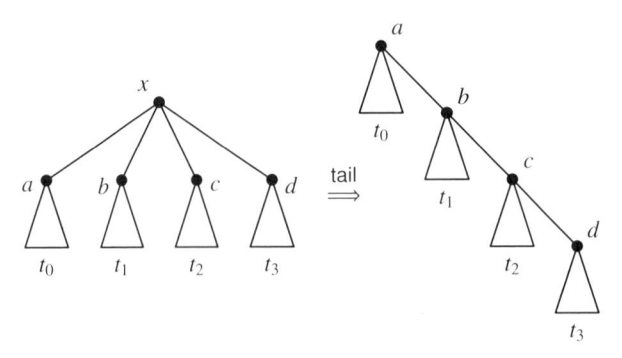

図 10.5　tail 操作の図解

```
fun linkAll q = let val $t = Q.head q
                    val q' = Q.tail q
                in if Q.isEmpty q' then t else link (t, $linkAll q') end
```

この定義との一貫性のためには、キューは木ではなくその停止計算を保持することになる。型は以下のように再定義される。

```
datatype α Cat = E | C of α × α Cat susp Q.Queue
```

この型に合わせて、++ は形の上だけ第二引数を停止計算にしておく。

```
fun xs ++ E = xs
  | E ++ xs = xs
  | xs ++ ys = link (xs, $ys)
```

完全な実装を図 10.6 に示す。

　head は明らかに $O(1)$ 最悪時間で動く一方、cons と snoc は ++ と同じ時間を要する。では、銀行家法を使って、++ と tail が償却 $O(1)$ 時間で動作することを示そう。どちらも非共有コストは $O(1)$ なので、後はそれぞれが $O(1)$ の負債を返済するだけで足りることだけを示せばよい。

　$d_t(i)$ を、木 t の i 番目のノードでの負債の数とし、$D_t(i) = \sum_{j=0}^{i} d_t(j)$ を、i を含めて i 番目まですべてのノードの負債を足し合わせた負債の累積の数とする。さらに、D_t を t の全ノードの負債の合計とする（つまり $D_t = D_t(|t| - 1)$）。負債に関して、2 つの不変条件を保つようにする。

　第一に、各ノードの負債の上限をそのノードの次数とする（つまり $d_t(i) \leq degree_t(i)$）。空でない木の全ノードの次数の総和は木のサイズより 1 小さいので、これはつまり木の負債の総和は木のサイズで抑えられることを意味する（つまり $D_t < |t|$）。この不変条件を保つために、ノードの負債を増やすのはノードの次数が増えるときに限定する。

　第二に、$D_t(i)$ を i に関する線形関数で抑える。実際に採用する具体的な線形関数は

$$D_t(i) \leq i + depth_t(i)$$

で、ここで $depth_t(i)$ は t の根から i 番目のノードまでの経路の長さである。この不変条件は**左線形負債不変条件**（*left-linear debit invariant*）と呼ばれる。左線形負債不変条件によって

```
functor CatenableList (Q : Queue) : CatenableList =
struct
  datatype α Cat = E | C of α × α Cat susp Q.Queue

  val empty = E
  fun isEmpty E = true | isEmpty _ = false

  fun link (C (x, q), s) = C (x, Q.snoc (q, s))
  fun linkAll q = let val $t = Q.head q
                      val q' = Q.tail q
                  in if Q.isEmpty q' then t else link (t, $linkAll q') end

  fun xs ++ E = xs
    | E ++ xs = xs
    | xs ++ ys = link (xs, $ys)
  fun cons (x, xs) = C (x, Q.empty) ++ xs
  fun snoc (xs, x) = xs ++ C (x, Q.empty)

  fun head E = raise Empty
    | head (C (x, _)) = x
  fun tail E = raise Empty
    | tail (C (x, q)) = if Q.isEmpty q then E else linkAll q
end
```

図 10.6　結合可能リスト

$d_t(0) = D_t(0) \le 0 + 0 = 0$ が保証されるので、どのノードも根にくるときには負債がすでに返済されていることになる。（実は、根はそもそも停止されすらしない！）実際に停止計算を進行させる唯一のタイミングは、停止されたノードが新しい根になろうとするそのときのみである。

定理 10.1　++ と tail は、それぞれ 1 と 3 の負債を返済することで不変条件を保つことができる。

証明:　（++ の証明）link の第二引数に渡す自明な停止計算だけが、++ で作られる負債である。このノードの次数を増やしてはいないので、この新しい 1 の負債は即座に返済する。さて、t_1 と t_2 は空ではないと仮定し、$t = t_1 ++ t_2$ とする。また $n = |t_1|$ とする。t_1 に属していたノードについては、インデックスや深さ、負債の累積は結合には影響されないことに注意しよう。つまり $i < n$ については以下が成り立つ。

$$\begin{aligned} D_t(i) &= D_{t_1}(i) \\ &\le i + depth_{t_1}(i) \\ &= i + depth_t(i) \end{aligned}$$

t_2 に属していたノードは、インデックスは n 増え、深さは 1 増え、負債の累積は t_1 の負債の

総和分増える。よって、

$$
\begin{aligned}
D_t(n + i) &= D_{t_1} + D_{t_2}(i) \\
&< n + D_{t_2}(i) \\
&\leq n + i + depth_{t_2}(i) \\
&= n + i + depth_t(n + i) - 1 \\
&< (n + i) + depth_t(n + i)
\end{aligned}
$$

すなわち、左線形負債不変条件の維持のためにこれ以上の負債を返済する必要はない。

（tail の証明）$t' = tail\ t$ とする。t の根を捨てたあと、子ノード $t_0 \ldots t_{m-1}$ を右から左へとつなげていくのであった。t'_j を、$t_j \ldots t_{m-1}$ までリンクした途中の木としよう。すると $t' = t'_0$ となる。最外のものを除いたすべてのリンクは停止されるので、各 t_j（$0 < j < m-1$）の根に 1 の負債を割り当てる。これらのノードは次数も 1 増えることに注意しよう。また、t'_{m-1} の根にも負債を 1 つ割り当てておく。なぜなら linkAll の最後の呼び出しは、link を呼びはしないがそれでも停止されるからである。このノードの次数は変化しないので、この最後の負債は即座に返済しておく。

さて、t の i 番目のノードがあるのが t_j の中だったとしよう。左線形負債不変条件により $D_t(i) < i + depth_t(i)$ がわかるが、この式に現れる量が tail によってどれだけ変化するか考えよう。最初の要素が捨てられるので、i は 1 減少する。t_j の中の各ノードの深さは $j - 1$ 増え（図 10.5 参照）、負債の累積は t_j の中の各ノードで j 増える。よって、

$$
\begin{aligned}
D_{t'}(i - 1) &= D_t(i) + j \\
&\leq i + depth_t(i) + j \\
&= i + (depth_{t'}(i - 1) - (j - 1)) + j \\
&= (i - 1) + depth_{t'}(i - 1) + 2
\end{aligned}
$$

2 つの負債を返済することで不変条件が再び保たれるので、合計で 3 の負債の返済で足りるということになる。　　　　　　　　　　　　　　　　　　　　　　　　　　□

> **実応用のためのヒント**　基となるキューが良い実装であれば、これが、知られている中で最速の永続結合可能リストの実装だ。永続性を激しく使う場合には特に速さが際立つ。

演習問題 10.6　結合可能リストのリストを受け取りすべてを結合する関数 flatten を α Cat list $\rightarrow \alpha$ Cat という型で書いてみよう。書いた関数が、e をリスト中の空の結合可能リストの個数として、$O(1 + e)$ 償却時間で動作することを示そう。

10.2.2　効率のよいマージのできるヒープ

次に、構造的抽象をヒープに適用することで、効率の良いマージ操作を手に入れよう。

基となるヒープの実装として、insert に $O(1)$ 最悪時間で対応し merge, findMin, deleteMin に $O(\log n)$ 最悪時間で対応するものを仮定する。そのような実装の 1 つとして 9.3.2 節のねじれ二項ヒープがあり、7.3 節のスケジュール化された二項ヒープもまた条件を満たす。構造的抽象を用いることで、findMin と merge の両方の実行時間を $O(1)$ 最悪時間へと改善できる。

　今のところは、ヒープの型は要素型に関して多相的であり、どんな要素型についても正しい比較関数をなんらかの不思議な手段で知ることができるとしておく。後半で、要素型や比較関数はファンクタの適用の時点で固定されるという事実への対処の仕方を示す。

　以上の仮定の下で、ブートストラップヒープの型はこのようになる。

datatype α Heap = E | H **of** $\alpha \times (\alpha$ Heap) PrimH.Heap

ただし PrimH が基となるヒープの実装である。H ノードに格納された要素は、そのノードを根とする部分木の最小の要素とする。基となるヒープ型に格納される要素はブートストラップヒープそのものだ。基となるヒープ型の内部では、ブートストラップヒープ同士は最小の要素（つまり根）によって順序をつける。全体としてこの型は、各ノードの子が基となるヒープ型として格納されている多分岐の木と考えることができる。

　最小要素は根に格納されているのだから、findMin は簡単だ。

fun findMin (H (x, _)) = x

2 つのブートストラップヒープを merge するには、根が大きいほうのヒープを小さいほうのヒープへと挿入する。

fun merge (E, h) = h
　| merge (h, E) = h
　| merge (h_1 **as** H (x, p_1), h_2 **as** H (y, p_2)) =
　　　if $x < y$ **then** H (x, PrimH.insert (h_2, p_1))
　　　else H (y, PrimH.insert (h_1, p_2))

（$x < y$ という比較では、$<$ が要素間の正しい比較関数であると仮定している。）すると、insert は merge を使って定義できる。

fun insert (x, h) = merge (H (x, PrimH.empty), h)

最後に deleteMin を考える。定義は以下のとおり。

fun deleteMin (H (x, p)) =
　　　if PrimH.isEmpty p **then** E
　　　else let val (H (y, p_1)) = PrimH.findMin p
　　　　　　val p_2 = PrimH.deleteMin p
　　　　　in H (y, PrimH.merge (p_1, p_2)) **end**

根を捨てたあと、まずは基となる型のヒープ p が空かどうかを調べる。空なら、新しいヒープも空である。空でなければ、p の最小要素を探して取り出す。この最小要素とは全体のヒープの最小要素を保持したブートストラップヒープであるから、その最小要素が新しい根となる。最後に、p_1 と p_2 をマージして基となる型の新しいヒープができあがる。

　このヒープの解析は簡単だ。明らかに、findMin は基となるヒープの実装がなんであれ $O(1)$ 最悪時間で動作する。insert と merge は PrimH.insert にのみ依存する。PrimH.insert は $O(1)$ 最悪時間で動作すると仮定していたので、insert と merge についても同様だ。最後に、deleteMin は PrimH.findMin, PrimH.deleteMin, PrimH.merge を呼び出している。どれも $O(\log n)$ 最悪時間で動作するので、deleteMin についても同じことが言える。

注　上限を償却実行時間で持つヒープからブートストラップすることもできる。たとえば 6.4.1 節の遅延二項ヒープからは、findMin が $O(1)$ 最悪時間で、insert と merge が $O(1)$ 償却時間、deleteMin が $O(\log n)$ 償却時間の実装が作られる。　　　　　　　　　　　　　　　◇

　ここまでのところはヒープは多相的であると仮定してきたが、実際には Heap のシグネチャはヒープは単相的であるとしている。つまり、要素の型も比較関数もファンクタの適用時に固定されてしまっている。そもそもヒープの実装そのものは、要素型と比較関数でパラメタ化されたファンクタであった。ヒープをブートストラップするのに使うファンクタは、ヒープストラクチャをヒープストラクチャに変換するのではなく、ヒープファンクタをヒープファンクタに変換するものである。高階ファンクタ [MT94] を使うと、これは以下のように表現できる。

```
functor Bootstrap (functor MakeH (Element : Ordered)
                      : Heap where type Elem.T = Element.T)
                   (Element : Ordered) : Heap = . . .
```

Bootstrap ファンクタは MakeH ファンクタを引数としてとる。MakeH ファンクタは要素型と比較関数を定義した Ordered ストラクチャである Element を引数に取り、Heap ストラクチャを返す。MakeH を受け取ると、Bootstrap は Ordered ストラクチャである Element を取り Heap ストラクチャを返すようなファンクタを返す。

注　MakeH ファンクタのシグネチャにある **where type** 制約は、このファンクタが、欲しい要素型のヒープストラクチャを返すことを保証するのに必要である。この種の制約条件は、高階ファンクタでは非常によく使われている。　　　　　　　　　　　　　　　　　　　　　　　　　◇

　さて、ブートストラップヒープを要素とするようなヒープのストラクチャを作るには、MakeH を Ordered ストラクチャである BootstrappedElem に適用する。このストラクチャは要素型としてブートストラップヒープの型を、比較関数として最小要素同士を比較する関数を定義する。（空のブートストラップヒープに関しては順序関係は未定義とする。）これは、以下のような相互再帰のストラクチャの宣言で表現される。

```
structure rec BootstrappedElem =
   struct
      datatype T = E | H of Elem.T × PrimH.Heap
      fun leq (H (x, _ ), H (y, _ )) = Elem.leq (x, y)
      . . . eq と lt にも同様の定義 . . .
   end
and PrimH = MakeH (BootstrappedElem)
```

ただし Elem はブートストラップヒープの真の要素型を指定するための Ordered ストラクチャとする。Bootstrap ファンクタの完全な実装を図 10.7 に示す。

注　もっともな理由があって、Standard ML では再帰的なストラクチャの宣言を許さない。このような宣言は MakeH ファンクタが副作用を持つときには意味をなさないのだ。しかしながら、ここで MakeH ファンクタとして Bootstrap を適用したい対象である 9.3.2 節の SkewBinomialHeap などは、そのような観点からも問題がなく、Bootstrap ファンクタの中の再帰的な埋め込みの形はきちんと意味をなす。Standard ML がこの書き方でのブートストラップを許さないのは残念なことだ。

```
functor Bootstrap (functor MakeH (Element : ORDERED)
                              : HEAP where type Elem.T = Element.T)
                  (Element : ORDERED) : HEAP =
struct
  structure Elem = Element

  (∗ 再帰的なストラクチャは Standard ML ではサポートされていない！  ∗)
  structure rec BootstrappedElem =
    struct
      datatype T = E | H of Elem.T × PrimH.Heap
      fun leq (H (x, _ ), H (y, _ )) = Elem.leq (x, y)
      . . . eq と lt にも同様の定義 . . .
    end
  and PrimH = MakeH (BootstrappedElem)

  open BootstrappedElem   (∗ 構築子 E と H を公開 ∗)

  type Heap = BootstrappedElem.T

  val empty = E
  fun isEmpty E = true | isEmpty _ = false

  fun merge (E, h) = h
    | merge (h, E) = h
    | merge (h₁ as H (x, p₁), h₂ as H (y, p₂)) =
        if Elem.leq (x, y) then H (x, PrimH.insert (h₂, p₁))
        else H (y, PrimH.insert (h₁, p₂))
  fun insert (x, h) = merge (H (x, PrimH.empty), h)

  fun findMin E = raise EMPTY
    | findMin (H (x, _ )) = x
  fun deleteMin E = raise EMPTY
    | deleteMin (H (x, p)) =
        if PrimH.isEmpty p then E
        else let val (H (y, p₁)) = PrimH.findMin p
                 val p₂ = PrimH.deleteMin p
             in H (y, PrimH.merge (p₁, p₂)) end
end
```

図 10.7　ブートストラップヒープ

　特定の MakeH、たとえば SkewBinomialHeap や LazyBinomialHeap を決めてしまって定義の中へとインライン展開し、BootstrappedElem と PrimH を別のストラクチャとして持つのをやめれば、Standard ML でブートストラップヒープを実装することは依然として可能である。こうすることでストラクチャ上の再帰はデータ型上の再帰へと還元され、これは Standard ML でも対応している。

演習問題 10.7　6.4.1 節の LazyBinomialHeap ファンクタを上で述べたようにその場に展開すると、このような型が得られる。

```
signature HEAPWITHINFO =
sig
  structure Priority : ORDERED

  type α Heap

  val empty      : α Heap
  val isEmpty    : α Heap → bool

  val insert     : Priority.T × α × α Heap → α Heap
  val merge      : α Heap × α Heap → α Heap

  val findMin    : α Heap → Priority.T × α
  val deleteMin : α Heap → α Heap
        (∗ findMin と deleteMin はヒープが空なら EMPTY を投げる ∗)
end
```

図 10.8　ヒープの別のシグネチャ

```
datatype Tree = NODE of int × Heap × Tree list
datatype Heap = E | NE of Elem.T × Tree list susp
```

このブートストラップヒープの実装を完成させよう。

演習問題 10.8　ヒープの要素は多くの場合、優先順位以外の情報も含んでいる。このような要素型については、優先順位と残りの情報を分けて考えるヒープを使うのが便利である。図 10.8 は、そのようなヒープのための代替のシグネチャだ。

(a) LazyBinomialHeap か SkewBinomialHeap のどちらかをこの新しいシグネチャに当てはまるよう適応させてみよう。

(b) Bootstrap ファンクタを次のように書き直そう。

functor Bootstrap (PrimH : HEAPWITHINFO) : HEAPWITHINFO = . . .

高階ファンクタも再帰ストラクチャも必要とはならないだろう。

10.3　集成的型へのブートストラップ

これまでにいくつか、集成的なデータの集まり（たとえばヒープのヒープ）が集成的でないデータの集まり（たとえば要素のヒープ）の実装に有用であった例を見てきた。しかしながら、集成的なデータの集まりというものそれ自体もまた単独で有用であることも多い。単純な例としては、文字列（つまり文字の列）は頻繁に集合の要素型や有限マップのキー型として使用される。この節では、なんらかの単純な型をキーとする有限マップをブートストラップして、その型を要素とするリストや木ですらも、有限マップのキーとして扱う方法を説明する。

```
signature FiniteMap =
sig
  type Key
  type α Map

  val empty  : α Map
  val bind   : Key × α × α Map → α Map
  val lookup : Key × α Map → α  (* キーが見つからなければ NotFound を投げる *)
end
```

図 10.9　有限マップのシグネチャ

10.3.1　トライ木

　二分探索木は、キーつまり要素型の比較のコストが低いときにはうまく働く。この仮定は整数や文字のような単純な型では成り立つが、文字列のような集成型では必ずしも成り立たない。例として、電話帳を二分探索木を使って表現してみたと考えよう。"Smith, Joan"さんを検索するときには何度も"Smith, John"さんのエントリと比較が行われるかもしれず、この場合は毎回 2 つの文字列の最初の 10 文字が読み込まれてしまう。

　文字列のような集成型に対しては、その型の構造を活かした表現を選んだほうがよい。トライ木（*trie*）、別名デジタル探索木（*digital search tree*）は、そのような表現の 1 つである。この節では、トライ木を用いて図 10.9 に示す FiniteMap 抽象データ型を実装する。

　以降の議論では、キーは文字列であり、文字のリストとして表されていると考える。文字のことをしばしば**基底型**（*base type*）とも呼ぶ。以降で示す考え方は、他の列の表現や基底型についても簡単に適応させることができる。

　さて、トライ木とは多分岐の木で、各辺に文字でラベルがついている。根から出る辺は、文字列の最初の 1 文字を表し、根の直下の子から出る辺は 2 文字目を表し、以下同様である。指定された文字列に対応するノードを見つけるには、根から始めて文字列の文字のラベルのついた辺を順にたどっていけばよい。たとえば、文字列"cat", "dog", "car", "cart"を表すトライ木を描くと、このようになる。

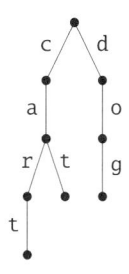

　ある文字列をトライ木に入れるとその接頭辞もすべてトライ木に入ってしまう点に注意しよう。これらの接頭辞のうち一部のみが有効なエントリを表す。この例では、"c"、"ca"、"car"はすべて"cart"の接頭辞だが、"car"のみが有効である。したがって、すべてのノードに有効であるか無効であるか印をつける。有限マップに関しては、これは組み込みの option

データ型によって実現できる。

> **datatype** α option = None | Some **of** α

指定したノードが無効ならば、None の印をつける。もし指定したノードが有効で、対応する文字列が値 x へと関連づけられているならば、このノードには Some x の印をつける。

　残る肝心な問題は、どうやってノードから出る辺を管理すればよいかということだ。普通は多分岐の木のノードの子は木のリストとして表現するが、ここではさらに辺のラベルも表現に含まなければならない。基底型が何であるか、そしてトライ木の密度がいかほどになるかに応じて、辺の管理にはベクターも、連想リスト、二分探索木、あるいはもし基底型そのものがリストや文字列ならば別のトライ木でさえも選択肢としてありうる。しかしいずれにせよ、要は辺のラベルからトライ木への有限マップであることに変わりはない。基底型のための有限マップを実装したストラクチャ M が与えられると仮定することで、辺の実装を特定の表現から抽象化しておこう。こうするとトライ木は単純に、以下のとおり実装できる。

> **datatype** α Map = Trie **of** α option $\times$ α Map M.Map

空のトライ木は子がなく無効なノードとして表現される。

> **val** empty = Trie (None, M.empty)

文字列を検索するには、各文字を適切な辺のマップから検索する。最後のノードにたどり着いたところで、有効か無効かを判定する。

> **fun** lookup ([], Trie (None, m)) = **raise** NotFound
> | lookup ([], Trie (Some x, m)) = x
> | lookup (k :: ks, Trie (v, m)) = lookup (ks, M.lookup (k, m))

与えられた文字列がトライ木に含まれていなかった場合は、最後のノードまでたどれないかもしれないことには注意しよう。たとえば、"dark" を例のトライ木から探すと、文字 d での探索は成功するが、次の a は失敗する。この場合、M.lookup は NotFound 例外を投げるはずだ。これは lookup の応答としても適切なので、この例外は単にそのまま外に伝えている。

注 この検索失敗時の性質が、トライ木がハッシュよりも速くさえなることの説明になっている。トライ木に対する失敗する検索は数文字読んだところで終わることがあるが、ハッシュ表に対する失敗する検索は、ハッシュ関数を計算するだけでまず文字列全体を読まなくてはならない！　　　　　　　　　　　　　　　　　　　　　　　　　　　　　　　　　　　　$\diamond$

　bind 関数は lookup 関数と似ているが、違いは M.lookup を失敗で終わらせないところである。NotFound 例外が発生したときは空のノードに答えを置き換えて、強制的に成功したものとして扱う。

> **fun** bind ([], x, Trie (_ , m)) = Trie (Some x, m)
> | bind (k :: ks, x, Trie (v, m)) =
> 　　**let val** t = M.lookup (k, m) **handle** NotFound $\Rightarrow$ empty
> 　　　　**val** t' = bind (ks, x, t)
> 　　**in** Trie (v, M.bind (k, t', m)) **end**

完全な実装を図 10.10 に示す。

```
functor Trie (M : FiniteMap) : FiniteMap =
struct
   type Key = M.Key list

   datatype α Map = Trie of α option × α Map M.Map

   val empty = Trie (None, M.empty)

   fun lookup ([ ], Trie (None, m)) = raise NotFound
     | lookup ([ ], Trie (Some x, m)) = x
     | lookup (k :: ks, Trie (v, m)) = lookup (ks, M.lookup (k, m))

   fun bind ([ ], x, Trie ( _ , m)) = Trie (Some x, m)
     | bind (k :: ks, x, Trie (v, m)) =
         let val t = M.lookup (k, m) handle NotFound ⇒ empty
             val t' = bind (ks, x, t)
         in Trie (v, M.bind (k, t', m)) end
end
```

図 10.10　トライ木の単純な実装

演習問題 10.9　非常によくあるケースとして、トライ木に格納されるキーの集合が、どのキーも他のキーの接頭辞にならないという性質を持っていることがある。たとえばキーがすべて同じ長さであるとか、キーの終端の文字は決まっていて他の位置には現れないといった場合だ。この仮定の下、以下の型を用いてトライ木を実装し直してみよう。

    datatype α Map = Entry **of** α | Trie **of** α Map M.Map

演習問題 10.10　トライ木には高い頻度で、子を 1 つしか持たないノードが長く続く経路が含まれることがある。このような経路を 1 つのノードに潰してしまうというのがよく用いられる最適化だ。すべてのノードに、その部分木に入るキーの共通接頭辞を文字列として格納することで、これを実現できる。トライ木の型はこのようになる。

    datatype α Map = Trie **of** M.Key list × α option × α Map M.Map

トライ木をこの型を用いて実装し直してみよう。どのノードも、無効かつ子が 1 つという状態にはならないという不変条件を保たなければいけない。ストラクチャ M が isEmpty 関数を提供すると仮定してよい。

演習問題 10.11（Schwenke [Sch97]）　有限マップの複数の層が絡んでくるもう 1 つの有名なデータ構造は、ハッシュ表（*hash table*）だ。以下の抽象ハッシュ表の実装を完成させてみよう。

```
functor HashTable (structure Approx : FiniteMap
                   structure Exact   : FiniteMap
                   val hash : Exact.Key → Approx.Key) : FiniteMap =
struct
   type Key = Exact.Key
   type α Map = α Exact.Map Approx.Map
   ...
   fun lookup (k, m) = Exact.lookup (k, Approx.lookup (hash k, m))
   ...
end
```

この表現の利点は、Approx は効率的なキーの型（整数など）を用いることができ、Exact は自明で簡単な実装（連想リストなど）を用いることができるところである。

10.3.2　一般化トライ木

トライ木の考え方は、他の集成的な型、たとえば木などにも一般化できる [CM95]。まず最初に、前節で扱った辺のマップは cons 構築子の型をどのように反映していたか考えてみよう。辺のマップは α Map M.Map という型で表現されていた。外側のマップは cons 構築子の 1 つ目のフィールドをキーとしており、内側のマップは cons 構築子の 2 つ目のフィールドをキーとしている。外側のマップを cons セルの head 部で検索すると内側のマップが得られ、そこからは cons セルの tail 部で検索することができる。

この構成を二分木に一般化することができる。二分木は 3 つのフィールドを持つので、3 つ目のマップの層を加えるのだ。たとえば、二分木の型

datatype α Tree = E | T **of** $\alpha \times \alpha$ Tree $\times \alpha$ Tree

が与えられたとすると、このような木のためのトライ木の辺マップは α Map Map M.Map と表現できる。外側のマップは T 構築子の 1 つ目のフィールドをキーとし、間のマップは 2 つ目のフィールド、そして内側のマップは 3 つ目のフィールドをキーとする。指定されたノードの要素を外側のマップから探すと真ん中のマップが返り、そこでは左の部分木をキーとして検索ができる。すると、この検索は内側のマップを返し、右の部分木による検索が行える。

より厳密に書くと、二分木に関するトライ木は以下の型で表現する。

datatype α Map = Trie **of** α option $\times \alpha$ Map Map M.Map

これは一様でない再帰を使った型であることに注意しよう。したがって、この型を扱う関数には多相再帰が必要である。

さて、lookup 関数は T 構築子 1 つ 1 つで、3 つのフィールドに対応する 3 回の検索を行う。最後のノードにたどり着くと、そのノードが有効かどうかを検査する。

```
fun lookup (E, Trie (None, m)) = raise NotFound
  | lookup (E, Trie (Some x, m)) = x
  | lookup (T (k, a, b), Trie (v, m)) =
      lookup (b, lookup (a, M.lookup (k, m)))
```

```
datatype α Tree = E | T of α × α Tree × α Tree

functor TrieOfTrees (M : FINITEMAP) : FINITEMAP =
  (* 多相再帰が許されると仮定する！ *)
struct
  type Key = M.Key Tree

  datatype α Map = TRIE of α option × α Map Map M.Map

  val empty = TRIE (NONE, M.empty)

  fun lookup (E, TRIE (NONE, m)) = raise NOTFOUND
    | lookup (E, TRIE (SOME x, m)) = x
    | lookup (T (k, a, b), TRIE (v, m)) =
        lookup (b, lookup (a, M.lookup (k, m)))

  fun bind (E, x, TRIE ( _ , m)) = TRIE (SOME x, m)
    | bind (T (k, a, b), x, TRIE (v, m)) =
        let val tt = M.lookup (k, m) handle NOTFOUND ⇒ empty
            val t = lookup (a, tt) handle NOTFOUND ⇒ empty
            val t' = bind (b, x, t)
            val tt' = bind (a, t', tt)
        in TRIE (v, M.bind (k, tt', m)) end
end
```

図 10.11　一般化トライ木

bind 関数も同様である。図 10.11 に、木に関するトライ木の実装全体とまとめて示す。

演習問題 10.12　以下の型を用いて、TrieOfTrees ファンクタを多相再帰を使わずに実装し直してみよう。

```
datatype α Map = TRIE of α EM option × α Map M.Map
and α EM = ELEM of α | MAP of α Map
```

演習問題 10.13　キーが以下の型の多分岐木であるようなトライ木を実装してみよう。

```
datatype α Tree = T of α × α Tree list
```

◇

　これらの例では、積と和で作られる任意の再帰型に対してトライ木の概念を一般化して当てはめている。構造化された型について、各部分に対する有限マップが与えられたときに全体に対する有限マップを構成するには、ほんのいくつかの規則を使えばよい。α Map$_\tau$ を型 τ に関する有限マップの型とする。

　積については、すでにやるべきことはわかっている。トライ木からペアを検索するには、ペアの第一要素でまず検索を行い、帰ってきたマップで第二要素を探すのだ。よって次が成り立つ。

$$\tau = \tau_1 \times \tau_2 \Rightarrow \alpha \text{ Map}_\tau = \alpha \text{ Map}_{\tau_2} \text{ Map}_{\tau_1}$$

さて、和についてはどうだろうか？　木の型と木に関するトライ木の型をもう一度思い出そう。

```
datatype α Tree = E | T of α × α Tree × α Tree
datatype α Map = TRIE of α option × α Map Map M.Map
```

型 α Map Map M.Map が構築子 T に対応しているのは明らかだが、構築子 E に対応しているのは何だろう？　実は、α option という型は unit、つまり構築子 E の何もない中身と本質的に同等な型に関する有限マップの、とても効率的な実装でしかないのだ。こう考えると、和に関する一般規則を類推できる。

$$\tau = \tau_1 + \tau_2 \Rightarrow \alpha \, \mathsf{Map}_\tau = \alpha \, \mathsf{Map}_{\tau_1} \times \alpha \, \mathsf{Map}_{\tau_2}$$

演習問題 10.14　以下の、上述の積と和の規則を実装したファンクタを完成させよう。

```
functor ProductMap (M₁ : FINITEMAP) (M₂ : FINITEMAP) : FINITEMAP =
struct
    type Key = M₁.Key × M₂.Key
    ...
end

datatype (α, β) Sum = LEFT of α | RIGHT of β
functor SumMap (M₁ : FINITEMAP) (M₂ : FINITEMAP) : FINITEMAP =
struct
    type Key = (M₁.Key, M₂.Key) Sum
    ...
end
```

演習問題 10.15　識別子を表す型 Id に関する有限マップを実装したストラクチャ M が与えられたとして、ラムダ式の型 Exp に関するトライ木を実装してみよう。ただし Exp は

```
datatype Exp = VAR of Id | LAM of Id × Exp | APP of Exp × Exp
```

である。トライ木の型を、空のマップを作る構築子を別に足すようにするとやりやすいかもしれない。

10.4　注記

■**データ構造ブートストラップ**　Buchsbaum とその共同研究者達が [Buc93, BT95, BST95] で、データ構造ブートストラップを汎用のデータ構造設計技法として位置づけた。構造的分解と構造的抽象はそれぞれ、それ以前に [Die82] と [DST94] で利用されている。

■**結合可能リスト**　効率的な結合処理に対応する永続的リストの別の表現を設計するのは比較的簡単だが（たとえば [Hug86]）、そのような別表現はほとんど、head や tail 関数の効率を犠牲にすることが避けられなくなっている。

Myers [Mye84] はすべての主要なリスト関数を $O(\log n)$ 時間で処理する、AVL 木に基づいた表現を解説している。Tarjan とその共同研究者達 [DST94, BT95, KT95] は、対数時間よりも速い実装の研究を続け、最終的に、結合を含めたその他普通のリスト関数を $O(1)$ 最悪時間で実現する実装に到達している。10.2.1 節の結合可能リストの実装の初出は [Oka95a] である。これは Kaplan と Tarjan の実装よりはるかに単純であるが、最悪時間ではなく償却時間の実現

であるという違いがある。

■マージ可能ヒープ 多くの命令型の実装は insert, merge, findMin を $O(1)$ 償却時間で、deleteMin を $O(\log n)$ 償却時間で実行する。具体例は二項キュー [KL93]、フィボナッチヒープ [FT87]、緩和ヒープ [DGST88]、V ヒープ [Pet87]、ボトムアップねじれヒープ [ST86b]、ペアリングヒープ [FSST86] である。しかし、遅延評価を合わせて永続的な使い方をしたときに償却計算量の効率を保つことができていそうなのは、これらの中で唯一ペアリングヒープのみであり（6.5 節参照）、そして残念なことに、ペアリングヒープの計算時間上限は予想にすぎず、証明はなされていない[*3]。

Brodal [Bro95, Bro96] も同等の最悪実行時間を実現している。Brodal の最初に提案したデータ構造 [Bro95] は、Kaplan と Tarjan の再帰減速の技法 [KT95] および 8.4.3 節の実時間両端キューなどの純粋関数型実装を組み合わせれば、純粋関数型で実装できる（つまり永続的にできる）。しかし、そのような実装は複雑でしかも遅い。Brodal と Okasaki はこの実装を [BO96] で、ねじれ二項ヒープ（9.3.2 節）と構造的抽象（10.2.2 節）を用いて簡素化している。

■多相再帰 Standard ML に多相再帰を入れる拡張は [Myc84, Hen93, KTU93] など幾度か試みられている。この問題の難しいところを 1 つあげると、実用上現れる例では十分計算可能であるにせよ、多相再帰があると型推論が決定不能になる [Hen93, KTU93] のである。Haskell では、プログラマが型を明記したときのみ多相再帰を許すことでこの問題を回避している。

[*3] 訳注：2000 年に証明された [Iac00]。

第11章
暗黙再帰減速

9.2.3 節では、遅延冗長二進数がインクリメントとデクリメントの両方を $O(1)$ 償却時間で実行できることがわかった。10.1.2 節では、一様でない型と多相再帰が二進ランダムアクセスリストなどの記数法表現の特に簡単な実装に使えることを確認した。そしてこの章では、これらの技法を統合しそして一般化して、**暗黙再帰減速**（*implicit recursive slowdown*）と呼ばれる枠組みを作り上げる。

Kaplan と Tarjan [KT95, KT96b, KT96a] は**再帰減速**（*recursive slowdown*）と呼ばれる近い枠組みを研究している。再帰減速は遅延二進数ではなく区分二進数（9.2.4 節）をもとにしている。再帰減速に基づく実装と暗黙再帰減速に基づく実装の類似点と相違点は、本質的には、この 2 つの記数法の違いと同じである。

11.1 キューと両端キュー

10.1.2 節の二進ランダムアクセスリストを思い出してほしい。型は以下のものであった。

datatype α RList =
    Nil | Zero **of** $(\alpha \times \alpha)$ RList | One **of** $\alpha \times (\alpha \times \alpha)$ RList

以降の議論を簡単にするために、この型を以下のように変更しておく。

datatype α Digit = Zero | One **of** α
datatype α RList = Shallow **of** α Digit | Deep **of** α Digit $\times (\alpha \times \alpha)$ RList

浅い（Shallow）リストはゼロ個または 1 個の要素を持つ。深い（Deep）リストはゼロ個か 1 個の要素に加えてペアのリストを持つ。9 章の二進ランダムアクセスリストで取った枠柄は、この型でも同じく振るうことができる。たとえば、head に $O(1)$ 時間で対応しようと思えば、ゼロなし表現に切り替えればよい。つまり

datatype α Digit = Zero | One **of** α | Two **of** $\alpha \times \alpha$
datatype α RList = Shallow **of** α Digit | Deep **of** α Digit $\times (\alpha \times \alpha)$ RList

この表現では、Deep ノードの桁はすべて One か Two でなければならない。Zero 構築子は空リスト Shallow Zero でのみ使われる。

同様に、Deep ノードのペアのリストを停止することで、cons か tail のどちらかを $O(1)$ 償却時間で、他方を $O(\log n)$ 償却時間で動かすことができる。

```
datatype α RList =
    Shallow of α Digit
    | Deep of α Digit × (α × α) RList susp
```

ゼロでない桁として Deep ノードで 3 通りの選択肢を許せば、cons, head, tail のすべてを $O(1)$ 時間で実行することもできる。

```
datatype α Digit =
    Zero | One of α | Two of α × α | Three of α × α × α
```

繰り返しになるが、Zero 構築子は空リストでのみ使われる。

さて、この設計をキューや両端キューに拡張するのは、Deep ノードに 2 つ目の数字を追加するだけの単純な話である。

```
datatype α Queue =
    Shallow of α Digit
    | Deep of α Digit × (α × α) Queue susp × α Digit
```

1 つ目の数字はキューの先頭側の何要素かを表し、2 つ目の数字は末尾側の何要素かを表す。残りの要素を格納するのは、ペアのキューの停止計算で、**中央の**（*middle*）キューと呼ばれる。

数字を表す型を具体的にどのように選ぶかは、そのキューのそれぞれの端でどのような関数に対応したいかに依存する。次の表は、対応したい関数の組み合わせそれぞれに対し、キューの先頭側の数字として使えなくてはならない値を示している。

対応したい関数	使う数字
cons	Zero, One
cons/head	One, Two
head/tail	One, Two
cons/head/tail	One, Two, Three

末尾側でも同じ選択が当てはまる。

具体的な例で説明しよう。末尾側では snoc ができ、先頭側では head と tail ができるキュー（つまり普通の FIFO キュー）の実装を作りたいとする。上の表によると、Deep ノードの先頭側の数字は One か Two という値をとることができ、末尾側は Zero か One をとれるようにすればよい。また、Shallow ノードでは Zero か One という値をとれるようにする。

新しい要素 y を snoc で深いキューに追加するには、末尾の数字を見る。Zero ならば、末尾の数字を One y で置き換えればよい。One x であったならば、末尾の数字を Zero で置き換え、ペア (x, y) を中央のキューに追加する。浅いキューに要素を追加する場合を考慮するために、さらにいくつか場合分けを加える必要がある。

```
fun snoc (Shallow Zero, y) = Shallow (One y)
    | snoc (Shallow (One x), y) = Deep (Two (x, y), $empty, Zero)
    | snoc (Deep (f, m, Zero), y) = Deep (f, m, One y)
    | snoc (Deep (f, m, One x), y) =
        Deep (f, $snoc (force m, (x, y)), Zero)
```

深いキューから要素を tail で取り除くには、先頭側の数字を見る。Two (x, y) であれば、x を捨てて先頭の数字を One y に置き換える。これが One x であれば、中央のキューからのペア (y, z) の "繰り下がり" をもらって、先頭の数字を Two (y, z) とする。先ほどと同じく、浅いキュー

```
structure ImplicitQueue : Queue =
  (* 多相再帰が許されると仮定する！ *)
struct
  datatype α Digit = Zero | One of α | Two of α × α
  datatype α Queue =
          Shallow of α Digit
        | Deep of α Digit × (α × α) Queue susp × α Digit

  val empty = Shallow Zero
  fun isEmpty (Shallow Zero) = true | isEmpty _ = false

  fun snoc (Shallow Zero, y) = Shallow (One y)
    | snoc (Shallow (One x), y) = Deep (Two (x, y), $empty, Zero)
    | snoc (Deep (f, m, Zero), y) = Deep (f, m, One y)
    | snoc (Deep (f, m, One x), y) =
        Deep (f, $snoc (force m, (x, y)), Zero)

  fun head (Shallow Zero) = raise Empty
    | head (Shallow (One x)) = x
    | head (Deep (One x, m, r)) = x
    | head (Deep (Two (x, y), m, r)) = x
  fun tail (Shallow Zero) = raise Empty
    | tail (Shallow (One x)) = empty
    | tail (Deep (Two (x, y), m, r)) = Deep (One y, m, r)
    | tail (Deep (One x, $q, r)) =
        if isEmpty q then Shallow r
        else let val (y, z) = head q
            in Deep (Two (y, z), $tail q, r) end
end
```

図 11.1 暗黙再帰減速に基づくキュー

についての場合分けも多少必要である。

```
fun tail (Shallow (One x)) = empty
  | tail (Deep (Two (x, y), m, r)) = Deep (One y, m, r)
  | tail (Deep (One x, $q, r)) =
      if isEmpty q then Shallow r
      else let val (y, z) = head q
          in Deep (Two (y, z), $tail q, r) end
```

tail の最後の場合では中央のキューの停止計算を進行させることに注意されたい。完全なコードを図 11.1 に示す。

次に、snoc と tail はどちらも $O(1)$ 償却時間で動くことを示そう。snoc は先頭の桁を見ず、tail は末尾の桁を見ないことに注意する。それぞれの関数を別々に見ると、snoc は遅延二進数の inc の類型であり、tail はゼロなし遅延二進数の dec の類型である。inc と dec の証明を当てはめることで、簡単に snoc と tail が $O(1)$ 償却時間で動くことを示すことができる。ただし、どちらか一方だけを使ってもう片方を使わない限りは。

　暗黙再帰減速の鍵となる考え方は、snoc や tail のような関数同士がほとんど独立ならば、2 つそれぞれの証明に必要な負債を単に足し合わせるだけで合わせた証明ができる、ということだ。snoc の証明では、各 DEEP ノードごとに、末尾側の桁が ZERO なら 1 つの負債、One なら負債なしとしていた。tail の証明では、先頭側の桁が Two なら 1 つの負債、One なら負債なしである。以下の証明では、この負債の限度額を合算する。

定理 11.1　snoc と tail は $O(1)$ 償却時間で動作する。

証明:　銀行家法を用いてこの実装を解析する。負債はすべての停止計算、つまり深いキューの中央のフィールドに負わせる。負債の不変条件としては、各停止計算が負うことのできる負債を先頭の数字と末尾の数字から決める。中央のフィールドは最大で $|f| - |r|$ の負債まで許される。$|f|$ は 1 または 2、$|r|$ は 0 または 1 である。

　各関数の非共有コストは $O(1)$ なので、あとは単に、どちらの関数も $O(1)$ を超える負債を一度に返済しようとしないことを示せばよい。以下では tail についての証明のみ解説する。snoc の証明はもう少し簡単である。

　負債の譲渡による議論で証明する。これは負債の継承と深く関連している。入れ子になった停止計算が許されるよりも多い負債を追ってしまったときは、常に上位の停止計算、つまり直前の DEEP ノードの中央のフィールドにその負債を移すのだ。内側の停止計算が進行するより前に必ず外側の停止計算が進行するのだから、負債の譲渡は安全である。負債の返済の責任を内側から外側に移すことによって、その負債は外側の停止計算が進行する前に返済されることが保証される。これはつまり内側の停止計算が進行するよりも前となっているのだ。

　以下では、tail の呼び出しはどれも上位の停止計算へ負債を 1 譲渡することを示す。ただし最外の呼び出しは上位の停止計算を持たないので、この場合は単にその超過分の負債を返済する。

　tail の連鎖はどれも最終的に、f を Two から ONE へと変える tail 呼び出しで終わる。（説明を簡単にするために、浅いキューの可能性をここでは考慮していない。）これは m の持てる負債の上限を 1 減らすので、超過分の負債を上位の停止計算へと譲渡する。

　tail の連鎖の途中に現れる呼び出しはそれぞれ、f を ONE から Two に変え、再帰している。ここで 2 つの場合に分かれる。

- **r が ZERO の場合**　m には 1 の負債があり、進行する前に返済が必要だ。この負債を上位の停止計算に譲渡する。さらに、停止された再帰呼び出しの非共有コストを賄うために 1 の負債を作る。加えて、この停止計算には再帰呼び出しから譲渡されてくる 1 の負債がある。この停止計算は 2 まで負債を負うことが許されているので、これで条件を満たすことができている。

- **r が ONE の場合**　m には負債がないので、自由に進行できる。停止された再帰呼び出しの非共有コストを賄うために新しく 1 の負債を作る。加えて、この停止計算には再帰呼び出しから譲渡されてくる 1 の負債がある。この停止計算は 1 まで負債を負うことが許されているので、1 つの負債をその場で保持し、残りを上位の停止計算へと譲渡する。

□

演習問題 11.1　これらのキューに lookup 関数と update 関数を実装してみよう。$O(\log i)$ 償却

```
signature CatenableDeque =
sig
  type α Cat

  val empty   : α Cat
  val isEmpty : α Cat → bool

  val cons    : α × α Cat → α Cat
  val head    : α Cat → α        (∗ 両端キューが空なら Empty 例外を投げる ∗)
  val tail    : α Cat → α Cat    (∗ 両端キューが空なら Empty 例外を投げる ∗)

  val snoc    : α Cat × α → α Cat
  val last    : α Cat → α        (∗ 両端キューが空なら Empty 例外を投げる ∗)
  val init    : α Cat → α Cat    (∗ 両端キューが空なら Empty 例外を投げる ∗)

  val ++      : α Cat × α Cat → α Cat
end
```

図 11.2 結合可能両端キューのシグネチャ

時間で動くようにすること。キューそれぞれにサイズを表すフィールドを追加するとよいだろう。

演習問題 11.2 この節の技法を使って両端キューを実装してみよう。

11.2 結合可能両端キュー

さていよいよ、結合可能両端キューを暗黙再帰減速を用いて実装する。シグネチャは図 11.2 に示すものである。まず最初に、比較的簡単な実装として ++ を $O(\log n)$ 償却時間で、その他すべての操作を $O(1)$ 償却時間で対応する実装を説明する。その後で、++ の実行時間を $O(1)$ に改善するかなり込み入った実装を解説する。

以下のような結合可能両端キュー、略して c-両端キューの実装を考えよう。c-両端キューは浅い（*shallow*）ものと深い（*deep*）もののどちらかである。浅い c-両端キューは単に普通の両端キュー、たとえば 8.4.2 節の銀行家の両端キューを用いる。深い c-両端キューは 3 つの部分に分かれる。先頭側（*front*）、中央（*middle*）、末尾側（*rear*）である。先頭側と末尾側はそれぞれ、2 個以上の要素を保持する普通の両端キューだ。中央は、普通の両端キューを要素とする c-両端キューであり、各両端キューは 2 個以上の要素を保持している。D はシグネチャ Deque に適合した両端キューの実装で、すべての関数が $O(1)$（償却または最悪）時間で動作すると仮定する。

```
datatype α Cat =
       Shallow of α D.Queue
     | Deep of α D.Queue × α D.Queue Cat susp × α D.Queue
```

この定義は多相再帰を前提としていることに注意しよう。

　要素をどちらかの端に挿入するには、単に、その要素を先頭側か末尾側の両端キューに挿入する。たとえば、cons の実装はこうなる。

```
fun cons (x, Shallow d) = Shallow (D.cons (x, d))
  | cons (x, Deep (f, m, r)) = Deep (D.cons (x, f), m, r)
```

要素をどちらかの端から取り除くには、先頭側か末尾側の両端キューからその要素を取り除く。これによってその両端キューの長さが 2 より短くなったときは、中央から次の両端キューを取り出し、古い両端キューから残った 1 要素をつけ足し、その結果を新しく先頭側か末尾側として設定する。古い両端キューから残った要素をつけ足す分を考えると、新しい両端キューは少なくとも 3 つの要素を保持している。たとえば、tail のコードはこのようになる。

```
fun tail (Shallow d) = Shallow (D.tail d)
  | tail (Deep (f, m, r)) =
      let val f' = D.tail f
      in
          if not (tooSmall f') then Deep (f', m, r)
          else if isEmpty (force m) then Shallow (dappendL (f', r))
          else Deep (dappendL (f', head (force m)), $tail (force m), r)
      end
```

tooSmall は両端キューの長さが 2 より小さいかどうかを調べる関数で、dappendL は、長さが 0 か 1 の両端キューを任意の長さの両端キューに左から結合する関数である。

　注意点として、tail への呼び出しが c-両端キューの次の段階へと伝搬するのは、先頭側の両端キューの長さが 2 であったときのみである。9.2.3 節の用語で言うと、長さ 3 以上の両端キューは**安全**であり、長さ 2 は**危険**ということになる。tail が次の段階へと自分自身を再帰呼び出しするときは、必ず先頭の両端キューを危険な状態から安全な状態へ変えている。したがって、同じ段階の c-両端キューに対して続けて tail を呼んでも、2 回目には伝搬は決して発生しない。tail が $O(1)$ 償却時間で動作することは、安全な両端キューに 1、危険な両端キューに 0 の負債を許すことで、簡単に証明できる。

演習問題 11.3　tail と init のどちらも $O(1)$ 償却時間で動作することを、暗黙再帰減速に従って両者の負債上限を足し合わせることで証明しよう。　　　　　　　　　　　　　　　　　◇

　さて、結合についてはどうするか？　2 つの深い c-両端キュー c_1 と c_2 を結合するには、c_1 の先頭側を新しい先頭側に、c_2 の末尾側を新しい末尾側にし、残りの部分をまとめて新しい中央側にする。c_1 の末尾を c_1 の中央に挿入し、c_2 の先頭を c_2 の中央に挿入し、両者を結合するのだ。

```
fun (Deep (f_1, m_1, r_1)) ++ (Deep (f_2, m_2, r_2)) =
      Deep (f_1, $(snoc (force m_1, r_1) ++ cons (f_2, force m_2)), r_2)
```

（もちろん、c_1 や c_2 が浅い c-両端キューである場合の扱いも実際には必要である。）++ は入れ子の少ないほうの c-両端キューの入れ子の段数まで再帰している。さらに ++ は各段階で $O(1)$ の負債を作るが、これは tail と init の要求する負債の不変条件を取り戻すために直ちに返済されなければならない。したがって、n_i を c_i のサイズとして、++ は $O(\min(\log n_1, \log n_2))$ 償却

時間で動作する。

この c-両端キュー実装の完全なコードを図 11.3 に示す。

++ の実行時間を $O(1)$ に改善するには、c-両端キューの表現を変更して、++ が自身を再帰的に呼ばないようにする。重要な点は、ある段階に対する ++ が次の段階の cons と snoc しか呼ばずに済むようにすることだ。深い c-両端キューを拡張して、3 つではなく、5 つの部分 (f, a, m, b, r) で構成するようにする。f, m, r はすべて普通の両端キューで、f と r は 3 個以上の要素をそれぞれ含み、m は 2 個以上の要素を含む。a と b は複合要素（*compound element*）の c-両端キューだ。縮退した複合要素は単に 2 個以上の要素を持つ普通の両端キューである。完全な複合要素は 3 つの部分 (f, c, r) からなり、f と r はそれぞれ 2 個以上の要素を持つ普通の両端キューで、c は再び複合要素の c-両端キューである。このデータ型は（多相再帰ありの）Standard ML で、こう書ける。

```
datatype α Cat =
      Shallow of α D.Queue
    | Deep of α D.Queue              (* ≥ 3 *)
            × α CmpdElem Cat susp
            × α D.Queue              (* ≥ 2 *)
            × α CmpdElem Cat susp
            × α D.Queue              (* ≥ 3 *)
and α CmpdElem =
      Simple of α D.Queue            (* ≥ 2 *)
    | Cmpd of α D.Queue              (* ≥ 2 *)
            × α CmpdElem Cat susp
            × α D.Queue              (* ≥ 2 *)
```

2 つの c-両端キュー $c_1 = \text{Deep}\,(f_1, a_1, m_1, b_1, r_1)$ と $c_2 = \text{Deep}\,(f_2, a_2, m_2, b_2, r_2)$ が与えられたとき、結合は以下のように計算する。まず、f_1 は結果全体の先頭側として、r_2 は末尾側としてそのまま用いる。次に、新しい中央の両端キューを r_1 の最後の要素と f_2 の最初の要素から作る。そして、m_1, b_1 と r_1 の残りの部分を合わせて複合要素を作り、a_1 へと snoc する。これが結合結果の a 部分となる。最後に、f_2 の残っている部分と a_2, m_2 を合わせて複合要素とし、b_2 へと cons する。これが結合結果の b 部分になる。すべてまとめると、実装は以下のようになる。

```
fun (Deep (f₁, a₁, m₁, b₁, r₁)) ++ (Deep (f₂, a₂, m₂, b₂, r₂)) =
    let val (r′₁, m, f′₂) = share (r₁, f₂)
        val a′₁ = $snoc (force a₁, Cmpd (m₁, b₁, r′₁))
        val b′₂ = $cons (Cmpd (f′₂, a₂, m₂), force b₂)
    in Deep (f₁, a′₁, m, b′₂, r₂) end
```

ただしここで

```
fun share (f, r) =
    let val m = D.cons (D.last f, D.cons (D.head r, D.empty))
    in (D.init f, m, D.tail r)
fun cons (x, Deep (f, a, m, b, r)) = Deep (D.cons (x, f), a, m, b, r)
fun snoc (Deep (f, a, m, b, r), x) = Deep (f, a, m, b, D.snoc (r, x))
```

（説明を簡単にするため、浅い c-両端キューがかかわる場合分けをすべて省略している。）

悲しいことに、この実装では、tail と init は弁解の余地もないほど汚い。この 2 つの関数は対

```
functor SimpleCatenableDeque (D : Deque) : CatenableDeque =
  (∗ 多相再帰が許されると仮定する！ ∗)
struct
  datatype α Cat =
        Shallow of α D.Queue
      | Deep of α D.Queue × α D.Queue Cat susp × α D.Queue

  fun tooSmall d = D.isEmpty d orelse D.isEmpty (D.tail d)

  fun dappendL (d₁, d₂) =
        if D.isEmpty d₁ then d₂ else D.cons (D.head d₁, d₂)
  fun dappendR (d₁, d₂) =
        if D.isEmpty d₂ then d₁ else D.snoc (d₁, D.head d₂)

  val empty = Shallow D.empty
  fun isEmpty (Shallow d) = D.isEmpty d
    | isEmpty _ = false

  fun cons (x, Shallow d) = Shallow (D.cons (x, d))
    | cons (x, Deep (f, m, r)) = Deep (D.cons (x, f), m, r)
  fun head (Shallow d) = D.head d
    | head (Deep (f, m, r)) = D.head f
  fun tail (Shallow d) = Shallow (D.tail d)
    | tail (Deep (f, m, r)) =
        let val f′ = D.tail f
        in
            if not (tooSmall f′) then Deep (f′, m, r)
            else if isEmpty (force m) then Shallow (dappendL (f′, r))
            else Deep (dappendL (f′, head (force m)), $tail (force m), r)
        end

  . . . snoc, last, init は対称的に定義される . . .

  fun (Shallow d₁) ⧺ (Shallow d₂) =
        if tooSmall d₁ then Shallow (dappendL (d₁, d₂))
        else if tooSmall d₂ then Shallow (dappendR (d₁, d₂))
        else Deep (d₁, $empty, d₂)
    | (Shallow d) ⧺ (Deep (f, m, r)) =
        if tooSmall d then Deep (dappendL (d, f), m, r)
        else Deep (d, $cons (f, force m), r)
    | (Deep (f, m, r)) ⧺ (Shallow d) =
        if tooSmall d then Deep (f, m, dappendR (r, d))
        else Deep (f, $snoc (force m, r), d)
    | (Deep (f₁, m₁, r₁)) ⧺ (Deep (f₂, m₂, r₂)) =
        Deep (f₁, $(snoc (force m₁, r₁) ⧺ cons (f₂, force m₂)), r₂)
end
```

図 11.3　単純な結合可能両端キュー

称的なので、ここでは tail のみ説明する。与えられた c-両端キューを $c = \text{DEEP}\,(f,a,m,b,r)$ として、6 つの場合に分かれる。

- $|f| > 3$.
- $|f| = 3$.
  - a が空でない。
    - a の最初の複合要素が縮退している。
    - a の最初の複合要素が完全。
  - a が空で b が空でない。
    - b の最初の複合要素が縮退している。
    - b の最初の複合要素が完全。
  - a も b も空。

以下では tail c の挙動を最初の 3 つの場合について解説する。残りの場合は図 11.4 と 11.5 の完全な実装に含まれている。$|f| > 3$ の場合は、f を単に D.tail f で置き換える。$|f| = 3$ のときは、f から要素を取り除くと長さが下限を下回ってしまう。よって、a の先頭から新しく両端キューを取り出し、もとの f の残りの要素と合わせる。新しい f には少なくとも 4 個の要素があるので、次の tail の呼び出しは安全な $|f| > 3$ の場合になる。

新しい先頭側両端キューにするために a から最初の複合要素を取り出そうとすると、縮退した複合要素か完全な複合要素のどちらかが得られる。縮退した複合要素（つまり単なる両端キュー）のときは、a の新しい値は \$tail (force a) となる。完全な複合要素 $\text{CMPD}\,(f',c',r')$ が取り出されたときは、f' が（古い f の残りの要素と合わせて）新しい f となり、a の新しい値は

$$\$(\text{force } c' \,+\!\!+\, \text{cons}\,(\text{SIMPLE } r',\, \text{tail}\,(\text{force } a)))$$

となる。しかし、ここでの cons と tail の目的は a の先頭要素の置き換えであることに注意したい。不要な tail の呼び出しを避けるため、以下の関数 replaceHead を使うことで直接に置き換えができる。

```
fun replaceHead (x, SHALLOW d) = SHALLOW (D.cons (x, D.tail d))
  | replaceHead (x, DEEP (f, a, m, b, r)) =
      DEEP (D.cons (x, D.tail f), a, m, b, r)
```

tail の残りの場合も同様で、それぞれ $O(1)$ の作業のあとにたかだか 1 回 tail を呼び出すのみである。

注 このコードは、*view* [Wad87, BC93, PPN96] と呼ばれる言語機能があれば、もっとずっと簡潔かつ明快に書くことができる。この機能では抽象データ型に対するパターンマッチが可能になる。詳しくは [Oka97] を参照されたい。Standard ML は view に対応していない。　　　◇

cons, snoc, head, last は遅延評価を使っておらず、簡単に $O(1)$ 最悪時間であるとわかる。残りの関数を、銀行家法と負債の譲渡によって解析していく。

いつものように、各停止計算ごとに負債を割り当てていく。今回は深い c-両端キューの a か b の部分、あるいは複合要素の中央部分（c）が対象である。各 c ごとには 4 の負債を許すが、a と b は f と r の長さに依存して、0 から 5 までの負債を許す。a と b は基本は 0 の負債だけを許す。f が 3 個より多くの要素を持っていれば、a の負債上限を 4 増やし、b の負債上限を 1

```
functor ImplicitCatenableDeque (D : Deque) : CatenableDeque =
  (* D は更に size 関数も持っていると仮定する *)
struct
  datatype α Cat =
         Shallow of α D.Queue
       | Deep of α D.Queue × α CmpdElem Cat susp × α D.Queue
                         × α CmpdElem Cat susp × α D.Queue
  and α CmpdElem =
         Simple of α D.Queue
       | Cmpd of α D.Queue × α CmpdElem Cat susp × α D.Queue

  val empty = Shallow D.empty
  fun isEmpty (Shallow d) = D.isEmpty d
    | isEmpty _ = false

  fun cons (x, Shallow d) = Shallow (D.cons (x, d))
    | cons (x, Deep (f, a, m, b, r)) = Deep (D.cons (x, f), a, m, b, r)
  fun head (Shallow d) = D.head d
    | head (Deep (f, a, m, b, r)) = D.head f

  ...snoc と last は対称的に定義される...

  fun share (f, r) =
         let val m = D.cons (D.last f, D.cons (D.head r, D.empty))
         in (D.init f, m, D.tail r)
  fun dappendL (d₁, d₂) =
         if D.isEmpty d₁ then d₂
         else dappendL (D.init d₁, D.cons (D.last d₁, d₂))
  fun dappendR (d₁, d₂) =
         if D.isEmpty d₂ then d₁
         else dappendR (D.snoc (d₁, D.head d₂), D.tail d₂)

  fun (Shallow d₁) ⧺ (Shallow d₂) =
         if D.size d₁ < 4 then Shallow (dappendL (d₁, d₂))
         else if D.size d₂ < 4 then Shallow (dappendR (d₁, d₂))
         else let val (f, m, r) = share (d₁, d₂)
              in Deep (f, $empty, m, $empty, r) end
    | (Shallow d) ⧺ (Deep (f, a, m, b, r)) =
         if D.size d < 4 then Deep (dappendL (d, f), a, m, b, r)
         else Deep (d, $cons (Simple f, force a), m, b, r)
    | (Deep (f, a, m, b, r)) ⧺ (Shallow d) =
         if D.size d < 4 then Deep (f, a, m, b, dappendR (r, d))
         else Deep (f, a, m, $snoc (force b, Simple r), d)
    | (Deep (f₁, a₁, m₁, b₁, r₁)) ⧺ (Deep (f₂, a₂, m₂, b₂, r₂)) =
         let val (r₁', m, f₂') = share (r₁, f₂)
             val a₁' = $snoc (force a₁, Cmpd (m₁, b₁, r₁'))
             val b₂' = $cons (Cmpd (f₂', a₂, m₂), force b₂)
         in Deep (f₁, a₁', m, b₂', r₂) end
    ...
```

図 11.4 暗黙再帰減速を用いた結合可能両端キュー (part I)

```
      . . .

    fun replaceHead (x, Shallow d) = Shallow (D.cons (x, D.tail d))
      | replaceHead (x, Deep (f, a, m, b, r)) =
          Deep (D.cons (x, D.tail f), a, m, b, r)

    fun tail (Shallow d) = Shallow (D.tail d)
      | tail (Deep (f, a, m, b, r)) =
          if D.size f > 3 then Deep (D.tail f, a, m, b, r)
          else if not (isEmpty (force a)) then
              case head (force a) of
                Simple d ⇒
                    let val f' = dappendL (D.tail f, d)
                    in Deep (f', $tail (force a), m, b, r) end
              | Cmpd (f', c', r') ⇒
                    let val f'' = dappendL (D.tail f, f')
                        val a'' = $(force c' ⧺ replaceHead (Simple r', force a))
                    in Deep (f'', a'', m, b, r) end
          else if not (isEmpty (force b)) then
              case head (force b) of
                Simple d ⇒
                    let val f' = dappendL (D.tail f, m)
                    in Deep (f', $empty, d, $tail (force b), r) end
              | Cmpd (f', c', r') ⇒
                    let val f'' = dappendL (D.tail f, m)
                        val a'' = $cons (Simple f', force c')
                    in Deep (f'', a'', r', $tail (force b), r) end
          else Shallow (dappendL (D.tail f, m)) ⧺ Shallow r

    . . . replaceLast と init は対称的に定義される. . .

  end
```

図 11.5　暗黙再帰減速を用いた結合可能両端キュー (part II)

増やす。同様に、r が 3 個より多くの要素を持っていれば、b の負債上限を 4 増やし、a の負債上限を 1 増やす。

定理 11.2　⧺, tail, init は $O(1)$ 償却時間で動作する。

証明:　（⧺ の証明）興味深いのは 2 つの深い c-両端キュー Deep $(f_1, a_1, m_1, b_1, r_1)$ と Deep $(f_2, a_2, m_2, b_2, r_2)$ を結合する場合だ。この場合、⧺ は $O(1)$ の非共有の操作を行い、最大で 4 の負債を返済する。まず、snoc と cons を a_1 と b_2 に行う停止計算の分、2 の負債を作る。この 2 の負債は常に返済する。加えて、もし b_1 か a_2 に 5 の負債があれば、その部分が複合要素の中央フィールドになる際に 1 の負債を返済しなければならない。また、f_1 には 3 要素しかないが f_2 には 3 個より多く要素がある場合、b_2 が新しい b になるのでその負債も返済しなければならない。同様の考慮が r_1 と r_2 にも必要である。しかし注意として、b_1 に 5 の負債があれば f_1 は 3 個より多い要素を持ち、また a_2 に 5 の負債があれば r_2 には 3 個より多く要素が

ある。したがって、両方合わせると最大で 4 の負債を返済するか、少なくともこの負債を上位の停止計算に譲渡しなければならないということになる。

　（tail と init の証明）tail と init は対称なので、ここでは tail についてのみ議論する。コードを見ると tail の非共有のコストは $O(1)$ とわかるので、後は負債の返済が $O(1)$ で足りることを示さなければならない。実際には、最大で 5 までの負債の返済が行われることを示す。

　tail は自身を再帰的に呼び出すので、連鎖する tail についても考えなければならない。これは負債の譲渡によって扱う。深い c-両端キュー Deep (f,a,m,b,r) があるとき、tail の定義に対応するすべての場合を考える必要がある。

　$|f| > 3$ ならば、ここが連鎖の終点である。新しい負債は作られないが、f から要素を除くことで a の負債の上限を 4、b の負債の上限を 1 減らすかもしれず、この負債を上位の停止計算に譲渡する。

　$|f| = 3$ の場合については、a が空でないと仮定する。（a が空の場合も同じように証明できる。）$|r| > 3$ ならば、a は 1 の負債を負っている可能性があり、この負債は上位の停止計算へと譲渡する。それ以外の場合は a には負債はない。a の先頭が縮退した複合要素（つまり要素の単純な両端キュー）であるときは、この両端キューが古い f に残った要素と合わせて新しい f になる。新しい a は古い a の tail 部の停止計算である。この停止計算は tail への再帰呼び出しから最大で 5 の負債を引き受ける。新しい a の負債上限は 4 はあるので、最大で 1 の負債を上位の停止計算へ譲渡することになり、結果、合わせて最大で 2 の負債を譲渡することになる。（実際には、合わせると最大で譲渡する負債は 1 である。なぜなら、後者の負債を譲渡するその場合がまさにもとの a の負債を譲渡しなくてよい場合であるから。）

　他の場合、a の先頭が完全な複合要素 Cmpd (f',c',r') の場合は、f' が古い f の残りの要素を合わせて新しい f となる。新しい a の計算では ++ と replaceHead が呼び出される。新しい a にかかる負債は合計で 9 である。c' から 4、++ から 4、新しく作られる停止計算の負債が 1 である。新しい a に許される負債上限は 4 か 5 なので、9 の負債のうち 5 か 4 を上位の停止計算へと譲渡することになる。ここで 4 の負債を譲渡する場合が、まさにもとの a の 1 の負債を譲渡しなければならない場合に相当するので、結果、常に 5 の負債を譲渡することになる。　　□

演習問題 11.4　結合可能でない両端キューの実装 D をもとに、以下の型を用いて結合可能リストを実装してみよう。

```
datatype α Cat =
      Shallow of α D.Queue
    | Deep of α D.Queue × α CmpdElem Cat susp × α D.Queue
and α CmpdElem = Cmpd of α D.Queue × α CmpdElem Cat susp
```

ただし、Deep ノードの先頭側の両端キューと Cmpd ノードの両端キューはどちらも 2 個以上の要素を持つようにする。D のすべての関数が（最悪または償却）$O(1)$ 時間で動作することを仮定した上で、作った実装のすべての関数が $O(1)$ 償却時間で動作することを示そう。

11.3　注記

■**再帰減速**　Kaplan と Tarjan は再帰減速を [KT95] で導入し [KT96b] で再度使用したが、これは Guibas ら [GMPR77] の正則性制約（regularity constraint）に深く関連している。Brodal [Bro95] は似た技法をヒープの実装に用いている。

■**結合可能両端キュー**　Buchsbaum と Tarjan [BT95] は、tail と init が $O(\log^* n)$ 最悪時間で動作し他の操作は $O(1)$ 最悪時間の、結合可能両端キューの純粋関数型実装を提案した。本書の実装はこの上限をすべての演算について $O(1)$ へと改善したが、最悪時ではなく償却時間での上限になっている。Kaplan と Tarjan は似た実装で最悪時上限のものを独立に実装している [KT96a]。しかし、彼らの実装の詳細は非常に複雑である。

付録A
Haskell 版ソースコード

キュー　(**Queue**)

```haskell
module Queue (Queue(..)) where
  import Prelude hiding (head,tail)

  class Queue q where
    empty   :: q a
    isEmpty :: q a → Bool

    snoc    :: q a → a → q a
    head    :: q a → a
    tail    :: q a → q a
```

```haskell
module BatchedQueue (BatchedQueue) where
  import Prelude hiding (head,tail)
  import Queue

  data BatchedQueue a = BQ [a] [a]

  check [] r = BQ (reverse r) []
  check f r = BQ f r

  instance Queue BatchedQueue where
    empty = BQ [] []
    isEmpty (BQ f r) = null f

    snoc (BQ f r) x = check f (x : r)

    head (BQ [] _ ) = error "empty queue"
    head (BQ (x : f) r) = x

    tail (BQ [] _ ) = error "empty queue"
    tail (BQ (x : f) r) = check f r
```

```haskell
module BankersQueue (BankersQueue) where
  import Prelude hiding (head,tail)
  import Queue

  data BankersQueue a = BQ Int [a] Int [a]

  check lenf f lenr r =
    if lenr ≤ lenf then BQ lenf f lenr r
    else BQ (lenf+lenr) (f ++ reverse r) 0 []

  instance Queue BankersQueue where
    empty = BQ 0 [] 0 []
    isEmpty (BQ lenf f lenr r) = (lenf == 0)

    snoc (BQ lenf f lenr r) x = check lenf f (lenr+1) (x : r)
```

```haskell
head (BQ lenf [] lenr r) = error "empty queue"
head (BQ lenf (x : f') lenr r) = x

tail (BQ lenf [] lenr r) = error "empty queue"
tail (BQ lenf (x : f') lenr r) = check (lenf−1) f' lenr r
```

```haskell
module PhysicistsQueue (PhysicistsQueue) where
  import Prelude hiding (head,tail)
  import qualified Prelude (tail)
  import Queue

  data PhysicistsQueue a = PQ [a] Int [a] Int [a]

  check w lenf f lenr r =
    if lenr ≤ lenf then checkw w lenf f lenr r
    else checkw f (lenf+lenr) (f ++ reverse r) 0 []

  checkw [] lenf f lenr r = PQ f lenf f lenr r
  checkw w lenf f lenr r = PQ w lenf f lenr r

  instance Queue PhysicistsQueue where
    empty = PQ [] 0 [] 0 []
    isEmpty (PQ w lenf f lenr r) = (lenf == 0)

    snoc (PQ w lenf f lenr r) x = check w lenf f (lenr+1) (x : r)

    head (PQ [] lenf f lenr r) = error "empty queue"
    head (PQ (x : w) lenf f lenr r) = x

    tail (PQ [] lenf f lenr r) = error "empty queue"
    tail (PQ (x : w) lenf f lenr r) = check w (lenf−1) (Prelude.tail f) lenr r
```

```haskell
module HoodMelvilleQueue (HoodMelvilleQueue) where
  import Prelude hiding (head,tail)
  import Queue

  data RotationState a =
          Idle
        | Reversing Int [a] [a] [a] [a]
        | Appending Int [a] [a]
        | Done [a]
  data HoodMelvilleQueue a = HM Int [a] (RotationState a) Int [a]

  exec (Reversing ok (x : f) f' (y : r) r') = Reversing (ok+1) f (x : f') r (y : r')
  exec (Reversing ok [] f' [y] r') = Appending ok f' (y : r')
  exec (Appending 0 f' r') = Done r'
  exec (Appending ok (x : f') r') = Appending (ok−1) f' (x : r')
  exec state = state

  invalidate (Reversing ok f f' r r') = Reversing (ok−1) f f' r r'
  invalidate (Appending 0 f' (x : r')) = Done r'
```

```
invalidate (Appending ok f' r') = Appending (ok−1) f' r'
invalidate state = state

exec2 lenf f state lenr r =
    case exec (exec state) of
        Done newf → HM lenf newf Idle lenr r
        newstate → HM lenf f newstate lenr r

check lenf f state lenr r =
    if lenr ≤ lenf then exec2 lenf f state lenr r
    else let newstate = Reversing 0 f [] r []
            in exec2 (lenf+lenr) f newstate 0 []

instance Queue HoodMelvilleQueue where
    empty = HM 0 [] Idle 0 []
    isEmpty (HM lenf f state lenr r) = (lenf == 0)

    snoc (HM lenf f state lenr r) x = check lenf f state (lenr+1) (x : r)

    head (HM _ [] _ _ _) = error "empty queue"
    head (HM _ (x : f') _ _ _) = x

    tail (HM lenf [] state lenr r) = error "empty queue"
    tail (HM lenf (x : f') state lenr r) =
        check (lenf−1) f' (invalidate state) lenr r
```

```
module BootstrappedQueue (BootstrappedQueue) where
  import Prelude hiding (head,tail)
  import Queue

  data BootstrappedQueue a =
          E | Q Int [a] (BootstrappedQueue [a]) Int [a]

  checkQ,checkF :: Int → [a] → (BootstrappedQueue [a]) → Int → [a]
                      → BootstrappedQueue a
  checkQ lenfm f m lenr r =
    if lenr ≤ lenfm then checkF lenfm f m lenr r
    else checkF (lenfm+lenr) f (snoc m (reverse r)) 0 []

  checkF lenfm [] E lenr f = E
  checkF lenfm [] m lenr r = Q lenfm (head m) (tail m) lenr r
  checkF lenfm f m lenr r = Q lenfm f m lenr r

  instance Queue BootstrappedQueue where
    empty = Q 0 [] E 0 []
    isEmpty E = True
    isEmpty _ = False

    snoc E x = q 1 [x] E 0 []
    snoc (Q lenfm f m lenr r) x = checkQ lenfm f m (lenr+1) (x : r)

    head E = error "empty queue"
    head (Q lenfm (x : f') m lenr r) = x
```

```
tail E = error "empty queue"
tail (Q lenfm (x : f′) m lenr r) = checkQ (lenfm−1) f′ m lenr r
```

```
module ImplicitQueue (ImplicitQueue) where
  import Prelude hiding (head,tail)
  import Queue

  data Digit a = Zero | One a | Two a a
  data ImplicitQueue a =
          Shallow (Digit a)
        | Deep (Digit a) (ImplicitQueue (a, a)) (Digit a)

  instance Queue ImplicitQueue where
    empty = Shallow Zero
    isEmpty (Shallow Zero) = True
    isEmpty _ = False

    snoc (Shallow Zero) y = Shallow (One y)
    snoc (Shallow (One x)) y = Deep (Two x y) empty Zero
    snoc (Deep f m Zero) y = Deep f m (One y)
    snoc (Deep f m (One x)) y = Deep f (snoc m (x,y)) Zero

    head (Shallow Zero) = error "empty queue"
    head (Shallow (One x)) = x
    head (Deep (One x) m r) = x
    head (Deep (Two x y) m r) = x

    tail (Shallow Zero) = error "empty queue"
    tail (Shallow (One x)) = empty
    tail (Deep (Two x y) m r) = Deep (One y) m r
    tail (Deep (One x) m r) =
        if isEmpty m then Shallow r else Deep (Two y z) (tail m) r
      where (y,z) = head m
```

┌─────────────────────────┐
│　両端キュー（**Deque**）　│
└─────────────────────────┘

```
module Deque (Deque(..)) where
  import Prelude hiding (head,tail,last,init)

  class Deque q where
    empty   :: q a
    isEmpty :: q a → Bool

    cons  :: a → q a → q a
    head  :: q a → a
    tail  :: q a → q a

    snoc  :: q a → a → q a
```

```haskell
last      :: q a → a
init      :: q a → q a
```

```haskell
module BankersDeque (BankersDeque) where
  import Prelude hiding (head,tail,last,init)
  import Deque

  data BankersDeque a = BD Int [a] Int [a]

  c = 3

  check lenf f lenr r =
    if lenf > c*lenr + 1 then
      let i = (lenf+lenr) `div` 2
          j = lenf+lenr-i
          f′ = take i f
          r′ = r ++ reverse (drop i f)
      in BD i f′ j r′
    else if lenr > c*lenf + 1 then
      let j = (lenf+lenr) `div` 2
          i = lenf+lenr-j
          r′ = take j r
          f′ = f ++ reverse (drop j r)
      in BD i f′ j r′
    else BD lenf f lenr r

  instance Deque BankersDeque where
    empty = BD 0 [] 0 []
    isEmpty (BD lenf f lenr r) = (lenf+lenr == 0)

    cons x (BD lenf f lenr r) = check (lenf+1) (x : f) lenr r

    head (BD lenf [] lenr []) = error "empty deque"
    head (BD lenf [] lenr (x : _ )) = x
    head (BD lenf (x : f′) lenr r) = x

    tail (BD lenf [] lenr []) = error "empty deque"
    tail (BD lenf [] lenr (x : _ )) = empty
    tail (BD lenf (x : f′) lenr r) = check (lenf−1) f′ lenr r

    snoc (BD lenf f lenr r) x = check lenf f (lenr+1) (x : r)

    last (BD lenf [] lenr []) = error "empty deque"
    last (BD lenf (x : _ ) lenr []) = x
    last (BD lenf f lenr (x : r′)) = x

    init (BD lenf [] lenr []) = error "empty deque"
    init (BD lenf (x : _ ) lenr []) = empty
    init (BD lenf f lenr (x : r′)) = check lenf f (lenr−1) r′
```

結合可能リスト（**Catenable List**）

```
module CatenableList (CatenableList(..)) where
  import Prelude hiding (head,tail,(++))

  class CatenableList c where
    empty   :: c a
    isEmpty :: c a → Bool

    cons    :: a → c a → c a
    snoc    :: c a → a → c a
    (++)    :: c a → c a → c a

    head    :: c a → a
    tail    :: c a → c a
```

```
module CatList (CatList) where
  import Prelude hiding (head,tail,(++))
  import CatenableList
  import Queue (Queue)
  import qualified Queue

  data CatList q a = E | C a (q (CatList q a))

  link (C x q) s = C x (Queue.snoc q s)

  instance Queue q ⇒ CatenableList (CatList q) where
    empty = E
    isEmpty E = True
    isEmpty _ = False

    xs ++ E = xs
    E ++ xs = xs
    xs ++ ys = link xs ys

    cons x xs = C x Queue.empty ++ xs
    snoc xs x = xs ++ C x Queue.empty

    head E = error "empty list"
    head (C x q) = x

    tail E = error "empty list"
    tail (C x q) = if Queue.isEmpty q then E else linkAll q
      where linkAll q = if Queue.isEmpty q' then t else link t (linkAll q')
              where t = Queue.head q
                    q' = Queue.tail q
```

$$\boxed{\text{結合可能両端キュー (Catenable Deque)}}$$

```haskell
module CatenableDeque (CatenableDeque(..)) where
  import Prelude hiding (head,tail,last,init,(++))
  import Deque

  class Deque d ⇒ CatenableDeque d where
    (++) :: d a → d a → d a
```

```haskell
module SimpleCatenableDeque (SimpleCatDeque) where
  import Prelude hiding (head,tail,last,init,(++))
  import CatenableDeque

  data SimpleCatDeque d a =
          SHALLOW (d a)
        | DEEP (d a) (SimpleCatDeque d (d a)) (d a)

  tooSmall d = isEmpty d || isEmpty (tail d)

  dappendL d₁ d₂ = if isEmpty d₁ then d₂ else cons (head d₁) d₂
  dappendR d₁ d₂ = if isEmpty d₂ then d₁ else snoc d₁ (head d₂)

  instance Deque d ⇒ Deque (SimpleCatDeque d) where
    empty = SHALLOW empty
    isEmpty (SHALLOW d) = isEmpty d
    isEmpty _ = False

    cons x (SHALLOW d) = SHALLOW (cons x d)
    cons x (DEEP f m r) = DEEP (cons x f) m r

    head (SHALLOW d) = head d
    head (DEEP f m r) = head f

    tail (SHALLOW d) = SHALLOW (tail d)
    tail (DEEP f m r)
        | not (tooSmall f') = DEEP f' m r
        | isEmpty m = SHALLOW (dappendL f' r)
        | otherwise = DEEP (dappendL f' (head m)) (tail m) r
      where f' = tail f

    -- snoc, last, init も対称的に定義される...

  instance Deque d ⇒ CatenableDeque (SimpleCatDeque d) where
    (SHALLOW d₁) ++ (SHALLOW d₂)
        | tooSmall d₁ = SHALLOW (dappendL d₁ d₂)
        | tooSmall d₂ = SHALLOW (dappendR d₁ d₂)
        | otherwise = DEEP d₁ empty d₂
    (SHALLOW d) ++ (DEEP f m r)
        | tooSmall d = DEEP (dappendL d f) m r
        | otherwise = DEEP d (cons f m) r
```

```
(Deep f m r) ++ (Shallow d)
    | tooSmall d = Deep f m (dappendR r d)
    | otherwise = Deep f (snoc m r) d
(Deep f₁ m₁ r₁) ++ (Deep f₂ m₂ r₂) =
    Deep f₁ (snoc m₁ r₁ ++ cons f₂ m₂) r₂
```

```
module ImplicitCatenableDeque (Sized(..), ImplicitCatDeque) where
  import Prelude hiding (head,tail,last,init,(++))
  import CatenableDeque

  class Sized d where
    size :: d a → Int

  data ImplicitCatDeque d a =
          Shallow (d a)
        | Deep (d a) (ImplicitCatDeque d (CmpdElem d a)) (d a)
                 (ImplicitCatDeque d (CmpdElem d a)) (d a)

  data CmpdElem d a =
          Simple (d a)
        | Cmpd (d a) (ImplicitCatDeque d (CmpdElem d a)) (d a)

  share f r = (init f, m, tail r)
     where m = cons (last f) (cons (head r) empty)

  dappendL d₁ d₂ =
     if isEmpty d₁ then d₂ else dappendL (init d₁) (cons (last d₁) d₂)
  dappendR d₁ d₂ =
     if isEmpty d₂ then d₁ else dappendR (snoc d₁ (head d₂)) (tail d₂)

  replaceHead x (Shallow d) = Shallow (cons x (tail d))
  replaceHead x (Deep f a m b r) = Deep (cons x (tail f)) a m b r

  instance (Deque d, Sized d) ⇒ Deque (ImplicitCatDeque d) where
    empty = Shallow empty
    isEmpty (Shallow d) = isEmpty d
    isEmpty _ = False

    cons x (Shallow d) = Shallow (cons x d)
    cons x (Deep f a m b r) = Deep (cons x f) a m b r

    head (Shallow d) = head d
    head (Deep f a m b r) = head f

    tail (Shallow d) = Shallow (tail d)
    tail (Deep f a m b r)
        | size f > 3 = Deep (tail f) a m b r
        | not (isEmpty a) =
            case head a of
              Simple d → Deep f' (tail a) m b r
                where f' = dappendL (tail f) d
```

```haskell
          CMPD f′ c′ r′ → DEEP f′′ a′′ m b r
              where f′′ = dappendL (tail f) f′
                    a′′ = c′ ++ replaceHead (SIMPLE r′) a
        | not (isEmpty b) =
            case head b of
              SIMPLE d → DEEP f′ empty d (tail b) r
                where f′ = dappendL (tail f) m
              CMPD f′ c′ r′ → DEEP f′′ a′′ r′ (tail b) r
                where f′′ = dappendL (tail f) m
                      a′′ = cons (SIMPLE f′) c′
        | otherwise = SHALLOW (dappendL (tail f) m) ++ SHALLOW r

  -- snoc, last, init も対称的に定義される...

instance (Deque d, Sized d) ⇒ CatenableDeque (ImplicitCatDeque d)
where
  (SHALLOW d₁) ++ (SHALLOW d₂)
      | size d₁ < 4 = SHALLOW (dappendL d₁ d₂)
      | size d₂ < 4 = SHALLOW (dappendR d₁ d₂)
      | otherwise = let (f, m, r) = share d₁ d₂ in DEEP f empty m empty r
  (SHALLOW d) ++ (DEEP f a m b r)
      | size d < 4 = DEEP (dappendL d f) a m b r
      | otherwise = DEEP d (cons (SIMPLE f) a) m b r
  (DEEP f a m b r) ++ (SHALLOW d)
      | size d < 4 = DEEP f a m b (dappendR r d)
      | otherwise = DEEP f a m (snoc b (SIMPLE r)) d
  (DEEP f₁ a₁ m₁ b₁ r₁) ++ (DEEP f₂ a₂ m₂ b₂ r₂) = DEEP f₁ a₁′ m b₂′ r₂
      where (r₁′, m, f₂′) = share r₁ f₂
            a₁′ = snoc a₁ (CMPD m₁ b₁ r₁′)
            b₂′ = cons (CMPD f₂′ a₂ m₂) b₂
```

$$\boxed{\text{ランダムアクセスリスト (\textbf{Random-Access List})}}$$

```haskell
module RandomAccessList (RandomAccessList(..)) where
  import Prelude hiding (head,tail,lookup)

  class RandomAccessList r where
    empty   :: r a
    isEmpty :: r a → Bool

    cons    :: a → r a → r a
    head    :: r a → a
    tail    :: r a → r a

    lookup  :: Int → r a → a
    update  :: Int → a → r a → r a
```

```
module BinaryRandomAccessList (BinaryList) where
  import Prelude hiding (head,tail,lookup)
  import RandomAccessList

  data Tree a = Leaf a | Node Int (Tree a) (Tree a)
  data Digit a = Zero | One (Tree a)
  newtype BinaryList a = BL [Digit a]

  size (Leaf x) = 1
  size (Node w t₁ t₂) = w
  link t₁ t₂ = Node (size t₁ + size t₂) t₁ t₂

  consTree t [] = [One t]
  consTree t (Zero : ts) = One t : ts
  consTree t₁ (One t₂ : ts) = Zero : consTree (link t₁ t₂) ts

  unconsTree [] = error "empty list"
  unconsTree [One t] = (t, [])
  unconsTree (One t : ts) = (t, Zero : ts)
  unconsTree (Zero : ts) = (t₁, One t₂ : ts')
    where (Node _ t₁ t₂, ts') = unconsTree ts

  instance RandomAccessList BinaryList where
    empty = BL []
    isEmpty (BL ts) = null ts

    cons x (BL ts) = BL (consTree (Leaf x) ts)
    head (BL ts) = let (Leaf x, _) = unconsTree ts in x
    tail (BL ts) = let (_, ts') = unconsTree ts in BL ts'

    lookup i (BL ts) = look i ts
      where
        look i [] = error "bad subscript"
        look i (Zero : ts) = look i ts
        look i (One t : ts) =
          if i < size t then lookTree i t else look (i - size t) ts

        lookTree 0 (Leaf x) = x
        lookTree i (Leaf x) = error "bad subscript"
        lookTree i (Node w t₁ t₂) =
          if i < w `div` 2 then lookTree i t₁ else lookTree (i - w `div` 2) t₂
    update i y (BL ts) = BL (upd i ts)
      where
        upd i [] = error "bad subscript"
        upd i (Zero : ts) = Zero : upd i ts
        upd i (One t : ts) =
          if i < size t then One (updTree i t) : ts
          else One t : upd (i - size t) ts

        updTree 0 (Leaf x) = Leaf y
        updTree i (Leaf x) = error "bad subscript"
        updTree i (Node w t₁ t₂) =
          if i < w `div` 2 then Node w (updTree i t₁) t₂
```

```haskell
    else Node w t₁ (updTree (i - w 'div' 2) t₂)
```

```haskell
module SkewBinaryRandomAccessList (SkewList) where
  import Prelude hiding (head,tail,lookup)
  import RandomAccessList

  data Tree a = Leaf a | Node a (Tree a) (Tree a)
  newtype SkewList a = SL [(Int, Tree a)]

  instance RandomAccessList SkewList where
    empty = SL []
    isEmpty (SL ts) = null ts

    cons x (SL ((w₁,t₁) : (w₂,t₂) : ts))
      | w₁ == w₂ = SL ((1+w₁+w₂, Node x t₁ t₂) : ts)
    cons x (SL ts) = SL ((1,Leaf x) : ts)

    head (SL []) = error "empty list"
    head (SL ((1, Leaf x) : ts)) = x
    head (SL ((w, Node x t₁ t₂) : ts)) = x

    tail (SL []) = error "empty list"
    tail (SL ((1, Leaf x) : ts)) = SL ts
    tail (SL ((w, Node x t₁ t₂) : ts)) = SL ((w 'div' 2, t₁) : (w 'div' 2, t₂) : ts)

    lookup i (SL ts) = look i ts
      where
        look i [] = error "bad subscript"
        look i ((w,t) : ts) =
          if i < w then lookTree w i t else look (i−w) ts

        lookTree 1 0 (Leaf x) = x
        lookTree 1 i (Leaf x) = error "bad subscript"
        lookTree w 0 (Node x t₁ t₂) = x
        lookTree w i (Node x t₁ t₂) =
            if i ≤ w' then lookTree w' (i−1) t₁ else lookTree w' (i−1−w') t₂
          where w' = w 'div' 2

    update i y (SL ts) = SL (upd i ts)
      where
        upd i [] = error "bad subscript"
        upd i ((w,t) : ts) =
          if i < w then (w,updTree w i t) : ts else (w,t) : upd (i−w) ts

        updTree 1 0 (Leaf x) = Leaf y
        updTree 1 i (Leaf x) = error "bad subscript"
        updTree w 0 (Node x t₁ t₂) = Node y t₁ t₂
        updTree w i (Node x t₁ t₂) =
            if i ≤ w' then Node x (updTree w' (i−1) t₁) t₂
            else Node x t₁ (updTree w' (i−1−w') t₂)
          where w' = w 'div' 2
```

```haskell
module AltBinaryRandomAccessList (BinaryList) where
  import Prelude hiding (head,tail,lookup)
  import RandomAccessList

  data BinaryList a =
    Nil | Zero (BinaryList (a,a)) | One a (BinaryList (a,a))

  uncons :: BinaryList a → (a, BinaryList a)
  uncons Nil = error "empty list"
  uncons (One x Nil) = (x, Nil)
  uncons (One x ps) = (x, Zero ps)
  uncons (Zero ps) = let ((x,y), ps') = uncons ps in (x, One y ps')

  fupdate :: (a → a) → Int → BinaryList a → BinaryList a
  fupdate f i Nil = error "bad subscript"
  fupdate f 0 (One x ps) = One (f x) ps
  fupdate f i (One x ps) = cons x (fupdate f (i−1) (Zero ps))
  fupdate f i (Zero ps) = Zero (fupdate f' (i 'div' 2) ps)
    where f' (x,y) = if i 'mod' 2 == 0 then (f x, y) else (x, f y)

  instance RandomAccessList BinaryList where
    empty = Nil
    isEmpty Nil = True
    isEmpty _ = False

    cons x Nil = One x Nil
    cons x (Zero ps) = One x ps
    cons x (One y ps) = Zero (cons (x,y) ps)

    head xs = fst (uncons xs)
    tail xs = snd (uncons xs)

    lookup i Nil = error "bad subscript"
    lookup 0 (One x ps) = x
    lookup i (One x ps) = lookup (i−1) (Zero ps)
    lookup i (Zero ps) = if i 'mod' 2 == 0 then x else y
      where (x,y) = lookup (i 'div' 2) ps

    update i y xs = fupdate (λx → y) i xs
```

$$\boxed{\text{ヒ ー プ （Heap）}}$$

```haskell
module Heap (Heap(..)) where
  class Heap h where
    empty     :: Ord a ⇒ h a
    isEmpty   :: Ord a ⇒ h a → Bool

    insert    :: Ord a ⇒ a → h a → h a
```

merge   :: Ord $a \Rightarrow h\ a \to h\ a \to h\ a$

findMin   :: Ord $a \Rightarrow h\ a \to a$
deleteMin :: Ord $a \Rightarrow h\ a \to h\ a$

---

module LeftistHeap (LeftistHeap) **where**
  import Heap

  data LeftistHeap a = E | T Int a (LeftistHeap a) (LeftistHeap a)

  rank E = 0
  rank (T r _ _ _) = r

  makeT $x\ a\ b$ = **if** rank $a \geq$ rank b **then** T (rank b + 1) $x\ a\ b$
                  else T (rank a + 1) $x\ b\ a$

  instance Heap LeftistHeap **where**
    empty = E
    isEmpty E = True
    isEmpty _ = False

    insert $x\ h$ = merge (T 1 x E E) h

    merge h E = h
    merge E h = h
    merge h_1@(T _ $x\ a_1\ b_1$) h_2@(T _ $y\ a_2\ b_2$) =
      if $x \leq y$ **then** makeT $x\ a_1$ (merge $b_1\ h_2$)
      else makeT $y\ a_2$ (merge $h_1\ b_2$)

    findMin E = error "empty heap"
    findMin (T _ $x\ a\ b$) = x

    deleteMin E = error "empty heap"
    deleteMin (T _ $x\ a\ b$) = merge $a\ b$

---

module BinomialHeap (BinomialHeap) **where**
  import Heap

  data Tree a = NODE Int a [Tree a]
  newtype BinomialHeap a = BH [Tree a]

  rank (NODE $r\ x\ c$) = r
  root (NODE $r\ x\ c$) = x

  link t_1@(NODE $r\ x_1\ c_1$) t_2@(NODE _ $x_2\ c_2$) =
    if $x_1 \leq x_2$ **then** NODE $(r+1)\ x_1\ (t_2 : c_1)$ **else** NODE $(r+1)\ x_2\ (t_1 : c_2)$

  insTree t [] = [t]
  insTree t ts@(t' : ts') =
    if rank t < rank t' **then** t : ts **else** insTree (link $t\ t'$) ts'

  mrg ts_1 [] = ts_1
  mrg [] ts_2 = ts_2

```haskell
mrg ts₁@(t₁:ts₁') ts₂@(t₂:ts₂')
  | rank t₁ < rank t₂ = t₁ : mrg ts₁' ts₂
  | rank t₂ < rank t₁ = t₂ : mrg ts₁ ts₂'
  | otherwise = insTree (link t₁ t₂) (mrg ts₁' ts₂')

removeMinTree [] = error "empty heap"
removeMinTree [t] = (t, [])
removeMinTree (t : ts) = if root t < root t' then (t, ts) else (t', t : ts')
  where (t', ts') = removeMinTree ts

instance Heap BinomialHeap where
  empty = BH []
  isEmpty (BH ts) = null ts

  insert x (BH ts) = BH (insTree (Node 0 x []) ts)
  merge (BH ts₁) (BH ts₂) = BH (mrg ts₁ ts₂)

  findMin (BH ts) = root t
    where (t, _) = removeMinTree ts

  deleteMin (BH ts) = BH (mrg (reverse ts₁) ts₂)
    where (Node _ x ts₁, ts₂) = removeMinTree ts
```

```haskell
module SplayHeap (SplayHeap) where
import Heap

data SplayHeap a = E | T (SplayHeap a) a (SplayHeap a)

partition pivot E = (E, E)
partition pivot t@(T a x b) =
  if x ≤ pivot then
    case b of
      E → (t, E)
      T b₁ y b₂ →
        if y ≤ pivot then
          let (small, big) = partition pivot b₂
          in (T (T a x b) y small, big)
        else
          let (small, big) = partition pivot b₁
          in (T a x small, T big y b₂)
  else
    case a of
      E → (E, t)
      T a₁ y a₂ →
        if y ≤ pivot then
          let (small, big) = partition pivot a₂
          in (T a₁ y small, T big x b)
        else
          let (small, big) = partition pivot a₁
```

```
                in (small, T big y (T a₂ x b))

instance Heap SplayHeap where
  empty = E
  isEmpty E = True
  isEmpty _ = False

  insert x t = T a x b
    where (a, b) = partition x t

  merge E t = t
  merge (T a x b) t = T (merge ta a) x (merge tb b)
    where (ta, tb) = partition x t

  findMin E = error "empty heap"
  findMin (T E x b) = x
  findMin (T a x b) = findMin a

  deleteMin E = error "empty heap"
  deleteMin (T E x b) = b
  deleteMin (T (T E x b) y c) = T b y c
  deleteMin (T (T a x b) y c) = T (deleteMin a) x (T b y c)
```

```
module PairingHeap (PairingHeap) where
  import Heap

data PairingHeap a = E | T a [PairingHeap a]

mergePairs [] = E
mergePairs [h] = h
mergePairs (h₁ : h₂ : hs) = merge (merge h₁ h₂) (mergePairs hs)

instance Heap PairingHeap where
  empty = E
  isEmpty E = True
  isEmpty _ = False

  insert x h = merge (T x []) h

  merge h E = h
  merge E h = h
  merge h₁@(T x hs₁) h₂@(T y hs₂) =
    if x < y then T x (h₂ : hs₁) else T y (h₁ : hs₂)

  findMin E = error "empty heap"
  findMin (T x hs) = x

  deleteMin E = error "empty heap"
  deleteMin (T x hs) = mergePairs hs
```

```
module LazyPairingHeap (PairingHeap) where
  import Heap
```

```haskell
data PairingHeap a = E | T a (PairingHeap a) (PairingHeap a)

link (T x E m) a = T x a m
link (T x b m) a = T x E (merge (merge a b) m)

instance Heap PairingHeap where
  empty = E
  isEmpty E = True
  isEmpty _ = False

  insert x a = merge (T x E E) a

  merge a E = a
  merge E b = b
  merge a@(T x _ _) b@(T y _ _) = if x ≤ y then link a b else link b a

  findMin E = error "empty heap"
  findMin (T x a m) = x

  deleteMin E = error "empty heap"
  deleteMin (T x a m) = merge a m
```

```haskell
module SkewBinomialHeap (SkewBinomialHeap) where
  import Heap

  data Tree a = Node Int a [a] [Tree a]

  newtype SkewBinomialHeap a = SBH [Tree a]

  rank (Node r x xs c) = r
  root (Node r x xs c) = x

  link t₁@(Node r x₁ xs₁ c₁) t₂@(Node _ x₂ xs₂ c₂) =
    if x₁ ≤ x₂ then Node (r+1) x₁ xs₁ (t₂ : c₁)
    else Node (r+1) x₂ xs₂ (t₁ : c₂)

  skewLink x t₁ t₂ =
    let Node r y ys c = link t₁ t₂
    in if x ≤ y then Node r x (y : ys) c else Node r y (x : ys) c

  insTree t [] = [t]
  insTree t ts@(t' : ts') =
    if rank t < rank t' then t : ts else insTree (link t t') ts'

  mrg ts₁ [] = ts₁
  mrg [] ts₂ = ts₂
  mrg ts₁@(t₁:ts₁') ls₂@(t₂:ts₂')
    | rank t₁ < rank t₂ = t₁ : mrg ts₁' ts₂
    | rank t₂ < rank t₁ = t₂ : mrg ts₁ ts₂'
    | otherwise = insTree (link t₁ t₂) (mrg ts₁' ts₂')

  normalize [] = []
  normalize (t : ts) = insTree t ts
```

```haskell
removeMinTree [] = error "empty heap"
removeMinTree [t] = (t, [])
removeMinTree (t : ts) = if root t < root t' then (t, ts) else (t', t : ts')
  where (t', ts') = removeMinTree ts

instance Heap SkewBinomialHeap where
  empty = SBH []
  isEmpty (SBH ts) = null ts

  insert x (SBH (t₁ : t₂ : ts))
      | rank t₁ == rank t₂ = SBH (skewLink x t₁ t₂ : ts)
  insert x (SBH ts) = SBH (Node 0 x [] [] : ts)

  merge (SBH ts₁) (SBH ts₂) = SBH (mrg (normalize ts₁) (normalize ts₂))

  findMin (SBH ts) = root t
    where (t, _) = removeMinTree ts

  deleteMin (SBH ts) = foldr insert (SBH ts') xs
    where (Node _ x xs ts₁, ts₂) = removeMinTree ts
          ts' = mrg (reverse ts₁) (normalize ts₂)
```

```haskell
module BootstrapHeap (BootstrapHeap) where
  import Heap

  data BootstrapHeap h a = E | H a (h (BootstrapHeap h a))

  instance Eq a ⇒ Eq (BootstrapHeap h a) where
    (H x _) == (H y _) = (x == y)
  instance Ord a ⇒ Ord (BootstrapHeap h a) where
    (H x _) ≤ (H y _) = (x ≤ y)

  instance Heap h ⇒ Heap (BootstrapHeap h) where
    empty = E
    isEmpty E = True
    isEmpty _ = False

    insert x h = merge (H x empty) h

    merge E h = h
    merge h E = h
    merge h₁@(H x p₁) h₂@(H y p₂) =
        if x ≤ y then H x (insert h₂ p₁) else H y (insert h₁ p₂)

    findMin E = error "empty heap"
    findMin (H x p) = x

    deleteMin E = error "empty heap"
    deleteMin (H x p) =
        if isEmpty p then E
        else let H y p₁ = findMin p
                 p₂ = deleteMin p
             in H y (merge p₁ p₂)
```

ソート可能コレクション（**Sortable Collection**）

```
module Sortable (Sortable(..)) where
  class Sortable s where
    empty :: Ord a ⇒ s a
    add   :: Ord a ⇒ a → s a → s a
    sort  :: Ord a ⇒ s a → [a]
```

```
module BottomUpMergeSort (MergeSort) where
  import Sortable

  data MergeSort a = MS Int [[a]]

  mrg [] ys = ys
  mrg xs [] = xs
  mrg xs@(x : xs') ys@(y : ys') =
    if x ≤ y then x : mrg xs' ys else y : mrg xs ys'

  instance Sortable MergeSort where
    empty = MS 0 []

    add x (MS size segs) = MS (size+1) (addSeg [x] segs size)
      where addSeg seg segs size =
              if size 'mod' 2 == 0 then seg : segs
              else addSeg (mrg seg (head segs)) (tail segs) (size 'div' 2)

    sort (MS size segs) = foldl mrg [] segs
```

集合（**Set**）

```
module Set (Set(..)) where
  -- 多引数型クラスが使えることを前提とする！

  class Set s a where
    empty  :: s a
    insert :: a → s a → s a
    member :: a → s a → Bool
```

```
module UnbalancedSet (UnbalancedSet) where
  import Set

  data UnbalancedSet a = E | T (UnbalancedSet a) a (UnbalancedSet a)

  instance Ord a ⇒ Set UnbalancedSet a where
```

```
  empty = E

  member x E = False
  member x (T a y b) =
    if x < y then member x a
    else if x > y then member x b
    else True

  insert x E = T E x E
  insert x s@(T a y b) =
    if x < y then T (insert x a) y b
    else if x > y then T a y (insert x b)
    else s
```

```
module RedBlackSet (RedBlackSet) where
  import Set

  data Color = R | B
  data RedBlackSet a = E | T Color (RedBlackSet a) a (RedBlackSet a)

  balance B (T R (T R a x b) y c) z d = T R (T B a x b) y (T B c z d)
  balance B (T R a x (T R b y c)) z d = T R (T B a x b) y (T B c z d)
  balance B a x (T R (T R b y c) z d) = T R (T B a x b) y (T B c z d)
  balance B a x (T R b y (T R c z d)) = T R (T B a x b) y (T B c z d)
  balance color a x b = T color a x b

  instance Ord a ⇒ Set RedBlackSet a where
    empty = E

    member x E = False
    member x (T _ a y b) =
      if x < y then member x a
      else if x > y then member x b
      else True

    insert x s = T B a y b
      where ins E = T R E x E
            ins s@(T color a y b) =
                if x < y then balance color (ins a) y b
                else if x > y then balance color a y (ins b)
                else s
            T _ a y b = ins s      -- 空でないことが保証されている
```

$$\boxed{\text{有限マップ（\textbf{Finite Map}）}}$$

```
module FiniteMap (FiniteMap(..)) where
  -- 多引数型クラスが使えることを前提とする！

  class FiniteMap m k where
```

```
empty :: m k a
bind   :: k → a → m k a → m k a
lookup :: k → m k a → Maybe a
```

---

module Trie (Trie) **where**
  import FiniteMap

  data Trie *mk ks a* = Trie (Maybe *a*) (*mk* (Trie *mk ks a*))

  instance FiniteMap *m k* ⇒ FiniteMap (Trie (*m k*)) [*k*] **where**
    empty = Trie Nothing empty

    lookup [] (Trie *b m*) = *b*
    lookup (*k* : *ks*) (Trie *b m*) = lookup *k m* >>= λ*m'* → lookup *ks m'*

    bind [] *x* (Trie *b m*) = Trie (Just *x*) *m*
    bind (*k* : *ks*) *x* (Trie *b m*) =
      let *t* = **case** lookup *k m* **of**
            Just *t* → *t*
            Nothing → empty
        t' = bind *ks x t*
      in Trie *b* (bind *k t' m*)

---

module TrieOfTrees (Tree(..), Trie) **where**
  import FiniteMap

  data Tree *a* = E | T *a* (Tree *a*) (Tree *a*)
  data Trie *mk ks a* = Trie (Maybe *a*) (*mk* (Trie *mk ks* (Trie *mk ks a*)))

  instance FiniteMap *m k* ⇒ FiniteMap (Trie (*m k*)) (Tree *k*) **where**
    empty = Trie Nothing empty

    lookup E (Trie *v m*) = *v*
    lookup (T *k a b*) (Trie *v m*) =
      lookup *k m* >>= λ*m'* →
      lookup *a m'* >>= λ*m''* →
      lookup *b m''*

    bind E *x* (Trie *v m*) = Trie (Just *x*) *m*
    bind (T *k a b*) *x* (Trie *v m*) =
      let *tt* = **case** lookup *k m* **of**
            Just *tt* → *tt*
            Nothing → empty
        t = **case** lookup *a tt* **of**
            Just *t* → *t*
            Nothing → empty
        t' = bind *b x t*
        tt' = bind *a t' tt*
      in Trie *v* (bind *k tt' m*)
```
```

訳者あとがき

本書の企画が立ち上がるまでには、いろいろな経緯がありました。

訳者の稲葉は、2010 年ごろから、日本のプログラミングコミュニティに本書を布教してきました。その布教活動を見てこの本を知った遠藤は、その内容のおもしろさに感動しました。2013 年ごろ、『型システム入門 - プログラミング言語と型の理論 -』（オーム社）の翻訳が終わる時期に、次はぜひこの本を訳したいと思って企画を持ちかけましたが、そのときは残念ながら翻訳開始には至りませんでした（おそらくわれわれの知らないところでも、ややマニアックな本書は、翻訳の企画がいろいろなところで出ては消えていったものと想像します）。

そうして諦めつつあったところに、訳者の共通の知人であるラムダノート株式会社の鹿野桂一郎氏から、「アスキードワンゴの鈴木嘉平氏が PFDS の翻訳を企画している」と教えていただきました。稲葉と遠藤を鈴木氏につないでくれたことがきっかけで、2016 年春にようやく翻訳の企画がスタートしました。

その後は、意外に定訳の見当たらない "force" や "suspension" はどう訳すのか、といったちょっとしたことで停滞しつつも、鈴木嘉平氏のファシリテーションによって無事完了し、ボランティアのレビュアの方々のご協力を得て、出版にこぎつけたしだいです。

なお、本書は、効率的な純粋関数型データ構造についてまとめた初の書籍ですが、原著の出版をきっかけとして、この分野には数多くの進歩がありました。文献リストが次の stackexchange の記事にまとまっているので紹介します。

http://cstheory.stackexchange.com/questions/1539/whats-new-in-purely-functional-data-structures-since-okasaki

本書は、これらの文献を読むための良い導入にもなっていると思います。

謝辞

本書を書籍として完成させるにあたり、アスキードワンゴの皆様にさまざまなサポートをいただきました。特に編集担当の鈴木嘉平氏には、ちょっとしたことで滞りがちな作業を忍耐強くフォローしていただきました（段階的な停止計算を進行させるかのように）。

ボランティアで翻訳の検証を手伝ってくださったレビュアの皆さん、今井健男、太田健、酒井政裕、笹田耕一、鹿野桂一郎、杉山武至、中野圭介、結城清太郎の各位（順不同・敬称略）にも感謝します。誤訳の指摘をいただいたのみでなく、表現についての議論にもお付き合いいただきました。

ほかにも、さまざまな方々にお世話になりました。ここに感謝申し上げます。

多くの方のご協力で出版できた本書が、効率的な永続的データ構造に興味のあるプログラマに届けば幸いです。

著者・訳者プロフィール

著者

Chris Okasaki（クリス・オカサキ）
アメリカのコンピュータ科学者。専門はプログラミング言語とアルゴリズム、特にこれらの分野の共通領域にある純粋関数型データ構造。アメリカの陸軍士官学校でコンピュータ科学の教鞭をとる。趣味はボードゲームとブリッジ。

訳者

稲葉一浩（いなば かずひろ）
プログラマ。趣味は海の写真を撮ることとトマトジュース。著書に『Boost C++ Libraries プログラミング』（秀和システム）『Google Maps API 徹底活用ガイド』（毎日コミュニケーションズ）。

遠藤侑介（えんどう ゆうすけ）
プログラマ。趣味はプログラミング言語 Ruby の開発、関東の鉄道の沿線ウォーキング。著書に『あなたの知らない超絶技巧プログラミングの世界』（技術評論社）、『Ruby でつくる Ruby ゼロから学びなおすプログラミング言語入門』（ラムダノート）、訳書に『抽象によるソフトウェア設計』『型システム入門 プログラミング言語と型の理論』（ともにオーム社）。

参考文献

[Ada93]   Stephen Adams. Efficient sets—a balancing act. *Journal of Functional Programming*, 3(4):553–561, October 1993.

[AFM+95]   Zena M. Ariola, Matthias Felleisen, John Maraist, Martin Odersky, and Philip Wadler. A call-by-need lambda calculus. In *ACM Symposium on Principles of Programming Languages*, pages 233–246, January 1995.

[And91]   Arne Andersson. A note on searching in a binary search tree. *Software—Practice and Experience*, 21(10):1125–1128, October 1991.

[AVL62]   G. M. Adel'son-Vel'skiĭ and E. M. Landis. An algorithm for the organization of information. *Soviet Mathematics–Doklady*, 3(5):1259–1263, September 1962. English translation of Russian orginal appearing in *Doklady Akademia Nauk SSSR*, 146:263-266.

[Bac78]   John Backus. Can programming be liberated from the von Neumann style? A functional style and its algebra of programs. *Communications of the ACM*, 21(8):613–641, August 1978.

[BAG92]   Amir M. Ben-Amram and Zvi Galil. On pointers versus addresses. *Journal of the ACM*, 39(3):617–648, July 1992.

[BC93]   F. Warren Burton and Robert D. Cameron. Pattern matching with abstract data types. *Journal of Functional Programming*, 3(2):171–190, April 1993.

[Bel57]   Richard Bellman. *Dynamic Programming*. Princeton University Press, 1957.

[BH89]   Bror Bjerner and Sören Holmström. A compositional approach to time analysis of first order lazy functional programs. In *Conference on Functional Programming Languages and Computer Architecture*, pages 157–165, September 1989.

[BO96]   Gerth Stølting Brodal and Chris Okasaki. Optimal purely functional priority queues. *Journal of Functional Programming*, 6(6):839–857, November 1996.

[Bro78]   Mark R. Brown. Implementation and analysis of binomial queue algorithms. *SIAM Journal on Computing*, 7(3):298–319, August 1978.

[Bro95]   Gerth Stølting Brodal. Fast meldable priority queues. In *Workshop on Algorithms and Data Structures*, volume 955 of *LNCS*, pages 282–290. Springer-Verlag, August 1995.

[Bro96]   Gerth Stølting Brodal. Worst-case priority queues. In *ACM-SIAM Symposium on Discrete Algorithms*, pages 52–58, January 1996.

[BST95]   Adam L. Buchsbaum, Rajamani Sundar, and Robert E. Tarjan. Data-structural bootstrapping, linear path compression, and catenable heap-ordered double-ended queues. *SIAM Journal on Computing*, 24(6):1190–1206, December 1995.

[BT95]   Adam L. Buchsbaum and Robert E. Tarjan. Confluently persistent deques via data structural bootstrapping. *Journal of Algorithms*, 18(3):513–547, May 1995.

[Buc93]   Adam L. Buchsbaum. *Data-structural bootstrapping and catenable deques*. PhD thesis, Department of Computer Science, Princeton University, June 1993.

[Bur82]   F. Warren Burton. An efficient functional implementation of FIFO queues. *Information Processing Letters*, 14(5):205–206, July 1982.

[But83]   T. W. Butler. Computer response time and user performance. In *Conference on Human Factors in Computing Systems*, pages 58–62, December 1983.

[BW88]   Richard S. Bird and Philip Wadler. *Introduction to Functional Programming*. Prentice Hall International, 1988. 武市正人 訳 『関数プログラミング』(近代科学社, 1991 年).

[CG93]   Tyng-Ruey Chuang and Benjamin Goldberg. Real-time deques, multihead Turing machines, and purely functional programming. In *Conference on Functional Programming Languages and Computer Architecture*, pages 289–298, June 1993.

[CLR90]   Thomas H. Cormen, Charles E. Leiserson, and Ronald L. Rivest. *Introduction to algorithms*. MIT Press, 1990. 浅野哲夫, 岩野和生, 梅尾博司, 山下雅史, 和田幸一 共訳 『アルゴリズムイントロダクション』(近代科学社, 2013 年).

[CM95]   Richard H. Connelly and F. Lockwood Morris. A generalization of the trie data structure. *Mathematical Structures in Computer Science*, 5(3):381–418, September 1995.

[CMP88]   Svante Carlsson, J. Ian Munro, and Patricio V. Poblete. An implicit binomial queue with constant insertion time. In *Scandinavian Workshop on Algorithm Theory*, volume 318 of *LNCS*, pages 1–13. Springer-Verlag, July 1988.

[Cra72]   Clark Allan Crane. *Linear lists and priority queues as balanced binary trees*. PhD thesis, Computer Science Department, Stanford University, February 1972. Available as STAN-CS-72-259.

[CS96]   Seonghun Cho and Sartaj Sahni. Weight biased leftist trees and modified skip lists. In *International Computing and Combinatorics Conference*, pages 361–370, June 1996.

[DGST88]   James R. Driscoll, Harold N. Gabow, Ruth Shrairman, and Robert E. Tarjan. Relaxed heaps: An alternative to Fibonacci heaps with applications to parallel computation. *Communications of the ACM*, 31(11):1343–1354, November 1988.

[Die82]   Paul F. Dietz. Maintaining order in a linked list. In *ACM Symposium on Theory of Computing*, pages 122–127, May 1982.

[Die89]   Paul F. Dietz. Fully persistent arrays. In *Workshop on Algorithms and Data Structures*, volume 382 of *LNCS*, pages 67–74. Springer-Verlag, August 1989.

[DR91]   Paul F. Dietz and Rajeev Raman. Persistence, amortization and randomization. In *ACM-SIAM Symposium on Discrete Algorithms*, pages 78–88, January 1991.

[DR93]   Paul F. Dietz and Rajeev Raman. Persistence, randomization and parallelization: On some combinatorial games and their applications. In *Workshop on Algorithms and Data Structures*, volume 709 of *LNCS*, pages 289–301. Springer-Verlag, August 1993.

[DS87]   Paul F. Dietz and Daniel D. Sleator. Two algorithms for maintaining order in a list. In *ACM Symposium on Theory of Computing*, pages 365–372, May 1987.

[DSST89]   James R. Driscoll, Neil Sarnak, Daniel D. K. Sleator, and Robert E. Tarjan. Making data structures persistent. *Journal of Computer and System Sciences*, 38(1):86–124, February 1989.

[DST94]   James R. Driscoll, Daniel D. K. Sleator, and Robert E. Tarjan. Fully persistent lists with catenation. *Journal of the ACM*, 41(5):943–959, September 1994.

[FB97]   Manuel Fähndrich and John Boyland. Statically checkable pattern abstractions. In *ACM SIGPLAN International Conference on Functional Programming*, pages 75–84, June 1997.

[FMR72]   Patrick C. Fischer, Albert R. Meyer, and Arnold L. Rosenberg. Real-time simulation of multihead tape units. *Journal of the ACM*, 19(4):590–607, October 1972.

[FSST86]   Michael L. Fredman, Robert Sedgewick, Daniel D. K. Sleator, and Robert E. Tarjan. The pairing heap: A new form of self-adjusting heap. *Algorithmica*, 1(1):111–129, 1986.

[FT87]   Michael L. Fredman and Robert E. Tarjan. Fibonacci heaps and their uses in improved network optimization algorithms. *Journal of the ACM*, 34(3):596–615, July 1987.

[FW76]   Daniel P. Friedman and David S. Wise. CONS should not evaluate its arguments. In *Automata, Languages and Programming*, pages 257–281, July 1976.

[GMPR77] Leo J. Guibas, Edward M. McCreight, Michael F. Plass, and Janet R. Roberts. A new representation for linear lists. In *ACM Symposium on Theory of Computing*, pages 49–60, May 1977.

[Gri81]   David Gries. *The Science of Programming*. Texts and Monographs in Computer Science. Springer-Verlag, New York, 1981.

[GS78]   Leo J. Guibas and Robert Sedgewick. A dichromatic framework for balanced trees. In *IEEE Symposium on Foundations of Computer Science*, pages 8–21, October 1978.

[GT86]   Hania Gajewska and Robert E. Tarjan. Deques with heap order. *Information Processing Letters*, 22(4):197–200, April 1986.

[Hen93]   Fritz Henglein. Type inference with polymorphic recursion. *ACM Transactions on Programming Languages and Systems*, 15(2):253–289, April 1993.

[HJ94]   Paul Hudak and Mark P. Jones. Haskell vs. Ada vs. C++ vs. … An experiment in software prototyping productivity, 1994.

[HM76]   Peter Henderson and James H. Morris, Jr. A lazy evaluator. In *ACM Symposium on Principles of Programming Languages*, pages 95–103, January 1976.

[HM81]   Robert Hood and Robert Melville. Real-time queue operations in pure Lisp. *Information Processing Letters*, 13(2):50–53, November 1981.

[Hoo82]   Robert Hood. *The Efficient Implementation of Very-High-Level Programming Lan-*

guage Constructs. PhD thesis, Department of Computer Science, Cornell University, August 1982. (Cornell TR 82-503).

[Hoo92]   Rob R. Hoogerwoord. A symmetric set of efficient list operations. *Journal of Functional Programming*, 2(4):505–513, October 1992.

[HU73]   John E. Hopcroft and Jeffrey D. Ullman. Set merging algorithms. *SIAM Journal on Computing*, 2(4):294–303, December 1973.

[Hug85]   John Hughes. Lazy memo functions. In *Conference on Functional Programming Languages and Computer Architecture*, volume 201 of *LNCS*, pages 129–146. Springer-Verlag, September 1985.

[Hug86]   John Hughes. A novel representation of lists and its application to the function "reverse". *Information Processing Letters*, 22(3):141–144, March 1986.

[Hug89]   John Hughes. Why functional programming matters. *The Computer Journal*, 32(2):98–107, April 1989.

[Iac00]   John Iacono. Improved upper bounds for pairing heaps. In *Scandinavian Workshop on Algorithm Theory*, pages 32–45, 2000.

[Jon86]   Douglas W. Jones. An empirical comparison of priority-queue and event-set implementations. *Communications of the ACM*, 29(4):300–311, April 1986.

[Jos89]   Mark B. Josephs. The semantics of lazy functional languages. *Theoretical Computer Science*, 68(1):105–111, October 1989.

[KD96]   Anne Kaldewaij and Victor J. Dielissen. Leaf trees. *Science of Computer Programming*, 26(1–3):149–165, May 1996.

[Kin94]   David J. King. Functional binomial queues. In *Glasgow Workshop on Functional Programming*, pages 141–150, September 1994.

[KL93]   Chan Meng Khoong and Hon Wai Leong. Double-ended binomial queues. In *International Symposium on Algorithms and Computation*, volume 762 of *LNCS*, pages 128–137. Springer-Verlag, December 1993.

[Knu73a] Donald E. Knuth. *Searching and Sorting*, volume 3 of *The Art of Computer Programming*. Addison-Wesley, 1973. 有澤誠, 和田英一 監訳, 石井裕一郎, 伊知地宏, 小出洋, 高岡詠子, 田中久美子, 長尾高弘 共訳 『The Art of Computer Programming Volume 3 日本語版』(アスキードワンゴ, 2015 年).

[Knu73b] Donald E. Knuth. *Seminumerical Algorithms*, volume 2 of *The Art of Computer Programming*. Addison-Wesley, 1973. 有澤誠, 和田英一 監訳, 斎藤博昭, 長尾高弘, 松井祥悟, 松井孝雄, 山内斉共訳 『The Art of Computer Programming Volume 2 日本語版』(アスキードワンゴ, 2015 年).

[KT95]   Haim Kaplan and Robert E. Tarjan. Persistent lists with catenation via recursive slow-down. In *ACM Symposium on Theory of Computing*, pages 93–102, May 1995.

[KT96a]   Haim Kaplan and Robert E. Tarjan. Purely functional lists with catenation via recursive slow-down. Draft revision of [KT95], August 1996.

[KT96b]   Haim Kaplan and Robert E. Tarjan. Purely functional representations of catenable sorted lists. In *ACM Symposium on Theory of Computing*, pages 202–211, May 1996.

[KTU93] Assaf J. Kfoury, Jerzy Tiuryn, and Pawel Urzyczyn. Type reconstruction in the presence of polymorphic recursion. *ACM Transactions on Programming Languages and Systems*, 15(2):290–311, April 1993.

[Lan65] P. J. Landin. A correspondence between ALGOL 60 and Church's lambda-notation: Part I. *Communications of the ACM*, 8(2):89–101, February 1965.

[Lau93] John Launchbury. A natural semantics for lazy evaluation. In *ACM Symposium on Principles of Programming Languages*, pages 144–154, January 1993.

[Lia92] Andrew M. Liao. Three priority queue applications revisited. *Algorithmica*, 7(4):415–427, 1992.

[LS81] Benton L. Leong and Joel I. Seiferas. New real-time simulations of multihead tape units. *Journal of the ACM*, 28(1):166–180, January 1981.

[MEP96] Alistair Moffat, Gary Eddy, and Ola Petersson. Splaysort: Fast, versatile, practical. *Software—Practice and Experience*, 26(7):781–797, July 1996.

[Mic68] Donald Michie. "Memo" functions and machine learning. *Nature*, 218:19–22, April 1968.

[MS91] Bernard M. E. Moret and Henry D. Shapiro. An empirical analysis of algorithms for constructing a minimum spanning tree. In *Workshop on Algorithms and Data Structures*, volume 519 of *LNCS*, pages 400–411. Springer-Verlag, August 1991.

[MT94] David B. MacQueen and Mads Tofte. A semantics for higher-order functors. In *European Symposium on Programming*, pages 409–423, April 1994.

[MTHM97] Robin Milner, Mads Tofte, Robert Harper, and David MacQueen. *The Definition of Standard ML (Revised)*. The MIT Press, Cambridge, Massachusetts, 1997.

[Myc84] Alan Mycroft. Polymorphic type schemes and recursive definitions. In *International Symposium on Programming*, volume 167 of *LNCS*, pages 217–228. Springer-Verlag, April 1984.

[Mye82] Eugene W. Myers. AVL dags. Technical Report TR82-9, Department of Computer Science, University of Arizona, 1982.

[Mye83] Eugene W. Myers. An applicative random-access stack. *Information Processing Letters*, 17(5):241–248, December 1983.

[Mye84] Eugene W. Myers. Efficient applicative data types. In *ACM Symposium on Principles of Programming Languages*, pages 66–75, January 1984.

[NPP95] Manuel Núñez, Pedro Palao, and Ricardo Peña. A second year course on data structures based on functional programming. In *Functional Programming Languages in Education*, volume 1022 of *LNCS*, pages 65–84. Springer-Verlag, December 1995.

[Oka95a] Chris Okasaki. Amortization, lazy evaluation, and persistence: Lists with catenation via lazy linking. In *IEEE Symposium on Foundations of Computer Science*, pages 646–654, October 1995.

[Oka95b] Chris Okasaki. Purely functional random-access lists. In *Conference on Functional Programming Languages and Computer Architecture*, pages 86–95, June 1995.

[Oka95c] Chris Okasaki. Simple and efficient purely functional queues and deques. *Journal of Functional Programming*, 5(4):583–592, October 1995.

[Oka96a]   Chris Okasaki. *Purely Functional Data Structures*. PhD thesis, School of Computer Science, Carnegie Mellon University, September 1996.

[Oka96b]   Chris Okasaki. The role of lazy evaluation in amortized data structures. In *ACM SIGPLAN International Conference on Functional Programming*, pages 62–72, May 1996.

[Oka97]   Chris Okasaki. Catenable double-ended queues. In *ACM SIGPLAN International Conference on Functional Programming*, pages 66–74, June 1997.

[OLT94]   Chris Okasaki, Peter Lee, and David Tarditi. Call-by-need and continuation-passing style. *Lisp and Symbolic Computation*, 7(1):57–81, January 1994.

[Ove83]   Mark H. Overmars. *The Design of Dynamic Data Structures*, volume 156 of *LNCS*. Springer-Verlag, 1983.

[Pau96]   Laurence C. Paulson. *ML for the Working Programmer*. Cambridge University Press, 2nd edition, 1996.

[Pet87]   Gary L. Peterson. A balanced tree scheme for meldable heaps with updates. Technical Report GIT-ICS-87-23, School of Information and Computer Science, Georgia Institute of Technology, 1987.

[Pip96]   Nicholas Pippenger. Pure versus impure Lisp. In *ACM Symposium on Principles of Programming Languages*, pages 104–109, January 1996.

[PPN96]   Pedro Palao Gostanza, Ricardo Peña, and Manuel Núñez. A new look at pattern matching in abstract data types. In *ACM SIGPLAN International Conference on Functional Programming*, pages 110–121, May 1996.

[Ram92]   Rajeev Raman. *Eliminating Amortization: On Data Structures with Guaranteed Response Times*. PhD thesis, Department of Computer Sciences, University of Rochester, October 1992.

[Rea92]   Chris M. P. Reade. Balanced trees with removals: an exercise in rewriting and proof. *Science of Computer Programming*, 18(2):181–204, April 1992.

[San90]   David Sands. Complexity analysis for a lazy higher-order language. In *European Symposium on Programming*, volume 432 of *LNCS*, pages 361–376. Springer-Verlag, May 1990.

[San95]   David Sands. A naïve time analysis and its theory of cost equivalence. *Journal of Logic and Computation*, 5(4):495–541, August 1995.

[Sar86]   Neil Sarnak. *Persistent Data Structures*. PhD thesis, Department of Computer Sciences, New York University, 1986.

[Sch92]   Berry Schoenmakers. *Data Structures and Amortized Complexity in a Functional Setting*. PhD thesis, Eindhoven University of Technology, September 1992.

[Sch93]   Berry Schoenmakers. A systematic analysis of splaying. *Information Processing Letters*, 45(1):41–50, January 1993.

[Sch97]   Martin Schwenke. High-level refinement of random access data structures. In *Formal Methods Pacific*, pages 317–318, July 1997.

[SS90]   Jörg-Rüdiger Sack and Thomas Strothotte. A characterization of heaps and its applications. *Information and Computation*, 86(1):69–86, May 1990.

[ST85]   Daniel D. K. Sleator and Robert E. Tarjan. Self-adjusting binary search trees. *Journal of the ACM*, 32(3):652–686, July 1985.

[ST86a] Neil Sarnak and Robert E. Tarjan. Planar point location using persistent search trees. *Communications of the ACM*, 29(7):669–679, July 1986.

[ST86b] Daniel D. K. Sleator and Robert E. Tarjan. Self-adjusting heaps. *SIAM Journal on Computing*, 15(1):52–69, February 1986.

[Sta88] John A. Stankovic. Misconceptions about real-time computing: A serious problem for next-generation systems. *Computer*, 21(10):10–19, October 1988.

[Sto70] Hans-Jörg Stoß. K-band simulation von k-Kopf-Turing-maschinen. *Computing*, 6(3):309–317, 1970.

[SV87]   John T. Stasko and Jeffrey S. Vitter. Pairing heaps: experiments and analysis. *Communications of the ACM*, 30(3):234–249, March 1987.

[Tar83] Robert E. Tarjan. *Data Structures and Network Algorithms*, volume 44 of *CBMS Regional Conference Series in Applied Mathematics*. Society for Industrial and Applied Mathematics, Philadelphia, 1983. 岩野和生 訳『新訳データ構造とネットワークアルゴリズム』(毎日コミュニケーションズ, 2008 年).

[Tar85] Robert E. Tarjan. Amortized computational complexity. *SIAM Journal on Algebraic and Discrete Methods*, 6(2):306–318, April 1985.

[TvL84] Robert E. Tarjan and Jan van Leeuwen. Worst-case analysis of set union algorithms. *Journal of the ACM*, 31(2):245–281, April 1984.

[Ull94] Jeffrey D. Ullman. *Elements of ML Programming*. Prentice Hall, Englewood Cliffs, New Jersey, 1994. 神林靖 訳,『プログラミング言語 ML』(アスキー, 1996 年).

[Vui74] Jean Vuillemin. Correct and optimal implementations of recursion in a simple programming language. *Journal of Computer and System Sciences*, 9(3):332–354, December 1974.

[Vui78] Jean Vuillemin. A data structure for manipulating priority queues. *Communications of the ACM*, 21(4):309–315, April 1978.

[Wad71] Christopher P. Wadsworth. *Semantics and Pragmatics of the Lamda-Calculus*. PhD thesis, University of Oxford, September 1971.

[Wad87] Philip Wadler. Views: A way for pattern matching to cohabit with data abstraction. In *ACM Symposium on Principles of Programming Languages*, pages 307–313, January 1987.

[Wad88] Philip Wadler. Strictness analysis aids time analysis. In *ACM Symposium on Principles of Programming Languages*, pages 119–132, January 1988.

[WV86]   Christopher Van Wyk and Jeffrey Scott Vitter. The complexity of hashing with lazy deletion. *Algorithmica*, 1(1):17–29, 1986.

索引

●本書に対するお問い合わせは、電子メール（info@asciidwango.jp）にてお願いいたします。
但し、本書の記述内容を越えるご質問にはお答えできませんので、ご了承ください。

純粋関数型データ構造

2017 年 4 月 28 日　初版発行

著　者　　Chris Okasaki（クリス オカサキ）

訳　者　　稲葉 一浩（いなば かずひろ）、遠藤 侑介（えんどう ゆうすけ）

発行者　　川上量生

発　行　　株式会社ドワンゴ
　　　　　〒 104-0061
　　　　　東京都中央区銀座 4-12-15 歌舞伎座タワー
　　　　　編集 03-3549-6153
　　　　　電子メール info@asciidwango.jp
　　　　　http://asciidwango.jp/

発　売　　株式会社 KADOKAWA
　　　　　〒 102-8177
　　　　　東京都千代田区富士見 2-13-3
　　　　　営業 0570-002-301（カスタマーサポート・ナビダイヤル）
　　　　　受付時間 9：00〜17：00（土日 祝日 年末年始を除く）
　　　　　http://www.kadokawa.co.jp/

印刷・製本　　株式会社リーブルテック

Printed in Japan

ISBN: 978-4-04-893056-7

アスキードワンゴ編集部
編　集　　鈴木嘉平